# 《赣州市革命遗址保护条例》精解

项 波 张 奇 ◎编著

中国政法大学出版社

2024·北京

图书在版编目（ＣＩＰ）数据

《赣州市革命遗址保护条例》精解/项波，张奇编著. —北京：中国政法大学出版社，2024.2

ISBN 978-7-5764-1293-2

Ⅰ.①赣… Ⅱ.①项… ②张… Ⅲ.①革命纪念地－文物保护－条例－法律解释－赣州 Ⅳ.①D927.563.216

中国国家版本馆CIP数据核字(2024)第021998号

书　名　《赣州市革命遗址保护条例》精解
　　　　GANZHOUSHI GEMINGYIZHI BAOHU TIAOLI JINGJIE

出版者　中国政法大学出版社

地　址　北京市海淀区西土城路 25 号

邮　箱　bianjishi07public@163.com

网　址　http://www.cuplpress.com (网络实名：中国政法大学出版社)

电　话　010-58908466(第七编辑部) 010-58908334(邮购部)

承　印　保定市中画美凯印刷有限公司

开　本　880mm×1230mm　1/32

印　张　8.625

字　数　200 千字

版　次　2024 年 2 月第 1 版

印　次　2024 年 2 月第 1 次印刷

定　价　56.00 元

# 目 录

目录

# 第一章 总 则

### 第一条 【立法背景和立法目的】

为了加强革命遗址的保护、管理、修缮和利用，发挥革命遗址的爱国主义教育和革命传统教育作用，弘扬苏区精神，传承红色文化，培育和践行社会主义核心价值观，根据《中华人民共和国文物保护法》《中华人民共和国文物保护法实施条例》《江西省文物保护条例》等有关法律、法规的规定，结合本市实际，制定本条例。

【条文释义】

### 一、立法背景

立法通常是指特定国家机关依照一定程序，制定或者认可反映统治阶级意志，并以国家强制力保证实施的行为规范的活动。立法是国家意志形成和表达的必要途径和方式，掌握国家政权的阶级必须利用立法手段，来确认那些有利于自己的社会关系和社会秩序。立法者利用立法手段协调社会关系，解决社会矛盾；立法还有指导未来的预测功能。立法是民主制度化、法律化的前提条件，是依法治国，建设法治国家的基础性活动。

（1）对革命遗址的保护具有不可替代性。革命遗址不仅是宝贵的不可移动文物，而且承载着革命历史文化。不可移动文物（或称古迹、史迹、文化古迹、历史遗迹），是先民在历史、文化、建筑、艺术上的具体遗产或遗址，是指古文化遗址、古墓葬、古建筑、石窟寺、石刻、壁画、近代现代重要史迹和代表性建筑等。与其他不可移动文物相比，每一处革命遗址都承载着特定的革命历史文化，具有不可替代性，如果毁损、灭失，就不可再生，并且无法为其他革命遗址所替代。赣州市位于赣南地区，赣南作为全国著名的革命老区，据文物部门统计，赣州市拥有革命遗址 1080 处。目前赣州市正面临革命遗址损毁严重、保护经费投入严重不足、保护利用无法可依的严重问题。

（2）对助推地方经济发展具有重大决策性。为了解决赣州市革命遗址保护与经济发展关系的需要，也为了加快和推进"文化赣州"建设，积极开展赣州市红色旅游活动、促进经济社会发展，保护赣州市革命遗址尤为重要。赣南地区，为中国革命和建设作出了重要贡献和巨大牺牲，同时留下了众多的革命遗址、遗迹，是我们党不可再生的宝贵财富。加强对赣州市革命遗址的保护和利用，对推动赣州市革命遗址旅游开发的发展，促进赣南经济社会全面振兴发展具有重要意义。

（3）对培育和践行社会主义核心价值观具有必要性。即加强社会主义核心价值体系教育、弘扬苏区精神的需要。赣南每处革命遗址都承载着老一辈革命家或革命先烈们光荣的革命史实，是苏区革命文化传统和革命精神的最好见证，具有无可替代的精神教育价值、历史见证价值和经济发展价值。革命遗址具有重大的历史、资政、育人等价值，承载和蕴藏着坚定的信仰、理想、奋斗、牺牲等革命精神。以习近平新时代中国特色社会主义思想为指导，赣州市革命遗址保护应当始终围绕三个维度：一是放在实现中华民族伟大复兴中国梦的历史进程中来看；二是放在建设社会主义文化遗产强国和江西文化遗产强省的历史进程中来看；三是放在国际文化遗产保护的发展趋势中来看，这无疑是一项不忘初心、永远向前的长期任务。因此，保护好革命遗址的根本目的是更好地合理利用革命遗址，以发挥其爱国主义教育和革命传统教育作用，弘扬苏区精神，传承红色文化，培育和践行社会主义核心价值观。

2017 年年初，为了突出地方特色，围绕"红色、古色、绿色"三张城市名片，开展五年立法规划项目库编制工作。《赣州市革命遗址保护条例》作为红色文化保护的立法项目，被列入了赣州市人大常委会五年立法规划项目库。2018 年 1 月，赣州市人大常委会党组报请赣州市委常委会研究同意后，将该项目列为赣州市人大常委会 2018 年立法计划。

## 二、立法目的

不同的法律法规具有不同的立法目的。例如，《中华人民共和国民法典》的立法目的是保护民事主体的合法权益，调整民事关系，维护社会和经济秩序，适应中国特色社会主义发展要求，弘扬社会主义核心价值观；《中华人民共和国刑法》的立法目的是惩罚犯罪，保护人民；《中华人民共和国文物保护法》（以下简称《文物保护法》）的立法目的是加强对文物的保护，继承中华民族优秀的历史文化遗产，促进科学研究工作，进行爱国主义和革命传统教育，建设社会主义精神文明和物质文明；《江西省文物保护条例》的立法目的是加强对文物的保护，继承中华民族优秀的历史文化遗产；《江西省革命文物保护条例》的立法目的是加强对革命文物的保护，弘扬革命文化，传承红色基因，赓续红色血脉，培育和践行社会主义核心价值观。在本条例中，其立法目的就是加强革命遗址的保护、管理、修缮和利用，发挥革命遗址的爱国主义教育和革命传统教育作用，弘扬苏区精神，传承红色文化，培育和践行社会主义核心价值观。

（一）加强革命遗址的保护、管理、修缮和利用

目前赣州市许多革命遗址建设年代早，多为砖木和土木结构，多为当地居民自主管理，普遍存在建筑主体霉烂、墙体风化倾斜、地基下沉、地面塌陷等问题，均处于建筑生命周期的末端。据文物部门调查，赣南原中央苏区775处革命遗址中，保存状况较好的只有109处，占总数的14.06%；保存状况一般的有211处，占总数的27.23%；保存状况差的有419处，占总数的54.06%；消失的有36处，占总数的4.65%。若不及时立法止损，进行维护、修缮，消失的速度定会加快，尤其是在江西省赣州市城镇化与新农村建设过程中，革命遗址如不能得到相应的立法保护，很容易被误拆、误毁。革命遗址、遗迹是革命先辈留给我们的宝贵财富，是历史的见证，是不可再生的资源。在目前维修经费需求大，而财力紧张的情况下，保护工作全面进行不太现实，应当先对重要的红色遗址进行抢救性维修保护，同时要通过专家论证，确定部分能体现当地重要历史地位且急需保护的旧居，尽快立碑明示，或者变更产权，由私变公，进行现状维护。对其他的旧址则以做好宣传、防止随意拆除和改变现状为主，待条件成熟后，再予以维修保护。因此，应当加强对赣州市革命遗址的立法保护、管理和修缮，有助于填补革命遗址保护的法律空白及对现有的革命遗址进行保护。

（二）发挥革命遗址的爱国主义教育和革命传统教育作用

加强对革命遗址的保护具有重大政治意义，这些遗址承载了丰富、鲜活、生动的革命传统和革命精神。革命传统资源是我们党的宝贵精神财富，要把这些革命传统资源作为开展爱国主义教育和党性教育的生动教材，引导广大青年及党员干部学习党的历史，深刻理解历史和人民选择中国共产党的历史必然性，进一步增强走中国特色社会主义道路、为党和人民的事业不懈奋斗的自觉性和坚定

性，永葆中国共产党人的政治本色。例如，赣州市兴国县以长冈纪念馆为核心，依托毛泽东同志作长冈乡调查的文献素材、旧址旧居、革命文史等文物资源，建成赣州市群众路线教育现场教学基地，将"一馆三址五点"形成一个整体，形成了集参观学习、教学研究、革命传统教育于一体的赣州市群众路线教育实践活动基地，使参观者通过参观教学点、情景体验、听专题课等形式，重温毛泽东同志作长冈乡调查的光辉历史，彰显"模范兴国"品牌效益。除赣州市兴国县外，宁都县小布革命旧址群、黄陂革命旧址群、东山坝"宁都会议"旧址群等集中连片复原陈列展示，同样形成了重要的爱国主义影响。

《国家文物局关于印发〈革命文物保护利用"十四五"专项规划〉的通知》指出，充分用好革命文物资源，主动服务党史学习教育和"四史"宣传教育，广泛弘扬以伟大建党精神为源头的中国共产党人精神谱系，研究确定一批重要标识地。持续推进宣传、文化和旅游、文物部门管理使用的革命文物保护单位全面对外开放，推动有条件的重要建设工程、科学工程、国防工程面向公众开放，鼓励引导旅游景区的革命旧址对特定人群免费开放。推动革命旧址、革命博物馆纪念馆建设富有特色的革命传统教育、爱国主义教育、青少年思想道德教育基地，支持馆校共建实践育人共同体，设计符合不同年龄、不同群体认知特点的多样化主题教育活动。提高革命文物传播能力，做好革命文物"三个百集"微视频制播工作。加强革命文物数字化展示，丰富网络空间革命文化内容，打造永不落幕的网上爱国主义教育空间。不仅要对革命旧居旧址进行保护，更要发挥其在爱国主义教育、革命传统教育等方面的重要作用，让广大青少年和社会各界以物知史、以物见人，使得教育方式更加多样、体验更加直接，充分发挥革命遗址在爱国主义和革命传统教育、弘扬社会主义核心价值观方面的积极作用——秉持这样的发展理念，在革命旧居旧址维修保护过程中，赣州市坚持连片规划，整体打造，让革命遗址有址可寻、有物可看、有史可讲、有事可说。

《江西省革命文物保护条例》第31条规定："本省充分发挥江西作为中国革命的摇篮、人民共和国的摇篮、人民军队的摇篮、中国工人运动的策源地和长征出发地等红色资源优势，做好以革命文物为载体的红色资源的传承运用工作。传承运用应当坚持价值引领，突出社会效益，注重精神传承，强化教育功能，运用革命文物资政育人、凝聚力量、推动发展。"第32条规定，县级以上人民政府及其有关部门、研究机构应当运用革命文物组织开展井冈山精神、苏区精神、长征精神、老区精神、安源精神、八一精神、方志敏精神等孕育在江西红土地上的革命精神理论研究，挖掘革命文物的思想内涵、精神内核和时代价值，提升革命文化影响力。

至今，赣州市已形成国家级爱国主义教育基地五个，宁都起义指挥部旧址成为中国井冈山干部学院现场教学点；小布龚氏家庙第一部无线电侦察台旧址成为解放军总参三部国防教育基地；小布革命旧址群列入第五批赣州市爱国主义教育基地、瑞金干部学院现场教学点；宁都中央苏区反"围剿"战争纪念馆被列入全国爱国主义教育基地；兴国官田中央兵工厂旧址成为全国军工文化教育基地、北京理工大学红色实践教育基地，江西军区旧址成为江西省军区学习教育培训基地和江西省国防教育基地。我们要充分利用好这些红色革命遗址和革命历史资源，让青少年在红色革命基地接受爱国主义教育，让他们追忆党的成长历程、感悟今日的幸福生活，树立正确的世界观、人生观、价值观，确立积极为社会主义事业努力奋斗的人生目标。从而发挥好红色革命遗址的革命传承、教育引导和红色旅游的社会性文化功能。

（三）弘扬苏区精神，传承红色文化，培育和践行社会主义核心价值观

苏区精神是红色革命精神之一，是指土地革命战争中由赣南、闽西革命根据地的基础上发展起来的中央革命根据地（中央苏区）人民和革命战士，在党领导创建、发展和保卫苏区革命实践中培育形成的伟大革命精神。在革命根据地的创建和发展中，在建立红色政权、探索革命道路的实践中，无数革命先辈用鲜血和生命铸就了以坚定信念、求真务实、一心为民、清正廉洁、艰苦奋斗、争创一流、无私奉献等为主要内涵的苏区精神。中国共产党人有自己的精神谱系，红船精神、井冈山精神、长征精神、遵义会议精神、延安精神、西柏坡精神、红岩精神、抗美援朝精神、"两弹一星"精神、特区精神、抗洪精神、抗震救灾精神、抗疫精神、脱贫攻坚精神等伟大精神，是一代又一代中国共产党人经历生死考验、付出巨大代价所形成的，是一代又一代中国共产党人顽强拼搏、不懈奋斗而铸就的，每一种精神都是一面旗帜，每一种精神都是一座丰碑。苏区精神尽管是多年前铸就的，但它历久而弥新，仍具多维的时代价值。在新民主主义革命时期，中国共产党领导赣南人民进行了长期艰苦卓绝的革命斗争，毛泽东、朱德、周恩来、邓小平等老一辈无产阶级革命家在赣南进行了长时间的革命斗争实践，留下了众多的革命遗址、遗迹。例如，赣州市于都县的毛泽东故居及中央红军长征第一渡口旧址、兴国烈士陵园及陈赞贤烈士墓、将军园、中共苏区反"围剿"战争纪念馆等，这些遗址、遗迹承载了丰富、鲜活、生动的革命传统和苏区革命精神，是我们党不可再生的宝贵财富。通过保护革命遗址，引导当代的社会主义青年重游革命遗址，既传承了红色基因，又弘扬了苏区精神。

社会主义核心价值观是在社会主义核心价值体系基础上提炼出

来的，是社会主义核心价值体系的内核凝练和集中表达，其基本内涵是富强、民主、文明、和谐，自由、平等、公正、法治，爱国、敬业、诚信、友善。社会主义核心价值体系由马克思主义指导思想、中国特色社会主义共同理想、以爱国主义为核心的民族精神和以改革创新为核心的时代精神、社会主义荣辱观四个方面内容构成的。通过对革命遗产形态、价值以及遗产地精神的演示、解读和传播，从而把革命遗址价值传递给社会或公众，一方面提高了社会群众的遗址保护意识，另一方面实现了遗址所承载的苏区精神的弘扬，让人们更愿意去欣赏、推崇包括革命遗址在内的人类创造的一切文明，构建正确的三观，培育和践行社会主义核心价值观，这也正是革命遗址保护利用的主要目的，是我们坚定文化自信的基础。

## 第二条【适用范围和调整对象】

本市行政区域内革命遗址的保护、管理、修缮和利用，适用本条例。

## 【条文释义】

地方性法规是中国特色社会主义法律体系的重要组成部分，同样具有法的适用效力，包括法的空间效力、法的时间效力和法的对人效力。《江西省文物保护条例》第2条第1款规定："本省行政区域内文物的保护、利用和管理，适用本条例。"《江西省革命文物保护条例》第2条规定："本条例适用于本省行政区域内革命文物的调查认定、保护管理、以革命文物为载体的红色资源传承运用以及相关工作。"作为地方性法规，本条是关于《赣州市革命遗址保护条例》空间效力的规定，即在哪些空间范围或者地域范围内发生效力。

　　本条规定的"本市行政区域内",是指赣州市行政区划的空间范围内。行政区划是行政区域划分的简称,行政区域是国家为了进行分级管理而实行划分的区域。与早期原始社会按照部落管理的氏族社会不同,行政区域是随着国家的产生而逐渐形成,按地域划分行政区而不依氏族划分部落,这是国家区别于氏族组织的一个基本特点。但不论何种类型的国家,行政区域的划分总要符合统治阶级的根本利益,同时顾及政治、经济、文化、民族、地理、人口、国防、历史传统等多方面的因素。行政区划虽因国家本质不同而具有鲜明的阶级性,但也有一定的历史延续性。中国从秦代(公元前221—前206)实行郡县制以来,历代行政区划虽有变更,但变化并不太大。英、法、美等国的行政区划是从19世纪继承发展下来的。另外,在同一个政权下,由于政治、经济、民族等情况的变化,不同时期的行政区划也会有所调整和变更。大多数国家都是按地域划分行政区。各国的行政区划有不同的划分和名称。不论何种类型的国家,行政区划的划分总要符合统治阶级的根本利益,并考虑政治、经济、民族、人口、国防、历史传统等各方面的因素。社会主义国家行政区域的划分通常根据政治原则、经济原则、民族原则。政治原则是指促使国家机关密切联系人民群众,便利人民群众参加国家管理。经济原则是指根据不同地区的经济特点进行划分,使之有利于发展社会生产力。民族原则是指根据少数民族的居住状况和其他特点进行划分,使之有利于各民族的发展,巩固各民族的团结。这些原则是相互联系、相互结合的。此外,行政区划的划分,也顾及历史传统、人口分布、地理条件和国防需要等因素。

　　赣州市位于江西省南部,是江西省面积最大的设区的市,截至2020年年末,下辖3个市辖区,以及13个县,代管2个县级市,共18个县级政区。全市有9个街道办事处、144个镇、140个乡

（含民族乡1个），496个居民委员会、3461个村民委员会。

本条所属的赣州市行政区域包括3个市辖区、13个县、2个县级市，即在上述区域内革命遗址的保护、管理、修缮和利用，适用本条例。

### 第三条【革命遗址的概念和类型】

本条例所称的革命遗址是指新民主主义革命时期，中国共产党团结带领各族人民在本行政区域内进行革命活动所形成的遗址、遗迹、纪念设施。包括：

（一）重要机构、重要会议旧址；

（二）重要人物故居、旧居、活动地或者墓地；

（三）重要事件和重大战斗的遗址、遗迹；

（四）其他见证革命历程、反映革命文化的重要遗址、遗迹、纪念设施。

### 【条文释义】

#### 一、革命遗址的概念

立法中关于革命遗址的定义，主要有三种方式：概括定义方式、列举定义方式和概括加列举定义方式。本条例中采取的是概括加列举定义方式，主要考虑，一方面，定义要科学地描述革命遗址的本质属性，要有一定的抽象性；另一方面，革命遗址的范围越具体，就越有利于对革命遗址的定义作直观的理解。

革命遗址，一般是指见证近代以来，特别是中国共产党团结带领中国人民和中华民族争取民族独立解放、人民自由幸福和国家繁荣富强的，与革命运动、重大历史事件或英烈人物有关的，具有重要纪念意义、教育意义或者史料价值的重要遗址、遗迹、代表性建筑和纪念设施。

本条规定的"革命遗址",仅指"新民主主义革命时期,中国共产党团结带领各族人民在本行政区域内进行革命活动所形成的遗址、遗迹、纪念设施"。新民主主义革命时期,是指1919年五四运动开始到1949年新中国成立,无产阶级领导的,人民大众的,反对帝国主义、封建主义、官僚资本主义的这一革命时期。新民主主义革命的领导力量是无产阶级,这是区别于旧民主主义革命的根本标志。无产阶级及其政党——中国共产党的领导,是中国革命取得胜利的根本保证。

关于本条"革命遗址概念的时间范围"在草案征求意见的过程中,有意见认为,革命遗址的概念应该还要包括旧民主主义革命时期所形成的遗址遗迹;有意见认为,革命遗址还包括新中国成立以后修建的革命纪念设施,建议将概念中的时间段改为"新民主主义革命时期以来"。经研究,认为本条规定的概念范围包含赣州市绝大部分革命遗址,比较符合突出保护中国共产党领导的新民主主义革命时期的革命遗址的立法初衷;同时,新中国成立后修建的革命纪念设施,已有《烈士纪念设施保护管理办法》和《江西省英雄烈士纪念设施保护管理办法》等规章有比较完善的规定进行保护,无须再纳入保护范围,避免重复执法、多头执法。因此保留本条关于概念范围的规定,仅作相关的文字修改。

近年来,我国的不少红色革命老区按中共中央关于《社会主义核心价值观融入法治建设立法修法规划》的有关要求,以习近平新时代中国特色社会主义思想为指导,通过相继制定与本区域"革命遗址遗迹"保护有关的地方性法规,既以此作为其引导和推动本地区人民群众自觉践行社会主义核心价值观,维护社会公共利益的切实措施,又以此作为其弘扬革命传统,发挥红色资源对革命老区人民群众进行爱国主义教育和革命传统教育的必要利器。虽然，各个革命老区制定与本区域"革命遗址遗迹"保护有关的地方性法规，皆已基本解决好了其立法的主要依据，即《文物保护法》《中华人民共和国英雄烈士保护法》《中华人民共和国文物保护法实施条例》（以下简称《文物保护法实施条例》）《历史文化名城名镇名村保护条例》以及本省域出台的相关地方性法规。同时，在立法中能够主动参鉴中共中央办公厅和国务院办公厅印发的《关于加强革命历史类纪念设施、遗址和全国爱国主义教育示范基地工作的意见》《国务院关于加强文化遗产保护的通知》暨本域省级党委出台的与红色革命遗址保护利用行动实施方案有关的重要文件等。然而，各个革命老区在制定与本域"革命遗址"保护有关的地方性法规之初，却皆不约而同地为如何以正确界定"革命遗址"概念这类问题而思虑再三。关于对"革命遗址"这一独特概念及其相关种类的基本界定问题，由于目前我国相关上位法的条文规定中尚未对此有相关明确界定之规定，加之国内各个革命老区的红色遗址遗迹虽基本相同，但仍存在一定程度的差异。故此，各设区市的革命老区相关地方性立法，在对"革命遗址"种类概念的界定上，各有所异。作为设区市的任何革命老区制定与本区域"革命遗址"保护有关的地方性法规，其"革命遗址"概念的界定，皆既要实事求是地见证本行政区域红色革命遗址遗迹逐渐形成其独特种类的基本历史事实，又应切实遵循文物保护法律法规和参考借鉴《革命旧址保护利用导则（2019）》等有关革命文物保护方面的规章的规定。为此，有必要将其"革命遗址"概念中源起以来的时间，基本确定为"新民主主义革命时期以来"。经反复查阅资料和咨询相关专家，我国学术界虽一直对包括红色革命遗址遗迹在内的"红色资源"概念存在争议，但目前还是达成了较为一致的基本概念："红色资源"

（包括"红色革命遗址遗迹"），主要是指在中国共产党成立以后领导广大人民进行的第二次国内革命战争、抗日战争、解放战争期间所形成的历史痕迹和精神瑰宝，其内涵主体是中国人民在中国共产党领导下创造的。尽管目前我国对"红色革命遗址遗迹"这一独特的历史名词概念及其相关种类的基本界定尚未有国家统一的较为明确的规定，且目前我国相关上位法的条文规定也尚未对此有较为明确界定的规定，然而，由于我国大多革命老区存续至今的众多红色遗址遗迹基本皆是"新民主主义革命的土地革命时期（第二次国内革命战争时期）到解放战争时期"这个特定历史时期形成的，故本条将"革命遗址"基本概括为"新民主主义革命时期，中国共产党团结带领各族人民在本行政区域内进行革命活动所形成的遗址、遗迹、纪念设施"这一较为明确的概念，应该说基本上是可鉴、可参、可循的。

**二、革命遗址的种类**

《文物保护法》第 2 条第 1 款规定，在中华人民共和国境内，受国家保护的文物包括：（1）具有历史、艺术、科学价值的古文化遗址、古墓葬、古建筑、石窟寺和石刻、壁画；（2）与重大历史事件、革命运动或者著名人物有关的以及具有重要纪念意义、教育意义或者史料价值的近代现代重要史迹、实物、代表性建筑；（3）历史上各时代珍贵的艺术品、工艺美术品；（4）历史上各时代重要的文献资料以及具有历史、艺术、科学价值的手稿和图书资料等；（5）反映历史上各时代、各民族社会制度、社会生产、社会生活的代表性实物。

根据《江西省革命文物保护条例》第 3 条的相关规定，革命文物是指自近代以来，在实现中华民族伟大复兴的奋斗历程中，见证中国人民抵御外来侵略、维护国家主权、捍卫民族独立和争取人民自由的英勇斗争，见证中国共产党领导中国人民进行新民主主义革命、社会主义革命、社会主义建设和改革开放以来彰显革命精神、继承革命文化光荣历史的实物遗存。主要包括：（1）与重大历史事件、革命运动或者著名人物有关的，或者具有重要纪念意义、教育意义或者史料价值的近代现代重要史迹、实物、代表性建筑；（2）与中国共产党史、中华人民共和国史、改革开放史、社会主义发展史有关的重要史迹、实物、代表性建筑；（3）反映革命历史和革命文化具有代表性的红色标语、文献资料、手稿、图书资料、视听资料等；（4）其他反映革命历史和革命文化的重要史迹资料、纪念设施等。

本条规定的革命遗址的种类，具体包括4类：重要机构、重要会议旧址；重要人物故居、旧居、活动地或者墓地；重要事件和重大战斗的遗址、遗迹；其他见证革命历程、反映革命文化的重要遗址、遗迹、纪念设施。重要机构、重要会议旧址，如瑞金市的"一苏大"会址、叶坪革命旧址群；重要人物故居、旧居、活动地或者墓地，如于都、兴国、瑞金等地的毛泽东旧居、土地革命干部训练班旧址、中央红军兵工厂旧址；重要事件和重大战斗的遗址、遗迹，如瑞金大柏地战场遗址、于都中央红军长征第一渡口；其他见证革命历程、反映革命文化的重要遗址、遗迹、纪念设施，如兴国县将军园、中央苏区反"围剿"战争纪念馆、瑞金中央革命根据地历史纪念馆。

此外，《革命旧址保护利用导则（2019）》第7条第2款规定，县级文物行政部门应当定期组织开展有针对性的专项调查和研究，按照《文物认定管理暂行办法》和《不可移动文物认定导则（试行）》的要求，将具有价值的革命历史类遗址、遗迹、纪念设施，及时报省级文物行政部门审核同意后登记公布为不可移动文物。认定革命旧址类不可移动文物，应听取党史、宣传、民政、退役军人事务、档案、地方志等相关部门意见，并应特别注意遵从以下基本原则：（1）重要人物故居旧居、墓地，原则上只认定有重要影响的革命烈士故居及墓地和革命领袖故居、旧居及墓地，其中革命领袖旧居，只选取有代表性的历史事件发生地；（2）重要人物、机构活动地、暂驻地，原则上只认定有代表性历史事件发生地；（3）纪念性建（构）筑物，原则上只认定修建于民主主义革命时期的纪念性建筑，以及新中国时期修建的具有特别重大意义的纪念性建筑；（4）重要事件和重大战斗遗址、遗迹，只认定仍有实物遗存者，见证帝国主义侵略和殖民统治、封建主义和官僚资本主义反动统治的重要史迹，可视情况一并予以认定为不可移动文物。

### 三、赣州市革命遗址

赣州为中央革命根据地的主要组成部分，是全国著名的革命老区。第二次国内革命战争时期的遗址、纪念地，很多在赣州，故赣州有"红土地"之称。1929年1月，毛泽东、朱德领导的红四军从井冈山来到赣南，开辟了以瑞金为中心的中央革命根据地。在土地革命战争时期，中央革命根据地不仅版图最大，人口最多，而且是中央党、政、军、群首脑机关所在地，是全国革命根据地和红军的领导指挥中枢，是全国苏维埃运动的大本营和中心区域。1931年11月，中华工农兵苏维埃第一次全国代表大会在瑞金召开，诞生了由中国共产党人独立领导创建的第一个国家政体——中华苏维埃共和国。它是新中国的雏形和基石。中央苏维埃政府的建立是中国共产党建立人民政权的探索和尝试，它在一定程度上加强了对各根据地、各部分红军的中枢指挥作用，扩大了党的影响，也为抗日战争、解放战争时期根据地建设，以及后来新中国政权建设，提供了丰富的历史经验，培养了大批领导骨干和组织、管理人才。在这里，毛泽东同志写下了《关心群众生活，注意工作方法》《兴国调查》《寻乌调查》等著作。这片红土地，是中央红军长征出发地和南方红军三年游击战争的中心区域，是新四军的红色源头之一。

赣州人民为新中国的诞生作出了巨大的贡献和牺牲。赣州18个县市区中，有13个苏区全红县，4个游击县。当时全赣南苏区人口共240万，参加红军的有33万余人，参加支前作战的有60余万人。1934年10月中旬，中央红军长征出发时有8.7万人，其中赣南籍子弟达5万余人。赣南为革命牺牲的有名有姓、登记在册的烈士有10.8万人。有"红色故都"之称的瑞金，位于赣州东部，中国共产党领导苏区人民在此创建了第一个中央红色政权和中央红军。这里有中共苏区中央局旧址、中华苏维埃共和国临时中央政府旧址、中华苏维埃共和国中央执行委员会旧址、中华苏维埃共和国中央人民委员会旧址、中华苏维埃共和国中央革命军事委员会旧址等，均为全国重点文物保护单位。全市重要革命纪念地还有土地革命干部训练班旧址、红军长征第一山、中央红军长征第一渡、红四军司令部旧址、红四军司令部政治部旧址、长冈调查会议旧址，毛泽东旧居及活动旧址有安远县鹤子与孔田旧居、于都管屋旧居、信丰旧居、寻乌旧居、于都何屋旧居等革命遗址。抗日战争时期有信丰油山上乐塔、杉石下及大余红军游击队集中改编为新四军旧址等。

赣州建立了瑞金革命纪念馆（现称瑞金市中央革命根据地纪念馆）、兴国县革命纪念馆、兴国将军园、寻乌县革命历史纪念馆、信丰赣粤边"三年游击"战争纪念馆，还有赣州市博物馆以及宁都、于都、会昌、大余、安远、赣县等均建有博物馆，馆藏大量革命文物，展示了中国共产党领导创立中央革命根据地和武装夺取政权的大量史迹。

## 第四条【革命遗址保护的原则】

革命遗址保护应当贯彻保护为主、抢救第一、合理利用、加强管理的方针，维护革命遗址本体安全和特有的历史环境风貌，保持历史真实性、风貌完整性和文化延续性。

【条文释义】

### 一、革命遗址保护的方针

20 世纪 90 年代，在体制转型、社会变革的大背景下，我国文物事业面临着巨大的冲击和挑战。一方面，大规模城市建设造成的文物破坏屡禁不止，盗窃、盗掘田野文物、馆藏文物的歪风甚嚣尘上，形成强烈的外部冲击；另一方面，文物保护和经济发展的关系、国家保护和民间收藏的关系等，在系统内部也一直争论不休，对"保"与"用"的认识出现了不少偏差和误区。内外两方面的冲击，使得文物工作遇到了前所未有的困难。针对这种情况，党中央、国务院于 1992 年 5 月在西安召开了一次非常重要的全国文物工作会议。时任中共中央政治局常委、中央书记处书记的李瑞环同志代表党中央、国务院明确提出将"保护为主、抢救第一"作为当时文物工作的方针，同时他还提出了"先救命后治病"的观点。文物工作方针的确定，统一了社会上对文物工作的不同认识，明确了工作方向。到了 1995 年 9 月，时任中共中央政治局委员、国务委员的李铁映同志，又在西安主持召开了全国文物工作会议。这次会议进一步提出"有效保护，合理利用，加强管理"十二个字作为文物保护工作的原则。在此后的一段时间里，八字方针和十二字原则共同作为文物工作的指导思想，一直到 2002 年《文物保护法》修订时，将方针和原则凝练成"保护为主，抢救第一，合理利用，加强管理"，也就是惯称的"十六字方针"，作为文物工作的方针固定在法条中，成为此后相当长一段时间文物工作的遵循和指南。

《文物保护法》第4条规定，文物工作贯彻保护为主、抢救第一、合理利用、加强管理的方针。《江西省文物保护条例》第3条、《江西省革命文物保护条例》第4条也作了进一步规定。另外，《文物保护法》第11条还规定，文物是不可再生的文化资源。国家加强文物保护的宣传教育，增强全民文物保护的意识，鼓励文物保护的科学研究，提高文物保护的科学技术水平。《江西省文物保护条例》第40条第3款规定，对具有重要价值的国有文物保护单位实行旅游者、参观者容量控制制度。《江西省文物保护条例》第43条规定，参观游览场所内有文物保护单位的，场所的管理或者使用机构应当从门票收入中安排一定的比例用于文物保护。国有文物保护单位利用文物进行拍摄以及举办大型活动，其所得收入应当用于文物保护。《江西省革命文物保护条例》第16条规定，革命文物保护应当坚持全面保护与重点保护相结合，统筹推进抢救性与预防性保护、文物本体与周边环境保护、单点与集群保护，确保革命文物的历史真实性、风貌完整性和文化延续性。鉴于此，本条也规定了，革命遗址保护应当贯彻保护为主、抢救第一、合理利用、加强管理的方针。

（一）保护为主

2021年10月28日，国务院办公厅印发的《"十四五"文物保护和科技创新规划》指出，加大革命文物保护力度。系统开展革命文物和相关史料调查征集。加强科学保护、系统保护，进一步完善革命文物定期排查、日常养护管理和安全防范制度，实施一批革命旧址维修保护项目、馆藏革命文物保护修复项目和革命文物研究性保护项目。加强整体保护，推进革命文物保护利用片区整体规划、连片保护、统筹展示，发挥示范引领作用。持续改善各级各类不可移动革命文物保存状况。

革命遗址是发扬革命传统，进行爱国主义教育和弘扬革命精神的重要武器。保护革命遗址，保持民族文化的传承，是连接民族情感纽带、增进民族团结和维护国家统一及社会稳定的重要文化基础，也是维护文化多样性和创造性、促进人类共同发展的前提，同时还是建设社会主义先进文化、贯彻落实习近平新时代中国特色社会主义思想的必然要求。作为文物之一的革命遗址，必须妥善保护，严禁乱拆乱改。修缮时，要严格注意保持原有建筑和周围环境的原貌，不要喧宾夺主，另搞富丽堂皇的新建筑。对革命遗址等文物的报备申请，应当采取严肃的科学态度，切实做好详细的原始记录，要充分重视人民群众在革命斗争中遗留下来的丰富文物，对反映错误路线的文物资料，也要进行必要的征集和研究，可起反面教导作用。

本条例体现了"保护为主"的基本要求。从设立保护名录制度来看，市、县级人民政府文物主管部门应当定期开展革命遗址普查和专项调查；市人民政府应当建立革命遗址保护名录，并向社会公布。从设立保护管理制度来看，已公布为不可移动文物的革命遗址以及与革命遗址相关的可移动文物，依照文物保护相关法律、法规进行保护管理；列入保护名录的革命遗址应当实施原址保护，任何单位和个人不得损坏或者擅自迁移、拆除。

（二）抢救第一

目前赣州市许多革命遗址建设年代早，多为砖木和土木结构，多为当地居民自主管理，普遍存在建筑主体霉烂、墙体风化倾斜、地基下沉、地面塌陷等问题，均处于建筑生命周期的末端。据文物部门调查，赣南原中央苏区 775 处革命遗址中，保存状况较好的只有 109 处，占总数的 14.06%；保存状况一般的有 211 处，占总数的 27.23%；保存状况差的有 419 处，占总数的 54.06%；消失的有 36 处，占总数的 4.65%。若不及时立法止损，进行维护、修缮，消失的速度定会加快，尤其是在江西省赣州市城镇化与新农村建设过程中，革命遗址如不能得到相应的立法保护，很容易被误拆、误毁。革命遗址是革命先辈留给我们的宝贵财富，是历史的见证，是不可再生的资源。在目前维修经费需求大，而财力紧张的情况下，保护工作全面进行不太现实，应当先对重要的红色遗址进行抢救性维修保护。

本条例第 20 条明确了抢救性保护措施的规定，体现了"抢救第一"的基本要求。第 20 条规定，列入保护名录的革命遗址存在坍塌、损毁、灭失等重大安全隐患的，市、县级人民政府应当及时开展抢救性保护和修复。

（三）合理利用

赣州市革命遗址普遍存在内涵展示不丰富的问题。大多数有纪念场馆的革命遗址还是简单的陈列的模式，可看东西较少，表现手法单一，历史内涵挖掘不够；革命遗址爱国主义教育和革命传统教育基地的作用发挥也不够；许多革命遗址的利用，仅限于清明节扫墓等活动，形式不多，利用不充分；未定级的革命遗址则处在无人管理和自生自灭的境地。革命遗址管理保护内容应该包括党、政、军、群机关驻地旧址、遗址，战役和战斗旧址，烈士陵园（包括坟、墓、冢），纪念碑、纪念馆、纪念堂、纪念亭，党史人物或革命人物故居，以及其他革命史迹或纪念设施。加强对这些革命遗址的保护、开发和利用，促进红色旅游事业科学发展，是一项利国利民的政治工程、文化工程和经济工程。合理利用革命遗址就是要把保护修缮革命遗址工作与发展"红色旅游"结合起来，以瑞金苏区革命遗址开发利用为典型，抓住发展"红色旅游"的有利时机，在开发利用中加强对革命遗址的修复；秀丽山水、独特风景、自然人文景观捆绑经营，通过各种形式来提高知名度，打造"红色教育、绿色休闲"的红色文化和生态旅游经典线路；加强宣传推介工作，提高革命遗址和其他纪念设施的影响力和感召力，充分利用报纸杂志、广播电视、网络信息平台等各种形式加大对革命遗址的宣传力度，让革命前辈的英雄事迹和革命精神薪火相传，大力开展对青少年的革命传统教育。

《江西省文物保护条例》第37条规定，文物利用坚持合理、适度的原则。禁止对文物进行破坏性利用。禁止将国有不可移动文物转让、抵押。禁止将国有文物保护单位作为或者变相作为企业资产经营。文物行政部门对文物的利用实施监督管理，并提供指导和服务。

本条例第四章集中规定了对革命遗址的合理利用。其中第28条规定，市、县级人民政府应当在保证革命遗址安全和不破坏历史风貌的前提下，整合有条件的革命遗址资源，与教育培训、扶贫开发、乡村振兴和旅游发展相结合，纳入相应发展规划，开展红色文化教育培训，开发、推广具有红色文化特色的旅游产品、旅游线路和旅游服务。鼓励将革命遗址与当地其他文物史迹、自然景观和非物质文化遗产等文化和自然资源相整合，拓展展示路线和内容，形成联合展示体系。

（四）加强管理

一方面，要确立革命遗址保护的指导思想和基本原则。要以多学科研究为先导，围绕重点革命遗址保护治理，把革命遗址保护展示体系建设与生态环境建设、经济发展结合起来，处理好长远与当前、全局与局部的关系，促进社会效益、生态效益与经济效益的协调统一。另一方面，要从法律上规定并督促各级政府履行革命遗址保护的责任和义务，在革命遗址的保护中，政府起到至关重要的作用，没有政府的理解和支持，革命遗址的保护肯定做不好。为了从法律上规定并督促政府履行革命遗址保护的责任和义务，规范各地的革命遗址保护和利用行为，必须将革命遗址保护纳入有法可依、有章可循的轨道。这样才能从根本上处理好革命遗址保护和利用中的全局利益和局部利益、长远利益和短期利益的关系，正确处理经济社会发展与文物保护的关系。

本条例第三章"保护管理"中，明确规定了相关的责任主体，以加强对革命遗址保护工作的管理，包括编制革命遗址保护利用规划、实施原址保护、设置抢救性保护措施、建立记录档案、严格审批建设工程项目等具体制度设计。其中第 27 条规定，市、县级人民政府文物主管部门应当会同有关部门对列入保护名录的革命遗址保护状况进行定期检查，并督促整改。市、县级人民政府文物主管部门应当建立投诉举报制度，及时受理对损坏革命遗址行为的投诉举报。对属于本部门职责范围内的事项，应当及时调查处理；对不属于本部门职责范围内的事项，应当在三个工作日内移交有管辖权的相关部门进行处理。

## 二、维护革命遗址本体安全和特有的历史环境风貌

在革命遗址数量上，赣州市现保存 775 处革命旧址，约占全国总数的 2.3%（全国共登记革命旧址 33 315 处）。相比全国其他著名红色地区，如福建省龙岩市保有革命旧址 520 处，陕西省延安市 445 处，湖北省黄冈市保有革命旧址 340 处，赣州市的革命旧址数量在全国名列前茅。革命遗址、遗迹是革命先辈留给我们的宝贵财富，是历史的见证，是不可再生的资源，据文物部门调查，赣南原中央苏区 775 处革命遗址中，保存状况较好的只有 109 处，占总数

的 14.06%，应当及时立法止损，进行维护、修缮，减缓其消失的速度，特别是在江西省赣州市城镇化与新农村建设过程中，应当对革命遗址进行立法保护，防止被误拆、误毁。

本条例规定的"维护革命遗址本体安全和特有的历史环境风貌"，就是要求在革命遗址保护工作中，必须坚持维护革命遗址本体安全的原则，必须坚持维护革命遗址特有的历史环境风貌的原则，禁止实施威胁革命遗址本体安全、破坏革命遗址特有的历史环境风貌的一系列行为。

### 三、保持历史真实性、风貌完整性和文化延续性

赣州市是中华苏维埃共和国临时中央政府所在地，是中央红军长征集结出发地，是"苏区干部好作风"的主要发源地，在中国共产党成长与发展史上创造了众多第一，如第一次阅兵式、第一个反腐败法规、第一次发行公债等，孕育了"苏区精神""长征精神"。从中国近代史的角度来看，赣州可以有四个城市定位：一是中央苏区的主体和核心区；二是人民共和国的摇篮；三是中央红军二万五千里长征的出发地；四是南方三年游击战争坚持地。因此，作为革命历史见证的这些革命遗址具有极强的政治性、时代性、先进性和纪念性，历届党和国家最高领导人均高度重视、亲切关怀。2018年7月，中共中央办公厅、国务院办公厅印发了《关于实施革命文物保护利用工程（2018—2022年）的意见》；2019年7月，中央全面深化改革委员会第九次会议审议通过了《长城、大运河、长征国家文化公园建设方案》。时任国家文物局局长刘玉珠指出，要将革命文物的片区作为革命文物保护利用的主战场，总结推广赣南等原中央苏区、延安革命旧址整体保护的经验，整合资源、突出重点，加大对革命文物保护利用片区的支持力度，助力革命老区走向乡村振兴的发展道路。

本条例规定的"保持历史真实性、风貌完整性和文化延续性"，就是要求在革命遗址保护工作中，必须坚持保持革命遗址历史真实性的原则，必须坚持保持革命遗址风貌完整性的原则，必须坚持保持革命遗址文化延续性的原则。

## 第五条【市县政府职责】

市、县级人民政府负责本行政区域内的革命遗址的保护、管理、修缮和利用等工作。

市、县级人民政府应当将革命遗址保护纳入本级国民经济和社会发展规划，按照革命遗址保护工作的实际情况，将革命遗址保护、管理、修缮等经费列入本级财政预算。

## 【条文释义】

《文物保护法》第9条第1款、第2款规定，各级人民政府应当重视文物保护，正确处理经济建设、社会发展与文物保护的关系，确保文物安全。基本建设、旅游发展必须遵守文物保护工作的方针，其活动不得对文物造成损害。

### 一、关于市、县级政府的总体职责

本条第1款规定了市、县级人民政府革命遗址保护总体职责，即市、县级人民政府负责本行政区域内革命遗址的保护、管理、修缮和利用等工作，重点就是对革命遗址的"保护、管理、修缮和利用"负责。根据《文物保护法》第8条第2款规定，地方各级人民政府负责本行政区域内的文物保护工作。《江西省文物保护条例》第6条第1款规定，县级以上人民政府应当将文物保护事业纳入国民经济和社会发展规划，所需经费列入本级财政预算，用于文物保护的财政拨款随着财政收入增长而增加。根据《江西省革命文物保护条例》第5条规定，县级以上人民政府负责本行政区域内革命文物保护工作，健全革命文物保护管理机构，加强专业队伍建设。将革命文物保护经费列入本级财政预算，用于革命文物保护的财政拨款随着财政收入增长而增加。《江西省革命文物保护条例》第8条规定，县级以上人民政府应当将革命文物安全工作纳入政府年度考核评价体系，加强革命文物安全防护设施建设，将不可移动革命文物纳入公共安全视频监控覆盖范围，落实革命文物安全直接责任人公告公示制度。

一方面，政府宣传马克思主义科学理论，引导人们抵御各种错误和腐朽思想的影响，提高全民族的思想道德素质和科学文化素质；另一方面，政府组织和发展教育、科技、文化、卫生、体育等各项事业，努力提高国家文化软实力。这就是政府的文化职能。政府文化职能中，政府有组织和发展文化事业的职能，推动革命遗址的保护是发展本行政区域文化的重要一步，因为文物管理部门所辖范围甚小，而遗址涉及了诸如林业、农业、土地、城建、规划、交通、水利以及旅游等多个方面，在产业结构调整以及土地利用方面，因为缺乏政府的行政支持，所以原本可以促进遗址保护的绿地建设、生态农业以及植树造林、观光旅游等项目都难以落实。而且很多地方政府担心保护遗址会影响当地的经济发展，所以对遗址保护置之不理，这也是保护规划方在进行遗址保护规划时遇到重重困难的原因。

市、县级人民政府作为综合行政机关，应当负责本行政区域革命遗址保护、管理、修缮和利用等工作。依据《文物保护法》的规定，文物保护应当纳入国民经济和社会发展规划，所需经费应当列入本级政府财政预算。革命遗址作为承载中国共产党革命传统和历史的重要文物，应当将其从其他文物中单列出来，单独纳入国民经济和社会发展规划，保护、管理、修缮等经费单独纳入本级政府财政预算，从而有利于对革命遗址进行重点保护。

## 二、关于市、县级政府的具体职责

本条第 2 款规定的是市、县级人民政府革命遗址保护具体职责，一是将革命遗址保护纳入本级国民经济和社会发展规划，二是将革命遗址保护、管理、修缮等经费列入本级财政预算。

（一）将革命遗址保护纳入本级国民经济和社会发展规划

根据《文物保护法》第 10 条第 1 款的规定，国家发展文物保护事业。县级以上人民政府应当将文物保护事业纳入本级国民经济和社会发展规划。根据《江西省革命文物保护条例》第 5 条的规定，县级以上人民政府将革命文物保护事业纳入本级国民经济和社会发展规划、国土空间规划，结合本地革命文物资源情况，制定革命文物保护规划。在我国，国民经济和社会发展规划具有重要地位。它主要阐明国家和地方战略意图，明确政府工作重点，引导市场主体行为，是特定时期内经济社会发展的宏伟蓝图，是人们共同的行动纲领，是政府履行经济调节、市场监管、社会管理和公共服务职责的重要依据。具体而言，规划提出一定时期本级国民经济和社会发展的基本战略、基本任务和宏观调控目标，确定本级国民经济和社会发展的重大事项以及需要配套实施的具体政策。这集中体现了规划的宏观性、战略性、政策性和导向性，有利于引导全社会形成共识，也是政府运用经济、法律、行政等各种手段进行宏观调控的基本依据。同时，规划要对关系本级国民经济全局的一些重要领域和重大经济活动进行必要的指导、协调和调节。例如，提出加强基础设施建设，调整优化产业结构和区域经济结构、促进经济社会协调发展的目标和政策，并通过国家投资、政策性金融、税收等措施予以支持；运用政府采购、国家储备、国家投放、进出口等进行吞吐调节，防止市场供求和价格的异常波动等。

随着革命遗址保护形势日趋严峻及人们对革命遗址保护意识的逐步提高，革命遗址保护工作在社会事务中的地位不断提高，有必要强化其在本级国民经济和社会发展规划中的地位。一方面，革命遗址保护工作是政府工作的重要组成部分，本级国民经济和社会发展规划含有革命遗址保护工作，是保障规划完整性的必然要求；另一方面，将革命遗址保护工作纳入本级国民经济和社会发展规划，是凸显革命遗址保护工作重要性，推动革命遗址保护工作顺利开展的重要保障，有利于从全局和整体的高度来谋划和开展。市、县级人民政府也具有文化职能，而作为文物保护中的重要部分，革命遗址保护与地方红色旅游资源开发、红色文化传递息息相关，所以应当将革命遗址保护纳入本级国民经济和社会发展规划。

（二）将革命遗址保护、管理、修缮等经费列入本级财政预算

根据《文物保护法》第 10 条第 1 款、第 2 款的规定，县级以上人民政府应当将文物保护事业所需经费列入本级财政预算。国家用于文物保护的财政拨款随着财政收入增长而增加。《江西省文物保护条例》第 6 条规定，县级以上人民政府应当将文物保护事业纳入国民经济和社会发展规划，所需经费列入本级财政预算，用于文物保护的财政拨款随着财政收入增长而增加。县级以上人民政府应当根据文物调查、抢救、修缮、征集和安全设施建设等需要，设立专项经费。根据《江西省革命文物保护条例》第 5 条的规定，县级以上人民政府将革命文物保护经费列入本级财政预算，用于革命文物保护的财政拨款随着财政收入增长而增加。《文物保护法实施条例》第 2 条规定，国家重点文物保护专项补助经费和地方文物保护专项经费，由县级以上人民政府文物行政主管部门、投资主管部门、财政部门按照国家有关规定共同实施管理。任何单位或者个人

不得侵占、挪用。

全市各级党委政府和有关部门在对革命遗址的保护、修缮、开发、利用等方面，做了大量卓有成效的工作。但是，由于年代久远、点多面广，有些革命遗址遭到严重损坏，虽经修缮，但由于投入不足，有些过于简陋，有些仅能维持现状，急需开展进一步修缮和保护工作；有些革命遗址展陈内容匮乏，文字说明水平不高，有的不够通俗易懂，有的表述不够确切精当；有些革命遗址开发红色旅游思路措施缺乏针对性，推进力度和实效不大。同时，新时代也对如何更好地利用好革命遗址，传承好红色基因，践行社会主义核心价值观提出了新的更高要求。为此，围绕更加重视挖掘利用革命遗址这一红色文化资源，由市、县财政每年划拨一定数额的革命遗址保护资金，积极争取上级有关部门的专项扶持资金，并探讨多元化投入保障机制，保护修缮一批重点革命遗址，并拓展其红色旅游产业功能，实现良性循环和可持续发展。按照革命遗址保护工作的实际情况，为了更好、更直接地管理，应当将革命遗址保护、管理、修缮等经费列入本级财政预算。

《国家文物局、财政部关于加强新时代革命文物工作的通知》指出，革命文物承载党和人民英勇奋斗的光荣历史，记载中国革命的伟大历程和感人事迹，是党和国家的红色基因库和宝贵财富。各级文物、财政部门要会同各有关主管部门、军队系统并指导革命文物管理收藏单位，从赓续红色血脉、守护红色江山的政治高度出发，增强政治自觉，担当政治责任，切实把保护革命文物、传承红色基因作为一项重大政治任务抓牢抓实，充分发挥革命文物在党史学习教育、革命传统教育、爱国主义教育等方面的重要作用。各级文物、财政部门要按照中央与地方财政事权和支出责任划分，健全完善革命文物保护支持机制，加强组织协调，拓展资金渠道，加大投入力度，统筹谋划革命文物保护重点任务、重大项目，切实把革命文物保护作为保障重点，为夯实新时代革命文物工作提供有力保障。

## 第六条【部门职责】

市、县级人民政府文物主管部门负责指导、协调和监督本行政区域内革命遗址保护、管理、修缮和利用工作。

发展改革、自然资源、住房和城乡建设、教育、城市管理、民政、退役军人事务、财政、民族宗教、旅游、交通运输、生态环境、公安、应急管理等主管部门按照各自职责，做好革命遗址保护、管理、修缮和利用相关工作。

## 【条文释义】

### 一、主管部门（市、县级文物主管部门）的职责

在革命遗址保护工作管理体制上，国家的文化和旅游部、省级的文化和旅游厅、市县级的文旅局等文化旅游部门作为文物主管部门，对外加挂文物局的牌子，对革命遗址保护工作实施统一监督管理。因此，在赣州行政区域内的文化旅游部门是赣州行政区域内的文物主管部门，承担着革命遗址保护工作的文物主管部门职责，对革命遗址保护工作实施指导、协调和监督。从市到县都要引起重视，只有思想上首先重视起来，才能采取有力的措施，才能使革命遗址得以保护和充分地利用；各级政府应明确革命遗址的管理机构，吸收历史、考古、旅游、文化等方面的专业人员组成专门小组，科学指导革命遗址的管理和保护；出台专门文件，参照外地经验，依法管理。强化管理手段、落实管理措施、保障管理资金，用尽可能短的时间对革命遗址集中进行维修和保护；对意义重大且破损严重的革命遗址，尽早修缮。对具有保护价值的革命遗址，抓紧

挂牌、修葺或立碑加以保护。对赣州市的遗址保护，还应多渠道多方位加大宣传力度，全方位地对红色旅游资源进行研究、挖掘、整理、提炼、整合，展现其独特的苏区历史文化内涵和民俗风情魅力，提升红色旅游文化品位，提升其知名度，使革命遗址在维护和保护中得到利用，在开发利用中得到更好的保护。

《文物保护法》第 8 条第 2 款规定，县级以上地方人民政府承担文物保护工作的部门对本行政区域内的文物保护实施监督管理。

《江西省文物保护条例》第 5 条第 1 款规定，县级以上人民政府文物行政部门对本行政区域内的文物保护实施监督管理。《江西省文物保护条例》第 37 条第 3 款规定，文物行政部门对文物的利用实施监督管理，并提供指导和服务。

《江西省革命文物保护条例》第 7 条第 1 款规定，县级以上人民政府文物主管部门对本行政区域内革命文物保护工作实施监督管理，牵头建立革命文物工作联席会议制度，成立革命文物专家委员会。

根据本条例的规定，文物主管部门的主要职责包括：一是指导本行政区域内革命遗址保护、管理、修缮和利用工作，二是协调本行政区域内革命遗址保护、管理、修缮和利用工作，三是监督本行政区域内革命遗址保护、管理、修缮和利用工作。具体包括：指导乡（镇）人民政府、街道办事处开展本行政区域内革命遗址保护、管理、修缮和利用工作；负责革命遗址保护利用专家委员会日常工作；定期开展革命遗址普查和专项调查；负责申报革命遗址保护名录相关工作；配合制定革命遗址迁移异地保护方案；对革命遗址保护范围内进行建设工程或者作业提出相关意见（第 22 条）；指导革命遗址的设计和修缮工作；对革命遗址保护状况进行定期检查，并督促整改；建立投诉举报制度，及时受理对损坏革命遗址行为的投诉举报；对利用革命遗址举办文化、影视等活动的提出意见；以及对革命遗址保护、管理、修缮和利用的执法工作，等等。

## 二、有关部门（市、县级其他相关部门）的职责

赣州市多部门进行革命遗址的保护、开发和利用工作仍然面临许多亟待解决的困难和问题：一是管理部门不统一，责任主体不明确，实际工作中相互扯皮。更有许多散落在村镇山野的革命遗址，大都处于无人管护的境地，经长期自然损毁和人为破坏，许多遗址都难觅踪迹，造成无法弥补的损失；二是管理措施和资金无法落实，遗址得不到及时有效的保护；三是遗址开发利用时的随意性。因没有主管部门及相关业务部门的指导和科学规划，有些地方对遗址开发利用时，不认真论证，随意修建、翻建，甚至完全改变了遗址的原貌，造成不应有的破坏。赣州市大部分革命遗址都地处偏远地区，交通不便，长期以来由于宣传力度不够，外人很少知道。调查中发现，即使是当地人，除年长者对遗址上所发生的事情略知一二外，年轻人几乎根本不了解。这也是许多革命遗址得不到很好保护，遭到人为破坏的重要原因。

保护和利用本区域的革命遗址，既是尊重历史的客观需要，又是强化文化建设的必然要求。《文物保护法》第 8 条第 3 款规定，县级以上人民政府有关行政部门在各自的职责范围内，负责有关的文物保护工作。《文物保护法》第 9 条第 3 款规定，公安机关、工商行政管理部门、海关、城乡建设规划部门和其他有关国家机关，应当依法认真履行所承担的保护文物的职责，维护文物管理秩序。

《江西省文物保护条例》第 5 条第 2 款规定，公安、工商行政管理、城乡建设规划、海关等部门在各自职责范围内，负责有关的文物保护工作。根据《江西省革命文物保护条例》第 6 条的规定，各级宣传部门负责革命文物保护工作的统筹指导和综合协调，建立

健全革命文物保护工作机制。《江西省革命文物保护条例》第7条规定，退役军人事务、发展改革、财政、教育、公安、民政、人力资源和社会保障、自然资源、生态环境、住房和城乡建设、交通运输、应急管理、广播电视、电影、新闻出版、网信、档案、党史研究、地方志等部门和单位在各自的职责范围内做好革命文物保护工作。工会、共青团、妇联等人民团体应当发挥各自优势，组织开展相关革命文物保护工作。

因此，大力开展革命遗址宣传工作非常重要，各级党委和政府应高度重视。宣传、党史、文化、教育、旅游等部门要协同开展工作，全方位地对红色旅游资源进行深入地研究、挖掘、整理、提炼和整合，提升红色旅游文化的品位和知名度。要利用一切新闻媒体和传播手段，大力宣扬党的光辉历史，使大家充分认识保护、开发和利用革命遗址的重要意义，使革命遗址在保护中得到充分的利用，在利用中得到更好的保护。本着统筹规划、突出重点的原则，加强硬件建设，对遗址尚存，已有纪念场所的，应保护、维修和完善配套设施；对遗址无标志的，应尽快查找其确切位置，建立纪念设施，至少应设立纪念标志，以免日久湮灭。做到对革命遗址，纪念有设施（标志），管理有部门负责，经费有保障。

本条规定的"发展改革、自然资源、住房和城乡建设、教育、城市管理、民政、退役军人事务、财政、民族宗教、旅游、交通运输、生态环境、公安、应急管理等主管部门按照各自职责，做好革命遗址保护、管理、修缮和利用相关工作。"就新民主主义时期形成的纪念设施而言，既属于革命遗址，又属于纪念设施，应由文物行政部门与民政部门共同负责指导、协调和监督。因此，这些相关主管部门要"按照各自职责"，做好革命遗址保护、管理、修缮和利用相关工作，各部门分工负责，才能避免出现文物行政部门监管

"单打独斗"的局面，从而形成合力，共同保护利用好革命遗址。

### 三、其他主管部门与文物主管部门的职责关系

就其他有关部门与文物主管部门履行革命遗址保护、管理、修缮和利用工作的职责而言，可以分为以下几种不同情况：

一是独立实施，即某个有关部门主管某个事项的革命遗址保护、管理、修缮和利用工作职责。如本条例第 39 条第 1 款规定，违反本条例规定，在革命遗址保护范围或者建设控制地带内，建设污染革命遗址及其环境的设施的，由生态环境主管部门依照有关法律、法规的规定给予处罚。第 39 条第 2 款规定，违反本条例规定，在革命遗址保护范围或者建设控制地带内，存放易燃、易爆、易腐蚀等危及革命遗址安全的物品的，由公安机关依照有关法律、法规的规定给予处罚。

二是联合实施，即两个或者多个有关部门共同主管某项革命遗址保护、管理、修缮和利用工作职责。如本条例第 18 条规定，所在地县级人民政府应当自革命遗址保护名录公布之日起一年内，组织文物、自然资源、旅游等主管部门编制革命遗址保护利用规划，并报市人民政府批准，自批准之日起三十日内向社会公布。第 33 条规定，民政、交通、住房和城乡建设、旅游和公安机关交通管理等主管部门制作辖区地图、命名道路、开发公众服务平台、建设公共交通站台、设置旅游交通标志和设施标牌时，应当包含革命遗址相关内容。

三是配合实施，即其他一个或者多个有关部门会同文物主管部门履行特定事项的革命遗址保护、管理、修缮和利用工作职责。《江西省革命文物保护条例》第 12 条规定，县级以上人民政府文物主管部门在革命文物认定工作中，应当会同本级宣传、退役军人事务、党史研究、地方志等有关部门和单位开展调查研究，听取专家

意见，基于革命史实和文物价值作出认定。又如本条例第 27 条第 1 款规定，市、县级人民政府文物主管部门应当会同有关部门对列入保护名录的革命遗址保护状况进行定期检查，并督促整改。第 13 条第 2 款第（3）项规定，县级人民政府文物主管部门会同当地党史研究机构组织专家论证，根据论证结果向社会公示建议名录，公示期限不得少于三十日。第 19 条第 2 款规定，列入保护名录的尚未公布为不可移动文物的革命遗址，因特殊情况进行建设活动而无法实施原址保护需要迁移的，由建设单位会同所在地县级人民政府文物、自然资源等主管部门制定迁移异地保护方案，并由县级人民政府文物主管部门报告市人民政府文物主管部门。

## 第七条【乡镇等基层政权、基层自治组织职责】

乡（镇）人民政府、街道办事处在县级人民政府文物主管部门的指导下开展本行政区域内革命遗址保护、管理、修缮和利用工作。

村（居）民委员会协助有关部门做好所在区域内革命遗址保护、管理、修缮和利用的相关工作。

【条文释义】

### 一、乡（镇）人民政府、街道办事处的职责

我国分为国家、省、市、县、乡五级，乡（镇）是最低一级政府机关。乡（镇）政府产生的直接动因是保证催耕催种计划的落实，还因为当时交通和通信不发达，行政辐射的面积有限，需要乡（镇）政府进行面对面的管理。乡级政府的职能主要包括执行本级人民代表大会决议以及上级国家行政机关的决定和命令；执行全乡（镇）的社会和经济发展计划、预算，管理本乡（镇）内的经济、

教育、科技、文化、卫生、体育事业和财政、民政、治安、人民调解、安全生产监督管理、移民开发、计划生育等行政工作；保护社会主义的全民所有财产和劳动群众集体所有财产，保护公民私人所有的合法财产，维护社会秩序，保障公民的人身权利、民主权利和其他权利；办理上级人民政府交办的其他事项。乡（镇）政府的工作是国家工作的基石。乡（镇）政府、党委、乡（镇）人大按其职级来说，都是同等职级的。但从工作实际看，乡（镇）政府既要接受乡（镇）党委的领导，也要执行乡（镇）人大的各项决议。从决策的机制来看，乡（镇）党委是乡（镇）的决策主体，它决定乡（镇）的重大问题如人员分工、人事安排、中心工作。乡（镇）重大决策一般通过两大会议作出，一是党委会议，凡属党内兼职的行政干部以党委副书记和党委委员的身份参加会议，然后以行政干部的身份落实党委会的决定；二是党政联席会议，党政会议表面上是由党政干部联合作出的决定，由于交叉任职，这个会议实际上可以看作是党委扩大会议。乡（镇）政权是国家的基层政权，国家的各项工作都要通过乡（镇）来完成，因此，从条例上规定乡（镇）政府的职责尤为重要。

街道办事处，简称街道办、街办，是中华人民共和国的市辖区和不设区的市人民政府的派出机关。街道办事处辖区为街道，与乡、镇同属乡级行政区。根据 2015 年修正的《中华人民共和国地方各级人民代表大会和地方各级人民政府组织法》第 68 条第 3 款规定，市辖区、不设区的市的人民政府，经上一级人民政府批准，可以设立若干街道办事处，作为它的派出机关。街道办事处是基本城市化的行政区划，下辖若干社区居民委员会，或有极少数的行政村。街道办事处是市辖区人民政府或不设区的市人民政府的派出机关，受市辖区人民政府或不设区的市人民政府领导，行使市辖区或不设区的市人民政府赋予的职权。基本职能主要是：贯彻执行党和国家的路线方针、政策以及市、区关于街道工作方面的指示，制定具体的管理办法并组织实施；指导、搞好辖区内居委会的工作，支持、帮助居民委员会加强思想、组织、制度建设，向上级人民政府和有关部门及时反映居民的意见、建议和要求；抓好社区文化建设，开展文明街道、文明单位、文明小区建设活动，组织居民开展经常性的文化、娱乐、体育活动；协助有关部门做好辖区拥军优属、优抚安置、社会救济、殡葬改革、残疾人就业等工作；积极开展便民利民的社区服务和社区教育工作等。

《江西省文物保护条例》第7条第1款规定，对遗存在本行政区域内的与重大历史事件、革命运动有关的近现代重要史迹、陶瓷古窑遗址等重要文物保护单位，有关人民政府应当予以重点抢救、保护和管理。《江西省革命文物保护条例》第5条规定，乡（镇）人民政府、街道办事处在县级人民政府文物主管部门的指导下，开展革命文物保护工作。因此本条例对乡（镇）人民政府、街道办事处规定"在县级人民政府文物主管部门的指导下开展本行政区域内革命遗址保护、管理、修缮和利用工作"具有上位法依据。乡（镇）人民政府、街道办事处是保护本辖区革命遗址的重要力量，应当协助开展本行政区域内革命遗址保护利用工作；但由于其缺乏专业性，县级文物主管部门应当给予指导。尚未核定公布为文物保护单位的不可移动遗址，乡（镇）人民政府、街道办事处依法登记、制定保护措施，并报县级人民政府文物行政管理部门备案。文物保护单位批为参观游览场所的，采取有效的保护措施，保证文物的完整和安全。乡（镇）人民政府、街道办事处应监督任何单位和个人在公布的遗址区内进行建设活动，建设单位和个人若在遗址区内活动应事先报告文物行政部门，经核实批准后方能进行。乡

（镇）人民政府、街道办事处应根据实际情况做好革命遗址的普查、收集、整理工作。

## 二、村（居）民委员会的遗址保护的职责

村（居）民委员会，为中国大陆地区乡（镇）所辖的行政村的村（居）民选举产生的群众性自治组织，村（居）民委员会是村（居）民自我管理、自我教育、自我服务的基层群众性自治组织，村民委员会由主任、副主任和委员 3—7 人组成，居民委员会由 5—9 人组成。领导班子的产生依赖民主选举，每 5 年选举一次，没有终身制，任何组织或者个人不得指定、委派或者撤换村民（居）委员会成员。群众性自治制度也是我国一项基本政治制度。根据《中华人民共和国村民委员会组织法》第 2 条第 1 款、第 2 款规定，基层群众性自治组织，实行民主选举、民主决策、民主管理、民主监督。村民委员会办理本村的公共事务和公益事业，调解民间纠纷，协助维护社会治安，向人民政府反映村民的意见、要求和提出建议。

《文物保护法》第 7 条规定，一切机关、组织和个人都有依法保护文物的义务。《文物保护法实施条例》第 12 条第 2 款规定，文物保护单位有使用单位的，使用单位应当设立群众性文物保护组织；没有使用单位的，文物保护单位所在地的村民委员会或者居民委员会可以设立群众性文物保护组织。文物行政主管部门应当对群众性文物保护组织的活动给予指导和支持。《江西省革命文物保护条例》第 5 条规定，村（居）民委员会协助当地人民政府做好革命文物保护工作。因此本条例对村（居）民委员会规定"协助有关部门做好所在区域内革命遗址保护、管理、修缮和利用的相关工作"的协助义务具有上位法依据。村（居）民委员会作为基层自治组织，在革命遗址保护方面，应当为有关部门提供协助，以方便

有关部门开展工作。依照法律规定，村（居）民委员会管理辖区内集体所有的土地和其他财产，教育村（居）民合理利用历史资源，改善革命遗址保护环境；应当支持和组织村（居）民依法发展各种形式的遗址保护合作活动，承担本村（区）生产的服务和协调工作，促进地区经济的发展。

## 第八条【所有人、使用人、管理人的日常维护义务】

革命遗址所有人、使用人、管理人应当支持、配合革命遗址保护、管理、修缮和利用工作，合理使用革命遗址，依法履行日常维护义务，不得损坏革命遗址。

【条文释义】

革命遗址所有人、使用人、管理人是革命遗址的直接所有者、使用者或管理者，负有支持、配合革命遗址保护、管理、修缮和利用工作的责任；其在使用、管理革命遗址时不得超出合理的限度；应当依照《文物保护法》等相关法律、法规之规定履行维护义务，不得损坏革命遗址，以维持革命遗址的历史风貌。

### 一、所有人、使用人、管理人的概念

所有人是指依法对自己财产享有占有、使用、收益和处分的权利的自然人、法人、非法人组织。所有人拥有所有权，所有权是对生产劳动的目的、对象、手段、方法和结果的支配力量，它是一种财产权，所以又称财产所有权。所有权是物权中最重要也最完全的一种权利，具有绝对性、排他性、永续性三个特征，具体内容包括占有、使用、收益、处置四项权能。产权和所有权的区别：产权是一个较大的概念，产权包括所有权。房地产所有权只是房地产产权中主要的一种。所有权具有以下的特征：第一，所有权是绝对权。

所有权不需要他人的积极行为，只要他人不加干预，所有人自己便能实现其权利。第二，所有权具有排他性。所有人有权排除他人对其行使权力的干涉，并且同一物上只能存在一个所有权，不能并存两个或两个以上的所有权。第三，所有权是最完全的物权。所有权是所有人对其所有物进行一般的、全面的支配，内容最全面、最充分的物权，它不仅包括对物的占有、使用、收益，还包括了对物的最终处分权。

《文物保护法》第 5 条第 1 款规定，中华人民共和国境内地下、内水和领海中遗存的一切文物，属于国家所有。《文物保护法》第 6 条规定，属于集体所有和私人所有的纪念建筑物、古建筑和祖传文物以及依法取得的其他文物，其所有权受法律保护。文物的所有者必须遵守国家有关文物保护的法律、法规的规定。

《文物保护法实施条例》第 12 条规定，其他文物保护单位，由县级以上地方人民政府设置专门机构或者指定机构、专人负责管理；指定专人负责管理的，可以采取聘请文物保护员的形式。文物保护单位有使用单位的，使用单位应当设立群众性文物保护组织；没有使用单位的，文物保护单位所在地的村民委员会或者居民委员会可以设立群众性文物保护组织。文物行政主管部门应当对群众性文物保护组织的活动给予指导和支持。负责管理文物保护单位的机构，应当建立健全规章制度，采取安全防范措施；其安全保卫人员，可以依法配备防卫器械。

使用人是指使人员、器物、资金等为某种目的而运用或利用服务的自然人、法人、非法人组织。管理是人类各种组织活动中最普遍和最重要的一种活动。广义的管理是指应用科学的手段安排、组织社会活动，使其有序进行。管理人是指一定组织中的管理者，通过实施计划、组织、领导、协调、控制等职能协调他人的活动，使别人同自己一起实现既定目标的活动计划人。使用人、管理人管理事务应当尽到必要的注意义务，否则因为管理人的过失给被管理事务造成损害的，应当承担损害赔偿责任；使用人、管理人因管理事务所获得的一切财产或者权利都应当返还给被管理事务的所有人；使用人、管理人开始使用、管理后，除无法通知的情况外应当及时履行通知义务。

关于保护管理责任人制度，《江西省革命文物保护条例》第24条规定，不可移动革命文物应当按照下列产权归属情况明确保护管理责任人：（1）国家所有的，其使用人为保护管理责任人；（2）集体所有的，该集体组织为保护管理责任人；（3）个人所有的，其所有人为保护管理责任人；（4）权属不明确的，由所在地县级以上人民政府指定保护管理责任人。《江西省革命文物保护条例》第25条规定，不可移动革命文物保护管理责任人应当履行下列责任：（1）定期组织开展日常巡查，检查不可移动革命文物本体的安全状况，排查安防、消防隐患；有必要的，应开展持续的技术监测；（2）做好不可移动革命文物本体的日常保养、维护；（3）对保护标志进行维护；（4）定期更新记录档案，实施动态管理；（5）根据需要组织开展或者配合有关部门开展不可移动革命文物修缮、环境整治、陈列展示等项目；（6）对外开放的，组织做好游客管理。《江西省革命文物保护条例》第47条规定，国有革命文物保护管理责任人违反本条例规定，未履行保护管理责任的，由县级以上人民政府文物主管部门责令改正。非国有革命文物保护管理责任人违反本条例规定，未履行保护管理责任的，由县级以上人民政府文物主管部门督促履行。需要进行修缮，保护管理责任人具备修缮能力而拒不依法履行修缮义务的，县级以上人民政府可以给予抢救修缮，所需费用由保护管理责任人负担。

《江西省文物保护条例》第 19 条规定，设区市、县级人民政府文物主管部门应当与不可移动文物的所有人、使用人或者管理人签订文物保护责任书，依法明确其享有的权利和承担的义务；不可移动文物的所有人、使用人或者管理人发生改变的，应当重新签订。《江西省文物保护条例》第 37 条第 2 款规定，禁止对文物进行破坏性利用。禁止将国有不可移动文物转让、抵押。禁止将国有文物保护单位作为或者变相作为企业资产经营。

### 二、所有人、使用人、管理人的革命遗址保护责任

对于革命遗址的所有人，一般来说，革命遗址属于不可移动文物，归各地方文物部门主管，即归国家所有或集体所有，公民集体应当支持、配合革命遗址保护、管理、修缮和利用工作，合理使用革命遗址，依法履行日常维护义务，不得损坏革命遗址。公民集体应根据革命遗址的保护等级，严格不同层级管理机构的关系，使各部门有效制约明确保护规范，严格相关事项的审批制度。对于一些影响遗址风貌的工程进行严格审批，使新增建筑不会影响文物遗址的价值。从环保的角度出发，在革命遗址保护的范围内，禁止设立可能污染文物遗址的单位，并且禁止开展该种活动，进行及时的整治。对于文物遗址，我们除给予充分的保护，使其价值更好发挥外，还应该采取一定的措施予以传承。遗址所有人应当做好保护和传承的规划和策略，为其传承和发展奠定基础。以我国现有的遗址保护技术和策略规划水平为出发点，充分认识当前文物遗址保护中存在的问题和矛盾，从完善相关保护的法律和政策等入手，来加强对文物遗址的保护。

本条规定了关于所有人、使用人、管理人的革命遗址保护责任，具体包括：（1）所有人、使用人、管理人应当支持、配合革命遗址保护、管理、修缮和利用工作；（2）所有人、使用人、管理人应当

合理使用革命遗址；（3）所有人、使用人、管理人应当依法履行日常维护义务；（4）所有人、使用人、管理人不得损坏革命遗址。

## 第九条【专家委员会的设立、组成与职责】

市人民政府应当设立革命遗址保护利用专家委员会。

革命遗址保护利用专家委员会由文物保护、党史研究、规划、建设、文化、旅游等方面专业人士组成，负责革命遗址保护利用的咨询、指导和评审等工作，日常工作由市人民政府文物主管部门负责。

【条文释义】

### 一、专家委员会设立、组成

革命遗址保护利用专家委员会由市人民政府组织设立，人员是由文物保护、党史研究、规划、建设、文化、旅游等方面专业人士组成，负责革命遗址保护利用的咨询、指导和评审等工作，其日常工作由市文物行政部门负责。之所以仅由市人民政府组织设立专家委员会，是因为本条例对革命遗址保护名录的认定权在市人民政府，因而应当由市政府组织设立专家委员会。

专家委员会是由具有较高科学技术水平、丰富的实践经验并具备创新开拓精神的科技工作者组成的市政府科学技术咨询评议机构。专家委员会在市政府领导下开展工作。专家委员会的宗旨，是发挥各类专家、学者的聪明才智，积极推动城市科技、经济和社会的全面进步，提高政府决策民主化、科学化水平。专家委员会的主要任务是接受市政府以及有关部门的委托，专家委员会由在遗址保护行业、革命精神研究行业或国家研究机构工作多年、具有丰富实践经验、具有高级职称的资深专家组成。专家委员会委员承担以下职责：（1）遵守和执行专家委员会的有关决定，参加专家委员会组织的活动，完成专家委员会分配的工作和任务，对有关资料、秘密等负有保密责任；（2）对本市革命遗址保护发展、方针、政策、法规、办法等提出咨询建议；（3）参与政府革命遗址保护的评审工作；（4）对本市革命遗址保护管理机构和人员的设置、调整等工作提出咨询建议；（5）承担政府委托的其他有关革命遗址保护的工作。委员享有的权利包括：（1）本团体的选举权、被选举权和表决权；（2）参加本团体的活动；（3）对本团体工作的批评建议权和监督权；（4）入会自愿、退会自由。

另外，《江西省文物保护条例》第8条第2款规定，县级以上人民政府应当注重对文物、博物专业技术人才的培养。

## 二、专家委员会职责

本条规定了革命遗址保护利用专家委员会的职责，即"负责革命遗址保护利用的咨询、指导和评审等工作"，具体来说，包括对科学保护与合理利用革命遗址提出相关建议、指导革命遗址保护维修工程与利用规划、对革命遗址进行价值评估以便建立与调整革命遗址保护名录等。革命遗址保护利用专家委员会由文物保护、党史研究、规划、建设、文化、旅游等方面专业人士组成。革命遗址具有重大的历史、资政、育人及经济等价值，承载和蕴藏着坚定的信仰、理想、奋斗、牺牲等革命精神。所以，发扬红色传统、传承红色基因的首要任务就是要科学、深刻地阐释革命遗址承载的内涵。文化遗产阐释就是遗产形态、价值以及遗产地精神的演示、解读和传播，从而把文化遗产的价值传递给社会或公众，这尤其需要相关方面的专家科学的指导和建议，因此文物保护、党史研究、规划、建设、文化、旅游等方面专业人士构成的专家委员会的建议就十分重要。另外，规定了革命遗址保护利用专家委员会的日常工作由市人民政府文物主管部门负责，具体而言，就是市文广新局牵头协调。

革命遗址保护利用专家委员会应当承担下列职责：

（1）咨询。对于革命遗址保护利用工作产生的问题，应当向专家委员会咨询、征求意见，专家委员会有职责针对该问题提出专家建议。《江西省革命文物保护条例》第12条规定，县级以上人民政府文物主管部门在革命文物认定工作中，应当会同本级宣传、退役军人事务、党史研究、地方志等有关部门和单位开展调查研究，听取专家意见，基于革命史实和文物价值作出认定。促进深度发展，科学技术是第一生产力。利用科技手段支撑和引领文化遗产保护与公共文化服务，是国际社会的普遍做法和策略。当前，专家委员会要充分借助空间规划与数字化、文化传播网络化、装备智能化等现代高科技手段，构建较为完善的现代公共文化服务体系，包括数字纪念馆、博物馆，革命遗址场所及知识的虚拟展示、信息提取，馆藏文物流转管理等。要积极提出革命精神传承建设的建议，积极引领经济增长方式和人民群众生活方式的变革，更好地满足人民群众对爱国主义教育、革命传统教育、红色文化基因传承的需求。

（2）指导。专家委员会有指点、引导革命遗址保护利用工作的职责。专家委员会应该继续促进红色文化与绿色生态旅游融合发展，促进红色文化与乡村振兴融合发展；促进红色文化与爱国主义教育基地融合发展，从而实现红色文化区域融合发展。突出革命遗址主题形象，搞好景区建设，为避免红色旅游重复、单一的建设开发模式，必须要突出各地革命遗址的特色与重点，进行主题化开发；突出以瑞金建政、于都长征、兴国模范、寻乌调查、宁都反"围剿"、大余"三年游击"战争等为主题的景区建设，并通过主题建设带动当地资源开发；办好重大节事，持续创造旅游亮点；完善基础设施配套，提升旅游开发潜力与价值；在加快建设高速公路网络、高铁的基础上，改善景区公路和游步道设施，提高景区的可进入性与参观游览的安全性和舒适性；充分利用赣州市作为省域副中心城市、国家综合交通枢纽城市、革命老区振兴发展示范区建设等一系列重大机遇，加快"新基建"建设，更好地促进赣州市与全国、世界的互联互通，不断提升旅游开发的潜力与价值。

（3）评审。评审是技术把关，以尽可能保障革命遗址保护工作的科学性和合理性。根据本条例第15条的相关规定，市人民政府文物主管部门应当组织革命遗址保护利用专家委员会对县级人民政府申报列入保护名录的革命遗址开展价值评估，提出评估意见报市人民政府。

## 第十条【其他单位和个人的义务】

任何单位和个人都有依法保护革命遗址的义务，有权检举和制止损坏革命遗址的行为。

## 【条文释义】

根据《文物保护法》第7条的规定，一切机关、组织和个人都有依法保护文物的义务。因此，除本条例第5条、第6条、第7条和第8条中对各类机关单位、基层组织等责任与义务进行规定之外，还应当总括性规定任何单位和个人保护革命遗址的义务。此外，为了加大公众参与，规定了任何单位和个人检举和制止损坏革命遗址的行为的权利，即检举权和制止权。《江西省文物保护条例》第9条规定，县所有单位和个人都有依法保护文物的义务，并有权检举、控告和制止破坏文物的行为。《江西省革命文物保护条例》第9条第1款、第2款规定，保护革命文物是全社会的共同责任。任何单位和个人有权对歪曲、丑化、亵渎或者损毁、侵占、破坏革命文物的行为进行劝阻、举报。

## 一、关于其他单位和个人的义务

义务反映一定的社会物质生活条件所制约的社会责任,是指由法律规定的、个人必须履行的某种责任。根据权利义务相一致原理,享有权利必须履行一定的义务。为了实现增进社会公共利益,就不得不要求个人履行一定的义务。由于义务的履行必须由个人予以金钱支付或者受到对身体等方面的某种强制,因此,义务必须由法律予以规定,即义务的规定是法律保留事项。根据马克思主义基本原理,权利和义务紧密相连,相辅相成,"没有无义务的权利,也没有无权利的义务"[1]。在总体上和内在逻辑上,权利与义务统一于整体的法律制度之中。

义务是情愿、志愿、应该。社会普遍认为的为了满足一定社会关系参加者享受直接社会权利,其他人应作出的一定作为或不作为,是客观的社会规律、人们日常的生产活动和生活活动以及其他各种条件直接作用的结果,一般为习惯、道德等社会规范所确认。这种意义上的义务是法律义务的直接基础和社会内容。"法律权利"的对称,又称"法律义务"。法律规定权利主体必须作出一定行为或不作一定行为的责任,是保证法律权利得以实现的条件,是国家对一定的直接社会责任的确认,有鲜明的阶级性,体现统治阶级的意志,维护统治阶级的利益。根据宪法和各部门法以及其他标准,可以对法律义务作出不同种类的划分。根据不同标准可以对公民的义务进行不同分类,通常分为:政治生活的义务和一般民事关系的义务,如交纳捐税、服兵役,是政治生活的法律义务;抚养子女、履行债务,是一般的民事法律义务。积极义务和消极义务,积极义

---

[1]《马克思恩格斯文集》(第三卷),人民出版社 2009 年版,第 227 页。

务即必须作出一定行为的义务，如纳税、抚养的义务；消极义务即不作出一定行为的义务，如不得侵入他人住宅的义务。绝对义务与相对义务，绝对义务，又称对世义务，指对一般人承担的义务，如不得侵害法律所保护的任何公民的基本权利。相对义务，又称对人义务，指对特定人承担的义务，如债务人只对债权人承担清偿债务的义务。第一义务与第二义务，这一区别的标准与权利中的原权利与派生权利（又称救济权）的划分相当。

《江西省革命文物保护条例》第43条规定，精神文明建设指导机构应当将革命文物保护运用工作纳入精神文明创建考核评价体系，作为社会主义精神文明建设的重要内容。第44条规定，检察机关依法在革命文物保护工作中开展公益诉讼。

革命遗址是发扬革命传统，进行爱国主义教育和弘扬革命精神的重要武器。保护革命遗址，保持民族文化的传承，是连接民族情感纽带、增进民族团结和维护国家统一及社会稳定的重要文化基础。因此，本条规定"任何单位和个人都有依法保护革命遗址的义务"。

### 二、关于其他单位和个人的权利

本条规定了任何单位和个人具有检举及制止损坏革命遗址的行为的权利。权利是指在一定的法律关系中，法律关系的主体一方对另一方所享有的可以要求一定的作为或不作为并为法律规范所认可的一种资格。它具有以下含义：第一，个人权利反映了主体之间一种对等的法律关系。在一个国家中，公民个人作为权利主体一方，其与另一方之间的法律地位具有对等性。在特定的法律关系中，主体一方享有一项权利，也就意味着相对应的另一方必须承担某种义务。第二，个人权利是由法律规范所认可的。权利必须通过法律规范的确认才能获得法律上的正当性和有效性。而法律规范通过权利的内容，实现其自身的价值目标，从而获得其存在的合理性意义。

第三，个人权利是一种法律上的资格。从法学的角度看，权利意味着法律关系主体一方要求另一方作为或不作为的可能性，是一种法律上的资格，而不是这种作为或不作为本身。

本条中规定的"任何单位和个人都有检举和制止损坏革命遗址的行为"，具体包括检举权和制止权。检举是指向有关部门或组织揭发违法、犯罪行为，与"举报"的意义类似，可以通过写举报信、电话举报、网络举报等方式检举。而本条例中的"检举权"是指任何单位和个人对损坏革命遗址的行为，有向有关机关揭发事实，请求依法处理的权利。公民行使检举权可通过向文物主管部门提出，也可以向其他有职权的国家机关提出。制止权是指任何单位和个人对损坏革命遗址的行为，都有权强迫使该行为停止，不允许该行动继续发生的权利。总而言之，任何单位和个人不得破坏、损毁抗战遗址，在面对革命遗址被毁坏的情况时，应当及时制止，或向当地的文物行政主管部门反映有关情况。本条的目的最终在于保护和合理利用革命遗址，不论依法保护革命遗址的义务是第一位的还是制止损毁遗址的权利是第一位的，任何单位和个人都应当要保护好革命遗址。

## 第十一条【表彰奖励】

市、县级人民政府对在革命遗址保护、管理、修缮和利用工作中做出突出贡献的单位和个人，按照有关规定给予表彰和奖励。

### 【条文释义】

做好革命遗址保护工作，不能仅仅靠政府和文物保护部门，需要调动每一个社会成员的积极性，形成尊重革命历史、弘扬革命精神的良好社会氛围。而要形成这样的氛围，需要奖罚分明，一方面，对破坏革命遗址的违法行为要依法严格查处，追究相应的法律责任，提高其违法成本，使违法犯罪分子不敢以身试法；另一方面，还要对在革命遗址保护工作中作出突出贡献的单位和个人予以表彰和奖励。榜样的作用是无穷的，对在革命遗址保护、管理、修缮和利用工作中作出突出贡献的单位和个人，由市、县级人民政府按照有关规定给予表彰和奖励，可以起到表彰先进，鼓励更多的单位和个人向他们学习，弘扬社会正气，从而激励大家积极投身革命遗址保护事业的作用。

《江西省文物保护条例》第 8 条第 1 款规定，县级以上人民政府文物、教育、科技等部门以及报刊、广播、电视、网络等媒体，应当加强文物保护法律法规和优秀历史文化遗产保护的宣传教育工作，增强全社会的文物保护意识。《江西省革命文物保护条例》第 10 条规定，县级以上人民政府对在革命文物保护工作中作出突出贡献的单位和个人，按照国家和本省有关规定给予表彰、奖励。

## 一、关于表彰和奖励的对象范围

《文物保护法实施条例》第 6 条规定，有《文物保护法》第 12 条所列事迹之一的单位或者个人，由人民政府及其文物行政主管部门、有关部门给予精神鼓励或者物质奖励。根据《文物保护法》第 12 条的相关规定，对有下列事迹的单位或者个人，由国家给予精神鼓励或者物质奖励：

（1）认真执行文物保护法律、法规，保护文物成绩显著的单位或者个人。文物是祖先留给我们的珍贵遗产。保护文物不仅是文物部门的事，也是全民族的共同事业。在坚持精神奖励的同时，还应加大物质奖励的力度，根据文物的价值，酌情给予物质奖励，以形成正面的示范效应，鼓励更多的发现文物者将文物上交国家，避免珍贵文物的流失。对在国家文物保护事业中作出贡献的人给予肯定和褒奖，体现了国家对文物保护的重视，是一种姿态，一种倡导，为民众树立榜样。

（2）为保护文物与违法犯罪行为作坚决斗争的单位或者个人。这些人主要是为破获盗掘古墓的案件或文物倒卖案件而作出贡献的公安民警和海关工作人员，发现并举报盗掘古墓葬的民众。古墓葬大多配有文物，而盗掘古墓的行为不仅触犯了刑法，也损坏、流失了大量文物。尤其是对于珍贵文物而言，这种盗墓行为更是对文物造成不可挽回的损失。因此要表彰和奖励为保护文物同违法犯罪行为作斗争的组织或个人。

（3）将个人收藏的重要文物捐献给国家或者为文物保护事业作出捐赠的单位或者个人。近年来，由于文物收藏热持续升温，文物的价格较 30 多年前飙升数十倍乃至百倍，有些在施工动土中发现文物的人将其据为己有后偷偷卖给文物贩子，再加上盗掘猖獗，大量珍贵文物由此流失到个人手中，而个人手中的文物一般被个人私藏或买卖交易，很少上交或捐赠给国家。因此要对此行为进行表彰和奖励，从而起到示范作用，呼吁大家上交或捐赠文物，推动文物保护工作的开展。

（4）发现文物及时上报或者上交，使文物得到保护的单位或者个人。对于及时上交或上报文物的，具有上报上级部门的迅速性，以便上级部门能快速地对文物采取相应的保护措施，该举动有力、迅速，因此值得奖赏。

（5）其他四种情形：在考古发掘工作中作出重大贡献的单位或者个人；在文物保护科学技术方面有重要发明创造或者其他重要贡献的单位或者个人；在文物面临破坏危险时，抢救文物有功的单位或者个人；长期从事文物工作，作出显著成绩的单位或者个人。这四种情形均是对文物保护工作的进行具有重大贡献的，从发掘文物、抢救文物、发明保护技术、事后保护文物这四个方面对保护文物的组织或个人予以奖励、表彰，无疑是对发掘人员、抢救人员、技术保护人员、事后维护人员继续文物保护工作的重要精神动力，也提升了公众对文物保护的意识。一些经济欠发达地区的文物保护经费短缺，可以由国家文物局设置专项资金，各省、市、县文物管理单位可根据本地涌现的符合获奖条件的人和事，向国家文物局申请奖励经费。

这里应当指出三点，一是"对在革命遗址保护、管理、修缮和利用工作中作出突出贡献的单位"是一个宽泛的概念，包括机关、企业事业单位、社会组织、基层群众性社会组织等除个人以外的各类单位组织。二是作为奖励对象，必须是在革命遗址保护、管理、修缮和利用工作中作出突出贡献，这里的标准是"突出贡献"，不是一般的作出贡献即可成为奖励对象。三是人民政府给予的奖励，既包括物质奖励，如颁发奖金、给予物质奖赏，也包括精神方面的奖励，如给予通报表扬等表彰、授予荣誉称号等。

## 二、市、县政府对革命遗址保护奖励情形的责任

对在革命保护工作中作出突出贡献的组织或者个人的奖励，是一种行政奖励。市级、县级承办机构是文物主管部门，上位法依据主要是《文物保护法》第 12 条及《文物保护法实施条例》第 6 条。实施文物保护表彰奖励的主体是市、县级文物保护行政主管部门，关于其主体责任事项包括：申报阶段责任：在省政府文物保护部门的领导下制定并公布本市、本县表彰条件，公示申报表彰应提交的材料；审查阶段责任：对申报材料进行预审、提出预审意见并告知；评选阶段责任：组织专家进行评选，对评选结果进行公示；表彰阶段责任：将评选结果提交党组审定，发布表彰决定；其他法律、法规、规章、文件规定应履行的责任。

关于市、县级政府对作出突出贡献的单位和个人的奖励流程：制定方案：提出奖励方案，公示申请奖励的条件，对符合条件的进行受理，不符合条件的退回并说明理由（一次性告知补充材料）。审核：按照确定的奖励条件审核，提出初步意见。作出奖励决定。公示：对符合公示的组织或个人公开信息，接受群众监督。无异议：对公示期内作出的奖励决定无异议的，立即发布奖励决定并向社会公开。有异议：对公示期内作出的奖励决定有异议的，将进行调查，并根据调查结果作出变更或者不变更的决定。作出不变更的决定的，立即发布奖励决定并向社会公开；作出变更的决定的，即不予奖励。

关于对市、县级政府追责情形，即因不履行或不正确履行行政职责，有下列情形的，行政机关及相关工作人员应承担相应责任：对符合申报条件的不予受理的；对不符合申报条件的进行受理的；在评审中玩忽职守、滥用职权、徇私舞弊的；其他违反法律、法规、规章规定的行为。

# 第二章 保护名录

## 第十二条【遗址普查与保护名录】

市、县级人民政府文物主管部门应当定期开展革命遗址普查和专项调查。

市人民政府应当建立革命遗址保护名录，并向社会公布。

## 【条文释义】

《"十四五"文物保护和科技创新规划》指出，完善不可移动文物资源管理机制，推进根据文物普查、专项调查成果认定不可移动文物。《国家文物局关于印发〈革命文物保护利用"十四五"专项规划〉的通知》指出，持续开展革命文物资源普查，重点开展反映"四史"的革命文物专项调查，分批公布革命文物名录。《文物认定管理暂行办法》第5条规定，各级文物行政部门应当定期组织开展文物普查，并由县级以上地方文物行政部门对普查中发现的文物予以认定。各级文物行政部门应当完善制度，鼓励公民、法人和其他组织在文物普查工作中发挥作用。本条规定了市、县级文物主管部门定期开展革命遗址普查和专项调查制度，以及市政府建立革命遗址保护名录制度。市、县级文物主管部门应当"定期"对革命遗址进行普查和专项调查，市政府在此基础上建立革命遗址保护名录，并向社会公布，确保革命遗址保护工作顺利开展。

## 一、文物主管部门定期开展革命遗址普查和专项调查

（一）革命遗址普查和专项调查的意义

中国共产党在领导人民进行革命的长期斗争中，在全国各地留下了许多珍贵的革命遗址。这些革命遗址，铭刻着中国共产党人和中国人民为民族独立和人民解放英勇奋斗的光辉历程，蕴含着中国共产党人和中国人民艰苦奋斗、不屈不挠、一往无前、敢于胜利的革命精神，是对广大人民群众特别是青少年进行爱国主义教育和革命传统教育的重要阵地，是一笔宝贵的革命历史文化遗产。新中国成立以来，大部分革命遗址得到了有效的保护、利用和开发。一些新的纪念设施在各地兴建起来，发挥了爱国主义教育基地的重要作用。而开展革命遗址普查和专项调查工作，是党史工作"存史、资政、育人"的一项重要内容，是认真挖掘、整理和研究党史资料的重要途径。通过革命遗址普查和专项调查，全面了解各地丰富的党史资源，掌握各地革命遗址的基本情况及其生存状态，不仅有助于党史研究的深化和党史宣传教育的开展，而且还将为准确判断革命遗址保护形势、科学制定革命遗址保护利用政策提供依据。革命遗址普查和专项调查工作，对进一步继承和弘扬党的光荣传统和革命精神，培育和弘扬以爱国主义为核心的民族精神；建设和巩固社会主义思想文化阵地，大力发展社会上主义先进文化；服务全国红色旅游，促进经济社会发展，都具有十分重要的历史意义和现实意义。

本条规定了革命遗址普查和专项调查的主体是市、县级人民政府文物主管部门。根据《江西省革命文物保护条例》第11条规定，县级以上人民政府及其文物主管部门应当定期开展革命文物普查和专项调查，加强对革命文物及其相关史料的征集整理，及时把新发现的革命文物依法纳入保护范畴。县级以上人民政府文物主管部门

应当建立革命文物数据库，健全革命文物数据共享机制。

（二）革命遗址普查和专项调查的范围和内容

革命遗址普查和专项调查工作应当规定相应的范围和内容，防止工作范围的无限扩大，浪费人力物力财力，也要防止工作范围的限缩，导致本应纳入保护工作范围的革命遗址没有纳入保护工作的范围。（1）范围。地域范围是赣州市境内，时间范围是新民主主义革命时期（1919—1949年）。（2）内容。革命遗址主要指重要的革命历史文化遗址，包括党的重要机构旧址；重要党史人物的故居、旧居、活动地；重要事件、重大战役战斗遗址；具有重要影响的革命烈士事迹发生地或墓地；能够反映重要历史活动、进程、思想、文化的各种遗迹等。新中国成立以来特别是近年来兴建的各类纪念馆、展览馆等内容涉及新民主主义革命时期的纪念设施也属普查的范围。每处革命遗址的名称、地址、面积、建筑样式及材质、形成时间、利用时间等基本情况；遗址本体的历史由来、使用状况、保存状况、陈列物品情况；遗址使用管理的所有权属、经费来源、工作人员状况；遗址周围的环境状况（包括自然环境和人文环境）等信息、资料。调查中应同时摄制场景、环境照片，收集其他相关资料，有条件的可以录像。此外，一些已被损坏的不复存在的重大遗址、遗迹也在普查之列，要介绍基本情况，写明损毁原因。

（三）革命遗址普查和专项调查的方法和要求

根据科学规范、简洁明晰、适宜操作的原则，应当遵循以下方法和要求。（1）统一部署实施。实行全面普查与重点调研相结合，以当地普查（自查）为主的方式。（2）以县（区）为基本单元。普查实行属地原则，以县域为基本普查单元。（3）多种资料互证。为保证普查资料、信息及普查成果的真实、完整和科学，调查中必须采取实地调查与档案资料、图书资料、报刊资料、口述资料等互证的办法，对每处遗址的有关信息严格核实，力求准确无误，确保普查资料、信息登记、汇总等各环节有依有据。

## 二、市政府建立革命遗址保护名录

### （一）名录的概念与分类

名录，可理解为收录单位机构名称及联络方式的名录册及载有姓名及联络方式的各种名录册，是指提供有关专有名词（人名、地名和机构名录等）的简要工具书，内容涉及比较广泛。人们可以从名录中查找关于人物生平、机构组织和某一行政区划沿革等信息。名录按收集信息的内容的不同，可分为人名录、地名录和机构名录等。名录可分为以下四种：

（1）人名录。人名录是指记录著名人士生平简介的出版物，即生平简历。人名录一般涉及所记录的著名人士的出生籍贯、学习经历、工作经历等，若是出版有诗词歌赋，也应有相应注释。人名录一般是根据记载的人物生平来撰写，而不是胡编乱造。

（2）地名录。地名录是收录经审定的规范化的地方名称，并注明所属的国家、行政区划以及在地图集上的具体位置的工具书。查找地名可首先使用地名录、地图集、地理图册、地名词典等参考工具书，有时还可使用百科词典、专业手册来查验，或者直接查大百科全书，如利用其书后的地名索引应当更准确，书中对异地同名的地名及历史地名都有特别注释，以示区别。

（3）机构名录。机构名录又叫机构指南，是汇集机构名、人名、地名等专有名词及与之相关的资料的一种工具书，具有简明、新颖、真实等特点。名录是一种事实便览性的工具书，虽只提供有关机构、人物等的简要资料，但能起指引情报源的作用，对沟通信息、促进交流、加强协作提供了很大的方便。

（4）遗址名录。遗址名录是收集遗址相关资料的工具书，遗址名录一般包括遗址当地所纪念的人、事件，以便公众更好地了解遗址的相关知识以及快速便捷地查询遗址相关信息，从而教育引导广大群众特别是青少年树立正确的世界观、人生观、价值观。《国家文物局关于印发〈革命文物保护利用"十四五"专项规划〉的通知》指出，分批公布革命文物名录，及时将重要革命旧址核定公布为各级文物保护单位，在国土空间规划中落实保护革命文物的空间管制措施。

《江西省革命文物保护条例》第13条规定，建立革命文物名录保护制度，名录包括不可移动革命文物和可移动革命文物，由省人民政府文物主管部门统一编制，并分批次向社会公布。《江西省革命文物保护条例》第17条规定，列入名录的革命文物实行分级保护。不可移动革命文物分为革命文物保护单位和尚未核定公布为文物保护单位的不可移动文物，其中革命文物保护单位分为全国重点文物保护单位、省级文物保护单位、设区的市级文物保护单位、县级文物保护单位。可移动革命文物分为珍贵文物和一般文物，其中珍贵文物分为一级文物、二级文物、三级文物。关于"文物保护单位"，《文物保护法》第3条规定，古文化遗址、古墓葬、古建筑、石窟寺、石刻、壁画、近代现代重要史迹和代表性建筑等不可移动文物，根据它们的历史、艺术、科学价值，可以分别确定为全国重点文物保护单位，省级文物保护单位，市、县级文物保护单位。历史上各时代重要实物、艺术品、文献、手稿、图书资料、代表性实物等可移动文物，分为珍贵文物和一般文物；珍贵文物分为一级文物、二级文物、三级文物。《文物保护法》第13条第3款、第4款规定，市级和县级文物保护单位，分别由设区的市、自治州和县级人民政府核定公布，并报省、自治区、直辖市人民政府备案。尚未核定公布为文物保护单位的不可移动文物，由县级人民政府文物行政部门予以登记并公布。

本条所称的"革命遗址保护名录"属于遗址名录,是由市人民政府所建立的、向社会公众公布的革命遗址查询工具,从而更好地保护和查询市政府所在区域的革命遗址。

(二)设立革命遗址保护名录的目的、标准和主体

(1)革命遗址保护名录的设立目的。为了进一步加强革命遗址纪念设施、革命遗址的保护管理,做好革命史料文物和英烈事迹的发掘整理、宣传陈展工作,广泛组织开展群众性拜谒、参观活动,教育引导广大群众特别是青少年充分认识、了解革命先烈奋勇抗争的历史以及中国共产党领导中国人民取得中国革命胜利所作出的巨大牺牲和重要历史贡献,学习宣传革命英烈的英雄事迹,大力弘扬伟大的民族精神和革命精神,进一步增强民族凝聚力、向心力,为实现中华民族伟大复兴的中国梦不懈奋斗。

(2)革命遗址保护名录的遴选标准。列入保护名录的革命遗址,是在各地推荐上报、社会公开征集、专家和相关部门集中研究讨论、实地查看的基础上遴选出来的,综合考虑了革命遗址的纪念意义、纪念内容、建设规模、保护现状以及作用发挥情况等。主要包括纪念新民主主义革命时期发生的重要战役战斗、为革命斗争作出突出贡献的著名英烈、为支援中国共产党而牺牲的知名国际友人的纪念设施、遗址。

(3)革命遗址保护名录的确认主体。革命遗址保护名录的确认主体是市人民政府。本条例对革命遗址保护实行名录管理,而这依赖于市、县级人民政府文物主管部门对革命遗址的普查和专项调查,在普查和专项调查的基础上,通过一定的程序由市人民政府确定革命遗址保护名录,并对外公布。市人民政府统一确认革命遗址保护名录,有利于避免一些县级人民政府领导革命遗址

保护意识不强，导致应当纳入保护名录的革命遗址未被纳入，或故意不将符合要求的革命遗址纳入保护名录，为"经济发展"让道的现象。

## 第十三条【名录申报程序】

已公布为不可移动文物的革命遗址直接列入保护名录。

尚未公布为不可移动文物的革命遗址，按照以下程序申报列入革命遗址保护名录：

（一）县级人民政府文物主管部门根据革命遗址普查和专项调查结果，提出建议名单。

（二）县级人民政府文物主管部门根据建议名单，征求革命遗址所有人、使用人、管理人以及其他利益相关者的意见；所有人、使用人、管理人以及其他利益相关者提出异议的，可以组织听证会听取意见。

（三）县级人民政府文物主管部门会同当地党史研究机构组织专家论证，根据论证结果向社会公示建议名录，公示期限不得少于三十日。

（四）公示期满后，县级人民政府文物主管部门向县级人民政府提出申报建议；县级人民政府审核通过后报市人民政府批准。

【条文释义】

**一、"已公布为不可移动文物"与"尚未公布为不可移动文物"**

（一）关于不可移动文物的概念与认定

不可移动文物（或称古迹、史迹、文化古迹、历史遗迹），是先民在历史、文化、建筑、艺术上的具体遗产或遗址，是针对可移动文物而言的。根据《不可移动文物认定导则（试行）》第 2 条规定，本导则所指的不可移动文物，包括具有历史、艺术、科学价值的古遗址、古墓葬、古建筑、石窟寺和石刻；与重大历史事件、革命运动或者著名人物有关的以及具有重要纪念意义、教育意义或者史料价值的近代现代重要史迹、代表性建筑等。不可移动文物涵盖政治、军事、宗教、祭祀、居住、生活、娱乐、劳动、社会、经济、教育等多方面领域，弥补了文字和历史等记录的不足之处。一旦一个建筑物或遗址被列为不可移动文物，或暂定为不可移动文物时，通常其就受到文物主管部门保护，未经许可，包括所有者在内的任何人，都不可以任意变动、修改。如果是因为建筑工程开挖而发现的不可移动文物或考古遗址，为了保护历史文物，工程通常要立即暂停。

关于认定不可移动文物，为科学指导和规范不可移动文物认定，《不可移动文物认定导则（试行）》第4条规定，认定不可移动文物，应当进行本体确认和时代确定，开展历史、艺术、科学价值和社会、文化意义评估。确认不可移动文物本体，应当以地面、地下、水下遗存为依据。确定不可移动文物时代，应当运用文物、考古证据，并结合文献记载；不能判定确切年代的，可以认定为某一世纪上、中、下叶、某一朝代或者某一考古学文化早、中、晚期。在不可移动文物本体确认和时代确定过程中，文献记载和口头传说不能独立作为依据。其中关于近代现代重要史迹，《不可移动文物认定导则（试行）》第9条规定，作为认定对象的近代现代重要史迹，包括战争遗址、工业遗址、重大历史事件和重要机构旧址、重要革命历史事件及革命人物活动纪念地、名人墓、烈士墓及纪念设施等类型。具备以下条件之一的近代现代重要史迹，可以认定为不可移动文物：（1）与重要历史进程、历史事件、历史人物有关的史迹本体尚存或者有遗迹存在；（2）为纪念重大历史事件或者著名人物建立的建筑物、构筑物等。1840 年以后与近代现代历史进程或者历史人物有重要关联的各类史迹，应当认定为不可移动文物。

另外，关于革命旧址认定为不可移动文物的原则，《革命旧址保护利用导则（2019）》第 7 条规定，县级文物行政部门应当定期组织开展有针对性的专项调查和研究，按照《文物认定管理暂行办法》和《不可移动文物认定导则（试行）》的要求，将具有价值的革命历史类遗址、遗迹、纪念设施，及时报省级文物行政部门审核同意后登记公布为不可移动文物。认定革命旧址类不可移动文物，应听取党史、宣传、民政、退役军人事务、档案、方志等相关部门意见，并应特别注意遵从以下基本原则：（1）重要人物故居旧居、墓地，原则上只认定有重要影响的革命烈士故居及墓地和革命领袖故居、旧居及墓地，其中革命领袖旧居，只选取有代表性历史事件发生地；（2）重要人物、机构活动地或暂驻地，原则上只认定有代表性历史事件发生地；（3）纪念性建（构）筑物，原则上只认定修建于民主主义革命时期的纪念性建筑，以及新中国时期修建的具有特别重大意义的纪念性建筑；（4）重要事件和重大战斗遗址、遗迹，只认定仍有实物遗存者。见证帝国主义侵略和殖民统治、封建主义和官僚资本主义反动统治的重要史迹，可视情况一并予以认定为不可移动文物。

（二）关于不可移动文物的分级保护与核定公布

法律法规规定了不可移动文物的分级保护。《文物保护法》第 3 条规定，古文化遗址、古墓葬、古建筑、石窟寺、石刻、壁画、近代现代重要史迹和代表性建筑等不可移动文物，根据它们的历史、艺术、科学价值，可以分别确定为全国重点文物保护单位，省级文物保护单位，市、县级文物保护单位。历史上各时代重要实物、艺术品、文献、手稿、图书资料、代表性实物等可移动文物，分为珍贵文物和一般文物；珍贵文物分为一级文物、二级文物、三级文物。由此可知，文物应当按照"不可移动文物"和"可移动文物"两大类进行分级保护。对于"不可移动文物"采取确定为文物保护单位的形式进行保护，即划分为"全国重点文物保护单位"、"省级文物保护单位"、"市、县级文物保护单位"和"尚未核定公布为文物保护单位的不可移动文物"四小类；对于"可移动文物"划分为"珍贵文物"和"一般文物"两小类，其中"珍贵文物"又细分为"一级文物、二级文物、三级文物"。

法律法规规定了不可移动文物的核定公布。《文物保护法》第13条规定，国务院文物行政部门在省级、市、县级文物保护单位中，选择具有重大历史、艺术、科学价值的确定为全国重点文物保护单位，或者直接确定为全国重点文物保护单位，报国务院核定公布。省级文物保护单位，由省、自治区、直辖市人民政府核定公布，并报国务院备案。市级和县级文物保护单位，分别由设区的市、自治州和县级人民政府核定公布，并报省、自治区、直辖市人民政府备案。尚未核定公布为文物保护单位的不可移动文物，由县级人民政府文物行政部门予以登记并公布。

此外，《文物保护法实施条例》第12条、第19条，《江西省文物保护条例》第10条，《江西省革命文物保护条例》第17条还作了进一步规定。

## 二、列入革命遗址保护名录的一般程序

列入革命遗址保护名录的一般程序分为革命遗址保护名录的直接列入程序与申报列入程序。

（一）已公布为不可移动文物的革命遗址，直接列入革命遗址保护名录

本条规定，将革命遗址列入"革命遗址保护名录"的方式可以分为直接列入和申报列入两种，应当按情况处理。首先，根据是否已经公布为不可移动文物的标准，将革命遗址分成两类："已公布为不可移动文物的革命遗址"和"尚未公布为不可移动文物的革命遗址"。其次，对于前者，"已公布为不可移动文物的革命遗址"应当直接列入保护名录；对于后者，"尚未公布为不可移动文物的革命遗址"应当先进行申报，经法定程序批准后再列入革命遗址保护名录。

（二）尚未公布为不可移动文物的革命遗址，按照程序申报列入革命遗址保护名录

本条第 2 款规定，"尚未公布为不可移动文物的革命遗址"，按以下程序申报列入革命遗址保护名录：（1）提出建议名单。县级人民政府文物主管部门根据革命遗址普查和专项调查结果，提出建议名单。（2）征求意见。县级人民政府文物主管部门根据建议名单，征求革命遗址所有人、使用人、管理人以及其他利益相关者的意见；所有人、使用人、管理人以及其他利益相关者提出异议的，可以组织听证会听取意见。（3）公示建议名录。县级人民政府文物主管部门会同当地党史研究机构组织专家论证，根据论证结果向社会公示建议名录，公示期限不得少于三十日。（4）申报建议的审核与报批。公示期满后，县级人民政府文物主管部门向县级人民政府提出申报建议；县级人民政府审核通过后报市人民政府批准。关于"县级人民政府审核通过后报市人民政府批准"，本条例第 15 条还作出进一步规定，即市人民政府在作出革命遗址保护名录批准决定前，先由专家委员会开展价值评估，再将提出评估意见报市人民

政府。

## 第十四条【名录申报特别规定】

市人民政府文物主管部门发现有保护价值的革命遗址未列入保护名录申报范围的，应当通知县级人民政府文物主管部门依法组织申报。

任何单位或者个人认为革命遗址应当列入保护名录的，可以向当地文物主管部门提出建议，并提供相关依据。

【条文释义】

### 一、保护名录的重要性

革命遗址是否被列入保护名录，考虑的因素既有革命遗址本身的文化历史内涵，也有众多革命遗址"排队"入名录的次序。各城市在革命遗址保护和城市房地产建设的平衡中，都面临价值天平倾向哪一边的问题。城市建设的现代化发展，难免要对遗址建筑进行处理。要么保护加固、要么拆除，这体现了城市管理者厚植城市文化的智慧和意愿。保护有重要历史文化价值的革命遗址，应该是文明城市、文化城市所要坚守的。而有些城市的决策者，或者是因为保护革命遗址难以体现城市的活力朝气和现代化，或者是因为修缮革命遗址缺乏系统方式、体系，保护起来难度大，宁愿抓紧时间盖高楼，也不保护独具特色的革命遗址，如此实不可取。有些城市的革命遗址，因为自然损耗或其他破坏行为，已经变为了废墟。而以城市建设为名对革命遗址进行拆除、破坏，其后续的修复、重建却没有一点音信，到头来，这些"老古董"还是成为现代城市建设中的一堆瓦砾，换来的只是一声叹息和难以再现的厚重历史。历史文化是城市的灵魂，要像爱惜自己的生命一样保护好城市历史文化革命遗址。虽然还有许多的革命遗址暂未列入保护名录，但仍然需要以最大的诚意，尽最大的努力进行补救。保护这些承载历史文化气息的革命遗址，这比盖一座楼盘的社会价值大得多。

## 二、遗产名录的价值

革命遗址属于文化遗址，革命遗址资源的价值划分为有形（显性）价值和无形（隐性）价值两大类，旅游价值、科考价值、文化价值和环境价值四个亚类。革命遗址是地方旅游产业发展的基础和根本。列入保护名录的革命遗址旅游更已成为各国或地区旅游产业发展中的名牌产品或"金字招牌"，且具有不可替代的重要作用。通过革命遗址旅游可考察研究、审美实践而不断发掘革命遗址资源的科学、美学和历史文化价值，并不断提高和深化革命遗址旅游的科教、游览和山水文化创作体验水平，同时可对革命遗址所在地的文化、民风、习俗等资源进行研究与开发。革命遗址作为一种重要的公共资源，它的价值原生性是一种自然遗存，是维持自然生态平衡的一种重要力量，也是革命历史的写照。革命遗址价值的核心是它的广义文化价值和知识价值，经济价值由此而派生出来，而作为旅游开发也只是其中的一种附属价值。

## 三、列入革命遗址保护名录的特别程序

现实中，可能会发生因工作失误而出现漏报现象；也可能会出现某些地方出于短期的经济发展利益，不愿意申报革命遗址名录的现象。因此，为了避免此类现象发生，作为补救措施，本条第1款规定，市人民政府文物主管部门发现有保护价值的革命遗址未列入保护名录申报范围的，应当通知县级人民政府文物主管部门依法组织申报。而作为兜底条款，本条第2款规定，任何单位或者个人认为革命遗址应当列入保护名录的，可以向当地文物主管部门提出建

议，并提供相关依据。

## 第十五条【名录批准与告知】

市人民政府文物主管部门应当组织革命遗址保护利用专家委员会对县级人民政府申报列入保护名录的革命遗址开展价值评估，提出评估意见报市人民政府。革命遗址保护名录经市人民政府批准后，县级人民政府文物主管部门应当及时告知革命遗址所有人、使用人或者管理人。

【条文释义】

**一、革命遗址保护名录的批准主体**

本条规定，市人民政府是革命遗址保护名录的批准主体，对革命遗址保护名录拥有批准权。但在批准之前，市人民政府应当组织革命遗址保护利用专家委员会，对县级人民政府申报列入革命遗址保护名录内的革命遗址进行价值评估，包括经济价值、美学艺术价值、文化价值等。并由革命遗址保护利用专家委员会出具评估意见，供市人民政府批准时参考。

关于"革命遗址保护利用专家委员会的设立、组成和职责"，本条例第9条还规定，市人民政府应当设立革命遗址保护利用专家委员会。革命遗址保护利用专家委员会由文物保护、党史研究、规划、建设、文化、旅游等方面专业人士组成，负责革命遗址保护利用的咨询、指导和评审等工作，日常工作由市人民政府文物主管部门负责。

关于"开展价值评估"，《江西省革命文物保护条例》第12条规定，县级以上人民政府文物主管部门在革命文物认定工作中，应当会同本级宣传、退役军人事务、党史研究、地方志等有关部门和单位开展调查研究，听取专家意见，基于革命史实和文物价值作出认定。

## 二、革命遗址保护名录批准后的告知义务

行政告知制度是指行政主体在作出行政行为时，应当将有关事项告诉行政相对人的制度。行政告知制度有利于尊重相对人权益，促进行政机关和当事人之间的合作。行政主体告知体现了对相对方人格的尊重，可以得到相对方的心理认可，减少对抗。即使行政行为对当事人是不利的，合理的理由也可以使利益损害的一方确信已经得到公正处理而易于接受。如果相对人不认同所给出的理由，可以就该部分提出异议，进行行政救济或司法救济。行政告知制度有利于提高行政效率。表面上，这一程序的运作会延迟作出行政行为的速度，但由于减少了摩擦和对抗，有利于高质高效地实现行政目的。行政告知具有附属性、程序性和裁量性的特征。附属性是指告知行为是依附于一个独立的行政行为之上；没有一个独立的行政行为，告知行为就没有依托。程序性是指行政主体在行政程序法上的义务性行为，它与行政主体在行政实体法上作出行政行为的权力性行为相对。裁量性是指行政主体可以根据具体情况选择最适宜的方法实现告知的法律目的。行政告知主要包括下列几种：发布或公布、送达、公告和口头告知。

本条规定，市人民政府批准革命遗址保护名录后，革命遗址的所有人、使用人或管理人对革命遗址保护名录享有知情权，同时也具有配合革命遗址保护工作的责任，因此县级文物主管部门应当及时予以告知，以便所有人、使用人或管理人及时对革命遗址依法开展保护、管理、维护和利用工作，从而有利于对革命遗址的保护。关于"所有人、使用人和管理人的责任"，本条例第8条也明确规定，革命遗址所有人、使用人、管理人应当支持、配合革命遗址保

护、管理、修缮和利用工作，合理使用革命遗址，依法履行日常维护义务，不得损坏革命遗址。

## 第十六条【申报文保单位】

保护名录内尚未核定公布为文物保护单位，且具有重要价值的革命遗址，市、县级人民政府应当根据其历史、艺术、科学价值，依法认定或者申报相应级别的文物保护单位。

【条文释义】

对文物的保护方式有很多种，如列入保护名录、实施分级保护以及进行原址保护等，其中设置文物保护单位制度，就是对文物的一种分级保护。在革命遗址保护名录中，也包括了"保护名录内已经核定公布为文物保护单位的革命遗址"和"保护名录内尚未核定公布为文物保护单位的革命遗址"，对于后者，若存在重要价值，应当要有相应的补救措施来提高其保护等级。

### 一、"文物保护单位"的概念

我国文物保护单位的概念最早是1956年国务院在《关于在农业生产建设中保护文物的通知》中提出的，1961年被写入了《文物保护管理暂行条例》，1982年被写入了《文物保护法》。文物保护单位为我国对确定纳入文物保护对象的不可移动文物的统称。《文物保护法》将文物保护单位分为三级，即全国重点文物保护单位，省级文物保护单位和市、县级文物保护单位。实践证明，文物保护单位制度作为文物保护领域的一项基本制度，是符合我们国家国情的，这个制度制定以来，对我国文物的保护起到了不可替代的作用。

根据《文物保护法》《文物保护法实施条例》《江西省文物保

护条例》《江西省革命文物保护条例》的相关规定，文物保护单位根据其级别分别由中华人民共和国国务院、省级政府、市县级政府划定保护范围，设立文物保护标志及说明，建立记录档案，并区别情况分别设置专门机构或者专人负责管理。县级以上地方人民政府文物行政部门应当根据不同文物的保护需要，制定文物保护单位和未核定为文物保护单位的不可移动文物的具体保护措施，并公告施行。各级人民政府制定城乡建设规划，应当根据文物保护的需要，事先由城乡建设规划部门会同文物行政部门商定对本行政区域内各级文物保护单位的保护措施，并纳入规划。一旦确定为文物保护单位，其保护范围内不得进行其他建设工程或者爆破、钻探、挖掘等作业。建设工程应当尽可能避开不可移动文物；因特殊情况不能避开的，对文物保护单位遵循实施原址保护的原则。因特殊需要在文物保护单位的保护范围内进行其他建设工程或者爆破、钻探、挖掘等作业的，必须保证文物保护单位的安全，并经核定公布该文物保护单位的政府批准，在批准前应当征得上一级人民政府文物行政部门同意。

### 二、关于"文物保护单位"的分级保护

关于文物保护单位的分级保护，《文物保护法》第 3 条规定，古文化遗址、古墓葬、古建筑、石窟寺、石刻、壁画、近代现代重要史迹和代表性建筑等不可移动文物，根据它们的历史、艺术、科学价值，可以分别确定为全国重点文物保护单位，省级文物保护单位，市、县级文物保护单位。历史上各时代重要实物、艺术品、文献、手稿、图书资料、代表性实物等可移动文物，分为珍贵文物和一般文物；珍贵文物分为一级文物、二级文物、三级文物。

由此可知，文物应当按照"不可移动文物"和"可移动文物"两大类进行分级保护。对于"不可移动文物"采取确定为文物保护

单位的形式进行保护，即划分为"全国重点文物保护单位""省级文物保护单位""市、县级文物保护单位""尚未核定公布为文物保护单位的不可移动文物"四小类；对于"可移动文物"划分为"珍贵文物"和"一般文物"两小类，其中"珍贵文物"又细分为"一级文物、二级文物、三级文物"。

因此，关于革命文物保护单位的分级保护，在《文物保护法》第3条的基础上，《江西省革命文物保护条例》第17条规定，列入名录的革命文物实行分级保护。不可移动革命文物分为革命文物保护单位和尚未核定公布为文物保护单位的不可移动文物，其中革命文物保护单位分为全国重点文物保护单位、省级文物保护单位、设区的市级文物保护单位、县级文物保护单位。可移动革命文物分为珍贵文物和一般文物，其中珍贵文物分为一级文物、二级文物、三级文物。县级以上人民政府文物主管部门应当会同有关部门根据不同革命文物保护的需要，制定革命文物保护单位和尚未核定公布为文物保护单位的不可移动革命文物的具体保护措施，并公告施行。

### 三、关于"文物保护单位"的核定公布权限

《文物保护法》第13条规定，国务院文物行政部门在省级、市、县级文物保护单位中，选择具有重大历史、艺术、科学价值的确定为全国重点文物保护单位，或者直接确定为全国重点文物保护单位，报国务院核定公布。省级文物保护单位，由省、自治区、直辖市人民政府核定公布，并报国务院备案。市级和县级文物保护单位，分别由设区的市、自治州和县级人民政府核定公布，并报省、自治区、直辖市人民政府备案。尚未核定公布为文物保护单位的不可移动文物，由县级人民政府文物行政部门予以登记并公布。《江西省文物保护条例》第10条对此还作了进一步规定，省人民政府文物主管部门在市级、县级文物保护单位中，选择具有重要历史、

艺术、科学价值的确定为省级文物保护单位，或者直接确定省级文物保护单位，报省人民政府核定公布，并报国务院备案。市级、县级文物保护单位，分别由设区市、县级人民政府文物主管部门确定，报市级、县级人民政府核定公布，并报省人民政府备案。尚未核定为文物保护单位的不可移动文物，由所在地县级人民政府文物主管部门登记公布，建立档案，并报省、设区市人民政府文物主管部门备案。

由此可知，关于"文物保护单位的认定权限"具体包括："全国重点文物保护单位"由国务院文物主管部门选择确定或直接确定，报国务院核定公布；"省级文物保护单位"由省级人民政府文物主管部门选择确定或直接确定，报省级人民政府核定公布，并报国务院备案；"市级、县级文物保护单位"，分别由市级、县级人民政府文物主管部门确定，报市级、县级人民政府核定公布，并报省人民政府备案；"尚未核定为文物保护单位的不可移动文物"，由县级人民政府文物主管部门登记公布，建立档案，并报省级、市级人民政府文物主管部门备案。

## 四、关于"尚未核定公布为文物保护单位"

根据《文物保护法》第13条第4款规定，尚未核定公布为文物保护单位的不可移动文物，由县级人民政府文物行政部门予以登记并公布。由此可知，未被核定的不可移动文物虽然已经被列入了保护名录，但是并没有被官方政府予以核定并给予相应的县级以上（含县级）人民政府级别的文物管理与保护。因此，一般从保护程度来说，未被县级以上（含县级）人民政府予以核定的不可移动文物的保护程度比已被核定的文物低。两者之间的区别主要表现为已被核定的文物已经通过一系列的审核程序并作出决定、发出公告，包括对文物的资料审查、专家论证会的审查等审查程序。而尚未被核定为文物保护单位的文物正处于审核程序阶段或尚未被审查阶段，但为了保护地方文物的历史面貌、风俗文化、人文精神等重要价值，需要无差别地保护，而不应该视若无睹。

同样地，在革命遗址保护名录中，也包括了"保护名录内已经核定公布为文物保护单位的革命遗址"和"保护名录内尚未核定公布为文物保护单位的革命遗址"，对于后者，若存在重要价值，应当有相应的补救措施来提高其保护等级。因此，本条规定，对这类处于文物保护名录中却还没有被核定为文物保护单位的革命遗址，市、县级人民政府应当根据其历史、艺术、科学价值，依法认定或者申报相应级别的文物保护单位。其中，申报为全国重点文物保护单位级别的，国家文物局在2021年7月13日印发的《全国重点文物保护单位申报遴选规定》中还作了具体规定。

# 第三章　保护管理

## 第十七条【法律适用的特殊优于一般原则】

已公布为不可移动文物的革命遗址以及与革命遗址相关的可移动文物，依照文物保护相关法律、法规进行保护管理。

### 【条文释义】

#### 一、已公布为不可移动文物的革命遗址

根据《文物保护法》第 2 条、第 3 条第 1 款、第 13 条以及《江西省革命文物保护条例》第 17 条第 1 款的相关规定，不可移动文物的分级保护级别可分为五级，分别是全国重点文物保护单位、省级文物保护单位、市级文物保护单位、县级文物保护单位和尚未核定公布为文物保护单位的不可移动文物。因此，虽然本条例第 13 条规定了"已公布为不可移动文物的革命遗址直接列入保护名录"进行保护，但是"已公布为不可移动文物的革命遗址"，其保护级别本身就为不可移动文物，依照文物保护相关法律、法规进行保护管理能够得到更好的保护，因此应当适用文物保护相关法律、法规。

（一）关于不可移动文物的概念与认定

不可移动文物（或称古迹、史迹、文化古迹、历史遗迹），是先民在历史、文化、建筑、艺术上的具体遗产或遗址，是针对可移

动文物而言的。根据《不可移动文物认定导则（试行）》第 2 条规定，本导则所指的不可移动文物，包括具有历史、艺术、科学价值的古遗址、古墓葬、古建筑、石窟寺和石刻；与重大历史事件、革命运动或者著名人物有关的以及具有重要纪念意义、教育意义或者史料价值的近代现代重要史迹、代表性建筑等。不可移动文物涵盖政治、军事、宗教、祭祀、居住、生活、娱乐、劳动、社会、经济、教育等多方面领域，弥补了文字和历史等记录的不足之处。

关于认定不可移动文物，为科学指导和规范不可移动文物认定，《不可移动文物认定导则（试行）》第 4 条规定，认定不可移动文物，应当进行本体确认和时代确定，开展历史、艺术、科学价值和社会、文化意义评估。确认不可移动文物本体，应当以地面、地下、水下遗存为依据。确定不可移动文物时代，应当运用文物、考古证据，并结合文献记载；不能判定确切年代的，可以认定为某一世纪上、中、下叶、某一朝代或者某一考古学文化早、中、晚期。在不可移动文物本体确认和时代确定过程中，文献记载和口头传说不能独立作为依据。其中关于近代现代重要史迹，《不可移动文物认定导则（试行）》第 9 条规定，作为认定对象的近代现代重要史迹，包括战争遗址、工业遗址、重大历史事件和重要机构旧址、重要革命历史事件及革命人物活动纪念地、名人墓、烈士墓及纪念设施等类型。具备以下条件之一的近代现代重要史迹，可以认定为不可移动文物：与重要历史进程、历史事件、历史人物有关的史迹本体尚存或者有遗迹存在；为纪念重大历史事件或者著名人物建立的建筑物、构筑物等。1840 年以后与近代现代历史进程或者历史人物有重要关联的各类史迹，应当认定为不可移动文物。

另外，关于革命旧址认定为不可移动文物的原则，《革命旧址保护利用导则（2019）》第 7 条第 2 款、第 3 款、第 4 款规定，县级文物行政部门应当定期组织开展有针对性的专项调查和研究，按照《文物认定管理暂行办法》和《不可移动文物认定导则（试行）》的要求，将具有价值的革命历史类遗址、遗迹、纪念设施，及时报省级文物行政部门审核同意后登记公布为不可移动文物。认定革命旧址类不可移动文物，应听取党史、宣传、民政、退役军人事务、档案、方志等相关部门意见，并应特别注意遵从以下基本原则：（1）重要人物故居旧居、墓地：原则上只认定有重要影响的革命烈士故居及墓地和革命领袖故居、旧居及墓地，其中革命领袖旧居，只选取有代表性历史事件发生地。（2）重要人物、机构活动地/暂驻地：原则上只认定有代表性历史事件发生地。（3）纪念性建（构）筑物：原则上只认定修建于民主主义革命时期的纪念性建筑，以及新中国时期修建的具有特别重大意义的纪念性建筑。（4）重要事件和重大战斗遗址、遗迹：只认定仍有实物遗存者。见证帝国主义侵略和殖民统治、封建主义和官僚资本主义反动统治的重要史迹，可视情况一并予以认定为不可移动文物。

（二）不可移动文物的保护

（1）法律法规规定不可移动文物的权属保护。所有权一般归国家所有。《文物保护法》第 5 条规定，中华人民共和国境内地下、内水和领海中遗存的一切文物，属于国家所有；国家指定保护的纪念建筑物、古建筑、石刻、壁画、近代现代代表性建筑等不可移动文物，除国家另有规定的以外，属于国家所有；国有不可移动文物的所有权不因其所依附的土地所有权或者使用权的改变而改变；属于国家所有的可移动文物的所有权不因其保管、收藏单位的终止或者变更而改变；国有文物所有权受法律保护，不容侵犯。

集体所有和个人所有的文物。除了国家所有，集体所有和个人所有的文物也应当保护，包括不可移动文物。《文物保护法》第 6

条规定，属于集体所有和私人所有的纪念建筑物、古建筑和祖传文物以及依法取得的其他文物，其所有权受法律保护。文物的所有者必须遵守国家有关文物保护的法律、法规的规定。

不可移动文物转让、抵押权之规定。《文物保护法》第24条规定，国有不可移动文物不得转让、抵押。建立博物馆、保管所或者辟为参观游览场所的国有文物保护单位，不得作为企业资产经营。第25条还规定，非国有不可移动文物不得转让、抵押给外国人。非国有不可移动文物转让、抵押或者改变用途的，应当根据其级别报相应的文物行政部门备案。

(2) 法律法规规定不可移动文物的分级保护。《文物保护法》第3条规定，古文化遗址、古墓葬、古建筑、石窟寺、石刻、壁画、近代现代重要史迹和代表性建筑等不可移动文物，根据它们的历史、艺术、科学价值，可以分别确定为全国重点文物保护单位，省级文物保护单位，市、县级文物保护单位。历史上各时代重要实物、艺术品、文献、手稿、图书资料、代表性实物等可移动文物，分为珍贵文物和一般文物；珍贵文物分为一级文物、二级文物、三级文物。由此可知，文物应当按照"不可移动文物"和"可移动文物"两大类进行分级保护。对"不可移动文物"采取确定为文物保护单位的形式进行保护，即划分为"全国重点文物保护单位""省级文物保护单位""市、县级文物保护单位"和"尚未核定公布为文物保护单位的不可移动文物"四小类；对"可移动文物"划分为"珍贵文物"和"一般文物"两小类，其中"珍贵文物"又细分为"一级文物、二级文物、三级文物"。

另外，《文物保护法》第13条，《文物保护法实施条例》第12条、第19条，《江西省文物保护条例》第10条，《江西省革命文物保护条例》第17条还作了进一步规定。

（3）法律法规规定不可移动文物的原址保护。《文物保护法》第 20 条规定，建设工程选址，应当尽可能避开不可移动文物；因特殊情况不能避开的，对文物保护单位应当尽可能实施原址保护。实施原址保护的，建设单位应当事先确定保护措施，根据文物保护单位的级别报相应的文物行政部门批准；未经批准的，不得开工建设。无法实施原址保护，必须迁移异地保护或者拆除的，应当报省、自治区、直辖市人民政府批准；迁移或者拆除省级文物保护单位的，批准前须征得国务院文物行政部门同意。全国重点文物保护单位不得拆除；需要迁移的，须由省、自治区、直辖市人民政府报国务院批准。依照前款规定拆除的国有不可移动文物中具有收藏价值的壁画、雕塑、建筑构件等，由文物行政部门指定的文物收藏单位收藏。本条规定的原址保护、迁移、拆除所需费用，由建设单位列入建设工程预算。

另外，《文物保护法》第 22 条、《江西省文物保护条例》第 18 条、《江西省革命文物保护条例》第 18 条、《革命旧址保护利用导则（2019）》第 12 条还作了进一步规定。本条例第 19 条也作了相应规定。

（4）法律法规规定不可移动文物的保护范围与保护措施。《文物保护法》第 15 条规定，各级文物保护单位，分别由省、自治区、直辖市人民政府和市、县级人民政府划定必要的保护范围，作出标志说明，建立记录档案，并区别情况分别设置专门机构或者专人负责管理。全国重点文物保护单位的保护范围和记录档案，由省、自治区、直辖市人民政府文物行政部门报国务院文物行政部门备案。县级以上地方人民政府文物行政部门应当根据不同文物的保护需要，制定文物保护单位和未核定为文物保护单位的不可移动文物的具体保护措施，并公告施行。该法第 16 条也规定，各级人民政府制定城乡建设规划，应当根据文物保护的需要，事先由城乡建设规划部门会同文物行政部门商定对本行政区域内各级文物保护单位的保护措施，并纳入规划。该法第 17 条还规定，文物保护单位的保护范围内不得进行其他建设工程或者爆破、钻探、挖掘等作业。但是，因特殊情况需要在文物保护单位的保护范围内进行其他建设工程或者爆破、钻探、挖掘等作业的，必须保证文物保护单位的安全，并经核定公布该文物保护单位的人民政府批准，在批准前应当征得上一级人民政府文物行政部门同意；在全国重点文物保护单位的保护范围内进行其他建设工程或者爆破、钻探、挖掘等作业的，必须经省、自治区、直辖市人民政府批准，在批准前应当征得国务院文物行政部门同意。

另外，《文物保护法实施条例》第 8 条、第 9 条，《江西省文物保护条例》第 14 条、第 15 条、第 17 条，《江西省革命文物保护条例》第 20 条、第 21 条规定，还对"保护范围和保护措施"作了进一步的规定。本条例第 21 条、第 22 条、第 24 条也作了相应规定。

（5）法律法规规定不可移动文物的建设控制地带。《文物保护法》第 18 条规定，根据保护文物的实际需要，经省、自治区、直辖市人民政府批准，可以在文物保护单位的周围划出一定的建设控制地带，并予以公布。在文物保护单位的建设控制地带内进行建设工程，不得破坏文物保护单位的历史风貌；工程设计方案应当根据文物保护单位的级别，经相应的文物行政部门同意后，报城乡建设规划部门批准。该法第 19 条还规定，在文物保护单位的保护范围和建设控制地带内，不得建设污染文物保护单位及其环境的设施，不得进行可能影响文物保护单位安全及其环境的活动。对已有的污染文物保护单位及其环境的设施，应当限期治理。

另外，《文物保护法实施条例》第 13 条、第 14 条，《江西省文物保护条例》第 14 条、第 15 条、第 16 条,《江西省革命文物保护条例》第 20 条、第 22 条还对"建设控制地带"作了进一步的规定。本条例第 21 条、第 22 条、第 23 条也作了相应规定。

(6)关于保护管理责任人制度。根据《文物保护法》第 15 条的相关规定,《文物保护法实施条例》第 12 条进行了细化规定,古文化遗址、古墓葬、石窟寺和属于国家所有的纪念建筑物、古建筑,被核定公布为文物保护单位的,由县级以上地方人民政府设置专门机构或者指定机构负责管理。其他文物保护单位,由县级以上地方人民政府设置专门机构或者指定机构、专人负责管理;指定专人负责管理的,可以采取聘请文物保护员的形式。文物保护单位有使用单位的,使用单位应当设立群众性文物保护组织;没有使用单位的,文物保护单位所在地的村民委员会或者居民委员会可以设立群众性文物保护组织。文物行政主管部门应当对群众性文物保护组织的活动给予指导和支持。负责管理文物保护单位的机构,应当建立健全规章制度,采取安全防范措施;其安全保卫人员,可以依法配备防卫器械。《江西省革命文物保护条例》第 24 条也规定,不可移动革命文物应当按照下列产权归属情况明确保护管理责任人:国家所有的,其使用人为保护管理责任人;集体所有的,该集体组织为保护管理责任人;个人所有的,其所有人为保护管理责任人;权属不明确的,由所在地县级以上人民政府指定保护管理责任人。

## 二、与革命遗址相关的可移动文物

根据《文物保护法》第 2 条、第 3 条第 2 款、第 13 条的相关规定,可移动文物的分级保护级别可分为四级,即一级文物、二级文物、三级文物和一般文物,其中一级文物、二级文物、三级文物统称为珍贵文物。《文物保护法》《文物保护法实施条例》《江西省文物保护条例》《江西省革命文物保护条例》相关法条也对可移动文物进行了规定。因此，对于"与革命遗址相关的可移动文物"的保护，依照文物保护相关法律、法规进行保护管理能够得到更好的保护，因此应当适用文物保护相关法律、法规。

## 第十八条【保护利用规划】

所在地县级人民政府应当自革命遗址保护名录公布之日起一年内，组织文物、自然资源、旅游等主管部门编制革命遗址保护利用规划，并报市人民政府批准，自批准之日起三十日内向社会公布。

【条文释义】

### 一、革命遗址保护利用规划的概念及问题

（一）革命遗址保护利用规划的概念

革命遗址保护利用规划是指为了革命遗址进行保护和利用等，以确定保护利用的原则、内容和重点，划定保护范围，提出保护利用措施为主要内容的规划。规划先行，是做好革命遗址保护的关键，可以有效避免其他规划对革命遗址保护利用的忽视与冲突。革命遗址是"固化"的党史和革命史，凝结着党的优良传统和光荣历史，承载着催人奋进的红色基因，是党员干部开展"不忘初心、牢记使命"教育的重要课堂，是加强革命传统教育、爱国主义教育、青少年思想道德教育的重要基地，是党和人民宝贵的精神财富。近年来，赣州市委、市政府高度重视革命遗址保护利用工作，全市上下对革命遗址的保护利用力度不断加大，《赣州市革命遗址保护条例》的颁行，更是将全市革命遗址保护利用工作提升到一个新的水平。

（二）革命遗址保护利用规划存在的问题

虽然赣州市革命遗址保护利用工作取得了一定成效，但全市革命遗址保护利用工作中依然存在诸多问题。一是工作机制不全。革命遗址保护利用是一项系统工程，涉及部门众多，需要强有力的组织领导和部门相互配合，但由于历史和体制的原因，全市革命遗址形成了多头管理格局，尚未建立多部门联动工作机制，责任主体不明确。二是科学规划不足。全市革命遗址保护利用缺乏整体规划，随意性大，基本处于零敲碎打、各自为政和低层次开发建设状态，保护利用没有形成系统性和规范化，资源无法整合，不能形成合力。三是保护措施不力。多数革命遗址没有固定的保护经费，一些革命遗址基本处于"办事没钱、看管无人"的窘态；一些革命遗址年久失修，损坏严重，未能得到及时修复；甚至有些革命遗址至今未做标牌。四是开发利用不够。一些革命遗址展示历史内涵挖掘不深，多数都是简单陈列，表现手法单一，内容不丰富，缺乏吸引力和感染力；一些革命遗址讲解水平不高，甚至找不到讲解人；多数革命遗址的利用，仅限于节日活动；未定级的革命遗址多处于无人管理和自生自灭状态。

革命遗址是不可再生的宝贵红色资源，具有唯一性、独特性、不可再生性等特点，不但具有重要的历史价值、社会价值，而且具有重要的教育价值。为切实加强赣州市革命遗址保护利用工作，应努力编制好革命遗址保护利用规划。

## 二、革命遗址保护利用规划遵循的一般要求

依据《革命文物保护利用片区工作规划编制要求》第 4 条规定，编制革命遗址保护利用规划应当包括坚持价值引领、坚持系统规划、坚持恰当适度和坚持融合发展原则。（1）坚持价值引领，研究梳理片区革命历史和主题构成，挖掘展现片区革命精神和时代价

值，以价值评价为导向，准确把握工作规划的对象、重点和策略，不能将各种革命旧址等量齐观，历史评价要恰如其分；（2）坚持系统规划，综合考虑片区主题、资源禀赋和区位条件，以科学布局、全面推进为支撑，更好实现革命文物的整体规划、连片保护、统筹展示、示范引领；（3）坚持恰当适度，始终秉持艰苦奋斗的革命传统，以简约朴素大方为主调，体现内在精神，突出教育功能，力戒贪大求洋、富丽堂皇；（4）坚持融合发展，紧密对接国家战略和地方经济社会发展规划，不断满足人民日益增长的美好生活需要，用好红色资源，推动区域发展，确保片区工作规划的前瞻性、科学性、可操作性。

**三、编制革命遗址保护利用规划的法律、法规规定**

从上位法依据来看，《文物保护法》第 14 条第 3 款规定，历史文化名城和历史文化街区、村镇所在地的县级以上地方人民政府应当组织编制专门的历史文化名城和历史文化街区、村镇保护规划，并纳入城市总体规划。《文物保护法》第 16 条规定，各级人民政府制定城乡建设规划，应当根据文物保护的需要，事先由城乡建设规划部门会同文物行政部门商定对本行政区域内各级文物保护单位的保护措施，并纳入规划。同时《文物保护法实施条例》第 7 条第 3 款也规定，县级以上地方人民政府组织编制的历史文化名城和历史文化街区、村镇的保护规划，应当符合文物保护的要求。另外，《江西省文物保护条例》第 12 条、第 13 条第 2 款，《江西省革命文物保护条例》第 5 条、第 19 条对此还作了进一步规定。因此，本条规定，所在地县级人民政府应当在革命遗址保护名录公布之日起一年内编制革命遗址保护利用规划，这是其法定义务。这一规划是由市人民政府批准的，因此如果存在规划冲突时，要调整规划就必须获得市人民政府的批准，从而有效避免革命遗址在城乡建设中被毁损、灭失。编制革命遗址保护利用规划时只有文物、自然资源、旅游等主管部门共同参与，才能避免规划之间的冲突，并实现革命遗址与自然资源、旅游资源的综合保护与利用。此外，在"编制其他规划时涉及革命遗址"的协调问题上，本条例第22条第3款还规定了市、县级人民政府编制城乡规划、土地利用规划和旅游发展规划，实施土地、房屋征收涉及革命遗址的，相关部门应当征求同级人民政府文物主管部门的意见。

对革命遗址保护规划的具体编制，尤其是对重点文物的保护规划具体编制，依据《革命文物保护利用片区工作规划编制要求》第6条规定，规划成果应当包括：（1）规划文本，表达片区规划的目标任务、工作重点和保障措施，文本表述应规范准确、定义清晰、简洁明了；（2）规划图纸，以图纸、照片形象表达资源现状和规划设计，图纸标注应规范准确、序列清晰、必要完整；（3）规划附件，补充表述片区规划相关信息，附件汇编应规范准确、条理清晰、密切关联。《革命文物保护利用片区工作规划编制要求》第19条还规定，分类列出规划对象所涉的各级文物保护单位基本信息（含序号、地址、名称、时期、保护级别、价值等级，全国重点文物保护单位、省级文物保护单位宜辅以图示或照片说明）、未核定为文物保护单位的不可移动文物基本信息（含序号、地址、名称、时期）、纪念场馆基本信息（含序号、地址、名称、馆藏革命文物统计总数及珍贵革命文物统计总数）。

## 第十九条【原址保护】

列入保护名录的革命遗址应当实施原址保护，任何单位和个人不得损坏或者擅自迁移、拆除。

列入保护名录的尚未公布为不可移动文物的革命遗址，因特殊情况进行建设活动而无法实施原址保护需要迁移的，由建设单位会同所在地县级人民政府文物、自然资源等主管部门制定迁移异地保护方案，并由县级人民政府文物主管部门报告市人民政府文物主管部门。迁移所需费用，由建设单位列入建设工程预算。

重要事件和重大战斗遗址、遗迹，具有重要影响的烈士事迹发生地等，不得异地迁建。作为历史文化名城（镇、村）、街区和中国传统村落关键节点、地标的革命遗址不得异地迁建、拆除。

【条文释义】

## 一、实行原址保护的原因

（一）保持历史风貌的完整性

革命遗址保护和利用，应当遵循科学规划、分类管理、有效保护、合理利用的原则，切实维护革命遗址本体安全和特有的历史环境风貌，最大限度地保持和呈现历史真实性、风貌完整性和文化延续性。对革命遗址历史环境的研究、识别，重点原址保护包括能够反映重要历史信息、具有标识性作用的地形地貌、植被、水体、历史建筑、设施、街巷格局及肌理等要素，使之与遗址本体一起完整反映革命事件及历史场景。革命遗址是不可移动文物的一个特定类型，是传承红色基因、弘扬革命文化、加强爱国主义教育、培育社会主义核心价值观的宝贵资源。与其他类型文物相比，革命遗址的保护利用具有特殊性。

（二）实现经济效益与社会效益相统一

革命遗址保护应与展示利用相统筹，合理利用应作为有效保护的重要部分。修缮后的革命遗址不得长期闲置。革命遗址的保护利用，应以保证文物安全为前提，注重对革命遗址原有历史信息的延续和革命文化的传承，与革命历史氛围和场所精神相适应。展示利用的方式和手段应杜绝庸俗化和娱乐化的倾向，不得对历史风貌与景观环境产生不良影响。坚持以社会主义核心价值观为引领，以弘扬革命精神、传承红色基因、传递正能量为目标，落实意识形态工作责任制，始终把社会效益放在首位，从而实现社会效益和经济效益相统一。

红色旅游也是中国共产党带领人民创造新生活的成功实践。红色旅游与中国政府可持续发展、乡村振兴和农业多元化等政策项目密切结合，形成产品丰富、选项多样、独树一帜的特色文化产品，为革命老区振兴赋能，助力贫困地区脱贫致富。中国红色旅游热潮的兴起，主要是中国老百姓自发自愿去参访红色革命圣地的结果，体现了中国人民对中国共产党的认同、对中国发展进步成就的自豪，也推动了革命遗址原址保护的经济效益与社会效益相协调。

## 二、实施原址保护的规定

### （一）应当实施原址保护的革命遗址

原址保护是建设工程选址中对不可移动文物的一种保护措施，是不对文物保护单位进行迁移或者拆除，而是直接在原地进行保护的措施。本条第 1 款规定，"应当实施原址保护的革命遗址"的适用对象是列入保护名录的革命遗址。"保护名录"即本条例第 12 条所称的"革命遗址保护名录"，是由市人民政府所建立的、向社会公众公布的革命遗址查询工具，从而更好地保护和查询市政府所在区域的革命遗址。

《文物保护法》第 20 条第 1 款、第 2 款规定，建设工程选址，应当尽可能避开不可移动文物；因特殊情况不能避开的，对文物保护单位应当尽可能实施原址保护。实施原址保护的，建设单位应当事先确定保护措施，根据文物保护单位的级别报相应的文物行政部

门批准；未经批准的，不得开工建设。《江西省文物保护条例》第
18条第1款也规定了不可移动文物实行原址保护原则。《江西省革
命文物保护条例》第18条同样规定了不可移动革命文物应当实施
原址保护，任何单位和个人不得损坏或者擅自迁移、拆除。因此本
条第1款明确了列入保护名录的革命遗址实施原址保护的原则，主
要解决城市建设发展与革命遗址保护的矛盾，制止擅自迁移、拆除
等违法违规行为。

《文物保护法》中之所以提出"不可移动文物"的概念，恰恰
就是因为"搬走真古董、复制假古董"的事情发生太多，而文物的
意义，不仅在于器物本身，而是文物连同地址空间，构筑的统一的
历史文化意义。早些年，我们因为这种理念尚未深入，做了不少遗
憾的事情，至今让不少考古人、文化学者为之叹息。历史已经过
去，我们可以不去深究，但目前要再以"保护"的名义，搬迁文
物，才是对文物的最大伤害。关于引导社会力量参与，在落实政府
主导的基础上，完善社会力量参与相关政策和措施的完善和落实，
鼓励各地探索设立革命遗址保护员公益性岗位，鼓励志愿者、社会
团体参与革命遗址公益服务，鼓励企事业单位参与，不断拓宽经费
渠道，营造全社会共同参与的良好氛围。赣州市革命遗址分布范围
广、保存环境比较复杂，单靠文物部门一家的力量，无法有效解决
革命遗址保护和管理方面的诸多问题。在交通条件较差、自然环境
较恶劣并且人迹罕至的地势崎岖的地方，管理、巡查和维护上的难
度较大。任何单位和个人应当保护革命遗址，革命遗址所在地的政
府或者其他文物主管部门更要督促地处偏远、没有保护管理的革命
遗址进行有效保护，可以聘请当地群众担任革命遗址保护员，对遗
址区域进行巡查看护，并对保护员给予适当补助。

（二）无法实施原址保护需要迁移的革命遗址

由于对不可移动文物已有相关法律法规规定，因此本条第2款

规定，"无法实施原址保护需要迁移的革命遗址"的适用对象是列入保护名录的尚未公布为不可移动文物的革命遗址。但应当注意，对"无法实施原址保护需要迁移的革命遗址"进行迁移异地保护，必须满足两个条件：（1）列入保护名录的尚未公布为不可移动文物的革命遗址；（2）因特殊情况进行建设活动而无法实施原址保护，需要迁移的。这两个条件必须都满足才能进行迁移异地保护，缺一不可。

《文物保护法》第 20 条第 3 款、第 5 款也规定，无法实施原址保护，必须迁移异地保护或者拆除的，应当报省、自治区、直辖市人民政府批准；迁移或者拆除省级文物保护单位的，批准前须征得国务院文物行政部门同意。全国重点文物保护单位不得拆除；需要迁移的，须由省、自治区、直辖市人民政府报国务院批准。本条规定的原址保护、迁移、拆除所需费用，由建设单位列入建设工程预算。《江西省文物保护条例》第 18 条、《江西省革命文物保护条例》第 18 条还作了进一步规定。

因此本条第 2 款规定了特殊情况下，对"无法实施原址保护需要迁移的革命遗址"迁移保护方案的制定、报告程序、预算费用的相关规定。此类革命遗址因特殊情况需要异地保护，应先由建设单位会同所在地县级人民政府文物、自然资源等主管部门制定迁移异地保护方案，并由县级人民政府文物主管部门报告市人民政府文物主管部门。迁移所需费用，由建设单位列入建设工程预算。如此可以倒逼建设单位在其建设过程中所代表的公共利益、原址保护带来的公共利益与异地保护成本之间进行充分权衡，从而有效避免异地保护的滥用。

虽然现行《文物保护法》第 20 条只规定"建设工程选址，应当尽可能避开不可移动文物；因特殊情况不能避开的，对文物保护单位应当尽可能实施原址保护"。但2017年1月国家文物局印发的《关于加强尚未核定公布为文物保护单位的不可移动文物保护工作的通知》明确指出：建设工程选址，应尽可能避开尚未核定公布为文物保护单位的不可移动文物；因特殊情况无法避开的，应优先实施原址保护；无法实施原址保护的，应实施异地迁移保护或考古发掘。从中可以看出，实施原址保护的范围已经涵盖了一般不可移动文物，并且将保护力度由"尽可能"改为"优先"，充分说明国家文物局为做好城镇化进程中一般不可移动文物的保护管理工作，有效遏制其快速消失的趋势所做的努力。

值得注意的是，什么情况属于"无法实施原址保护"？虽然从《文物保护法》到《关于加强尚未核定公布为文物保护单位的不可移动文物保护工作的通知》都没有明确限定，但是一般均理解为关系国计民生或者国家重要建设的工程，而不能为房地产等商业开发项目让路而滥用异地保护。从技术层面来讲，异地保护主要有两种模式，一种是拆解、运输至异地后重新组装，另一种是整体平移。前者是老办法，后者是新技术。

（三）不得异地迁建、拆除的革命遗址

本条第3款规定了适用绝对原址保护的情况。对于重要事件和重大战斗遗址、遗迹，具有重要影响的烈士事迹发生地等；作为历史文化名城（镇、村）、街区和中国传统村落关键节点、地标的革命遗址因其重要性而成为最大的公共利益，无论何种情况均不能异地保护与拆除，只能实施原址保护。例如，对共和国摇篮——瑞金、红军长征出发地——于都、将军县——兴国等地的革命遗址，都需要进行原址保护。由于赣州市瑞金以及周边几个县是第二次国内革命战争时期的中央革命根据地和中华苏维埃共和国临时政府所在地，因此瑞金市被誉为"共和国的摇篮"。常年都有大批的游客来到瑞金观光旅游，接受革命传统教育；举世闻名的二万五千里长征，就是从于都、瑞金等地出发的。新中国在1955—1965年授衔的人民解放军将军，赣州籍的有133名，其中上将3名、中将10名、少将120名。其中在1955年授军衔时，仅兴国籍将军就有56名，兴国县因此被誉为"将军县"。对以上的这些革命遗址所在地，应当实行绝对原址保护的原则。

关于"历史文化名城（镇、村）、街区和中国传统村落关键节点、地标"，《文物保护法》第14条规定，保存文物特别丰富并且具有重大历史价值或者革命纪念意义的城市，由国务院核定公布为历史文化名城。保存文物特别丰富并且具有重大历史价值或者革命纪念意义的城镇、街道、村庄，由省、自治区、直辖市人民政府核定公布为历史文化街区、村镇，并报国务院备案。历史文化名城和历史文化街区、村镇所在地的县级以上地方人民政府应当组织编制专门的历史文化名城和历史文化街区、村镇保护规划，并纳入城市总体规划。历史文化名城和历史文化街区、村镇的保护办法，由国务院制定。另外，《文物保护法实施条例》第7条，《江西省文物保护条例》第11条、第12条第2款，《江西省革命文物保护条例》第18条还作了进一步规定。

值得注意的是，对"禁止原址重建的原则及其例外"的问题，《文物保护法》第22条规定了不可移动文物已经全部毁坏的，应当实施遗址保护，不得在原址重建。但是，因特殊情况需要在原址重建的，由省、自治区、直辖市人民政府文物行政部门报省、自治区、直辖市人民政府批准；全国重点文物保护单位需要在原址重建的，由省、自治区、直辖市人民政府报国务院批准。《江西省革命文物保护条例》第18条也进一步规定，不可移动革命文物主体不存，但基址或者代表性环境尚存，且价值较高的，应当作为遗址保护，不得在原址重建。但是，因特殊情况需要在原址重建的，应当依法报请批准。

## 第二十条【抢救性保护措施】

列入保护名录的革命遗址存在坍塌、损毁、灭失等重大安全隐患的，市、县级人民政府应当及时开展抢救性保护和修复。

【条文释义】

### 一、列入保护名录的革命遗址存在重大安全隐患

依据本条例基本原则中的"抢救第一"的方针，本条明确了开展抢救性保护和修复的情形，即列入保护名录的革命遗址存在坍塌、损毁、灭失等重大安全隐患。

对于革命遗址的安全隐患必须要达到本条规定中的"重大"的程度，而对于"一般"的安全隐患情形，并不适用本条关于开展抢救性保护和修复的规定。根据本条规定，所谓"重大安全隐患"是指列入保护名录的革命遗址存在坍塌、损毁、灭失等情形。坍塌是指革命遗址在外力或重力作用下，超过自身的强度极限或因结构稳定性破坏而造成倒塌的情况。损毁是指由于工程建设、开发利用、打砸或拆卸等因素导致革命遗址遭到破坏或损坏的情况。灭失是指由于洪涝、火灾、自然风化等因素导致革命遗址完全消失的情况。

### 二、市、县级人民政府应当及时开展抢救性保护和修复

依据本条例基本原则中的"抢救第一"的方针，本条明确了开展抢救性保护和修复工作的主体是市、县级人民政府。2022年3月17日，国家发展改革委印发的《赣州革命老区高质量发展示范区建设方案》指出，深入实施革命文物遗址保护修复工程，加大对瑞

金中央苏区旧址、于都中央红军长征出发纪念馆等革命历史类纪念设施、遗址的保护修缮和展示利用力度。《文物保护工程管理办法》第 5 条规定，文物保护工程分为保养维护工程、抢险加固工程、修缮工程、保护性设施建设工程、迁移工程等。而本条规定了对革命遗址这类不可移动文物的抢救性保护和修复。"抢救性保护和修复"是相对于"预防性保护"而言的。2021 年 12 月 24 日，国家文物局印发的《革命文物保护利用"十四五"专项规划》指出，坚持科学保护，统筹抢救性保护和预防性保护、本体保护和周边保护、单点保护和集群保护，维护革命文物资源的历史真实性、风貌完整性、文化延续性。

关于"预防性保护"，《文物保护法》第 15 条第 2 款规定，县级以上地方人民政府文物行政部门应当根据不同文物的保护需要，制定文物保护单位和未核定为文物保护单位的不可移动文物的具体保护措施，并公告施行。《文物保护法》第 16 条规定，各级人民政府制定城乡建设规划，应当根据文物保护的需要，事先由城乡建设规划部门会同文物行政部门商定对本行政区域内各级文物保护单位的保护措施，并纳入规划。另外，《江西省文物保护条例》第 13 条、《江西省革命文物保护条例》第 17 条也作了进一步规定。

关于"抢救性保护"，《江西省革命文物保护条例》第 16 条规定，革命文物保护应当坚持全面保护与重点保护相结合，统筹推进抢救性与预防性保护、文物本体与周边环境保护、单点与集群保护，确保革命文物的历史真实性、风貌完整性和文化延续性。《江西省革命文物保护条例》第 23 条还规定，不可移动革命文物濒危或者发生重大安全险情的，县级以上人民政府应当及时组织开展抢救性保护和修缮。因此本条例在第 20 条进一步规定了革命遗址的抢救性保护措施。

（一）市、县（区）政府的保护职责

（1）抢救性修复。革命遗址存在坍塌、损毁、灭失等重大安全隐患的，市、县（区）人民政府应当及时开展抢救性保护和修复。非国有革命遗址存在坍塌、损毁、灭失等重大安全隐患的，其保护管理责任人具备修缮能力而拒不履行修缮义务的，市、县（区）人民政府应当进行抢救性修缮，所需费用由保护管理责任人承担。发生突发事件或者重大险情可能造成革命遗址重大损失时，保护管理责任人应当立即采取救护措施，并及时向县（区）文物行政主管部门或者乡镇人民政府、街道办事处报告。接到报告的政府部门应当迅速组织开展抢救工作。

（2）合理补偿。市、县（区）人民政府可以通过购买、产权置换、征收等方式，抢救保护重要革命遗址。鼓励非国有革命遗址所有人将革命遗址捐赠给市、县（区）人民政府，接受捐赠的人民政府应当给予合理补偿。

（3）日常维护。文物保护与利用具有重要性，要求革命遗址管理部门要切实做好革命遗址的日常维护、守护、管理和宣传等工作，加强文物保护工作；要求管理人员要切实担负起自身职责，增强保护意识，落实保护措施，加大巡查力度，将巡查工作规范化、制度化、常态化，责任到人；工作人员应当加强讲解、安保、保洁、志愿者力量，加大宣传力度，做好革命遗址维护修复工作，充实展品内容，让革命遗址亮起来、活起来，以其独有的魅力满足游客的需求。保护是指为保存文物古迹实物遗存及其历史环境进行的全部活动。保护的目的是真实、全面地保存并延续其历史信息及全部价值。所有保护措施都必须遵守不改变文物原状的原则。

（4）设计优良的文物抢救方案。抢救性的保护，也应对可能损毁的文物提出妥当的处置方案。预防灾害侵袭：要充分估计各类灾害对文物古迹和游人可能造成的危害，制订应付突发灾害的周密抢救方案；对于公开开放的建筑和参观场所，应控制参观人数，保证疏散通畅，优先配置防灾设施；在文物古迹中，要严格禁止可能造成重大安全事故的活动。

（二）抢救性保护的预防

（1）强化宣传教育，提高干部职工消防安全意识。政府部门应组织召开有文物保护单位全体干部职工及下属单位负责人参加的会议，结合督查中存在的隐患问题进行安排部署。同时利用标语、宣传栏、电子显示屏等形式广泛宣传消防安全工作的政策、法律、法规，并积极主动联系公安局消防大队一同开展消防安全知识培训及演练，演示用干粉灭火器灭火的全过程，现场模拟灭火器使用等消防安全避险救灾演练。通过消防知识培训和演练活动，让参训人员认识到消防安全的重要性，并正确掌握报警、扑救、疏散、自救和逃生等方法，对消防安全知识有更深层次的了解，进一步增强革命遗址保护抗御火灾的综合能力。

（2）强化工作措施，扎实开展督查整治工作。消防安全领导小组组织人员应组织工作小组深入进行对革命遗址的隐患排查。在检查内容上，重点检查安全工作责任制的落实情况。特别是用火等重点位置消防设施、灭火器材和消防安全标志的配备、设置和维护情况；紧急疏散通道畅通情况；水、电等设备安全保养情况，炉灶、烟道安全使用情况；有毒有害、易燃易爆危险物品的保管、应用情况；是否制定了安全事故应急处置预案等。

督查问题主要在于：24 小时值班记录不全，安全巡查特别是夜间巡查制度不健全、不落实；电气线路方面，用电线路已老化加之用电负荷加大，易造成短路发生火灾，存在较大的安全隐患；消防设施方面，个别单位没有安装应急照明和应急指示标志，楼道内没有安全扶手，存在安全隐患；不少灭火器过期，灭火器数量少且安装不规范，没有安装配备消防栓、消防水袋、消防枪。针对排查出的问题，及时制定整改措施，限期进行整改落实。

落实消防隐患安全责任，认真履行责任，加强对消防隐患的自查自纠，形成各尽其责、齐抓共管消防安全隐患的良好局面。文物保护工作人员要经常开展消防安全检查，发现安全隐患要及时报告，并妥善处理。

（3）全力改善消防设施设备。对消防设施、设备不完善的，按照要求进行更换，增添购置，尽快完善。对存在安全隐患的设施进行及时整改，煤气、汽油安排专人负责保管，确保用电、用气安全。建立完善各项制度，要求各文物保护单位建立、完善各项制度，严格执行 24 小时值班制度，切实做到防微杜渐、防患于未然；文物保护主管部门定期组成督查组，对各下属单位的消防安全工作定期或不定期地进行督导检查。

## 第二十一条【保护范围、建控地带、标志档案】

对列入保护名录的尚未核定为文物保护单位的革命遗址，由县级人民政府根据革命遗址的类别、内容、规模以及历史和现实情况划定保护范围、建设控制地带，经市人民政府批准后公布实施，并建立记录档案。

市人民政府对列入保护名录的革命遗址应当设立统一的保护标志。

### 【条文释义】

### 一、列入保护名录的尚未核定为文物保护单位的革命遗址

对文物的保护方式有很多种，如列入保护名录、实施分级保护以及进行原址保护等，其中设置文物保护单位制度，就是对文物的

一种分级保护。在革命遗址保护名录中，也包括了"保护名录内已经核定公布为文物保护单位的革命遗址"和"保护名录内尚未核定公布为文物保护单位的革命遗址"，对于后者，若存在重要价值，应当要有相应的补救措施来提高其保护等级。

文物保护单位是我国对确定纳入保护对象的不可移动文物的统称，并对文物保护单位本体及周围一定范围实施重点保护的区域。文物保护单位是指具有历史、艺术、科学价值的古文化遗址、古墓葬、古建筑、石窟寺和石刻。文物保护单位都是古代科学技术信息的媒体，对科技史和科学技术研究有重要意义。文物保护单位分为三级，即全国重点文物保护单位、省级文物保护单位和市县级文物保护单位。实践证明，文物保护单位制度作为文物保护领域的一项基本的制度，是符合我们国家国情的，这个制度制定以来，对我国文物的保护起到了不可替代的作用。

关于文物保护单位的分级保护，《文物保护法》第3条规定，古文化遗址、古墓葬、古建筑、石窟寺、石刻、壁画、近代现代重要史迹和代表性建筑等不可移动文物，根据它们的历史、艺术、科学价值，可以分别确定为全国重点文物保护单位，省级文物保护单位，市、县级文物保护单位。历史上各时代重要实物、艺术品、文献、手稿、图书资料、代表性实物等可移动文物，分为珍贵文物和一般文物；珍贵文物分为一级文物、二级文物、三级文物。

关于"文物保护单位的核定"权限，根据《文物保护法》第13条的规定，具体包括："全国重点文物保护单位"由国务院文物主管部门选择确定或直接确定，报国务院核定公布；"省级文物保护单位"由省级人民政府文物主管部门选择确定或直接确定，报省级人民政府核定公布，并报国务院备案；"市级和县级文物保护单位"，分别由市级、县级人民政府文物主管部门确定，报市级、县级人民政府核定公布，并报省人民政府备案；"尚未核定为文物保护单位的不可移动文物"，由县级人民政府文物主管部门登记公布，建立档案，并报省级、市级人民政府文物主管部门备案。

关于"尚未核定为文物保护单位的不可移动文物"的公布，根据《文物保护法》第13条规定，尚未核定公布为文物保护单位的不可移动文物，由县级人民政府文物行政部门予以登记并公布。因此，未被核定的不可移动文物虽然已经被列入了保护名录，但是并没有被官方政府予以核定并给予相应的县级以上（含县级）人民政府级别的文物管理与保护。因此，一般从保护程度来说，未被县级以上（含县级）人民政府予以核定的不可移动文物的保护程度比已被核定的文物低。两者之间的区别主要表现为已被核定的文物已经通过一系列的审核程序并作出决定、发出公告，包括对文物的资料审查、专家论证会的审查等审查程序。而尚未被核定为文物保护单位的文物正处于审核程序阶段或尚未被审查阶段，但为了保护地方文物的历史面貌、风俗文化、人文精神等重要价值，需要无差别地保护，而不应该视若无睹。

## 二、县级人民政府划定保护范围、建设控制地带，并建立记录档案

本条第1款适用的对象是"列入保护名录的尚未核定为文物保护单位的革命遗址"，而关于"划定保护范围、建设控制地带，并建立记录档案"的主体是县级人民政府。"列入保护名录的革命遗址"实际包括两部分，一是已经核定为文物保护单位的革命遗址，二是尚未核定为文物保护单位的革命遗址。

对于前者，《文物保护法》已对"已经核定为文物保护单位的革命遗址"作了相应的"划定保护范围、建设控制地带，并建立记录档案"的规定。《文物保护法》第15条第1款规定，各级文物保

护单位，分别由省、自治区、直辖市人民政府和市、县级人民政府划定必要的保护范围，作出标志说明，建立记录档案，并区别情况分别设置专门机构或者专人负责管理。全国重点文物保护单位的保护范围和记录档案，由省、自治区、直辖市人民政府文物行政部门报国务院文物行政部门备案。《文物保护法》第17—19条，《文物保护法实施条例》第8—9条、第13—14条，《江西省文物保护条例》第14—17条规定，《江西省革命文物保护条例》第20—22条对此还作了进一步规定。

对于后者，《文物保护法》《文物保护法实施条例》《江西省文物保护条例》《江西省革命文物保护条例》都没有对"尚未核定为文物保护单位的革命遗址"进行具体规定。鉴于此，为了加强对革命遗址的保护、管理、修缮和利用力度，发挥革命遗址的爱国主义教育和革命传统教育作用，本条第1款将这类列入保护名录的"尚未核定为文物保护单位的革命遗址"进行"划定保护范围、建设控制地带，并建立记录档案"的专门规定。

（一）划定保护范围

划定保护范围，是为了对保护范围进行更严格的保护，避免危及革命遗址安全，影响革命遗址周边环境。《文物保护法》第15条规定，各级文物保护单位，分别由省、自治区、直辖市人民政府和市、县级人民政府划定必要的保护范围。所谓"划定保护范围"，根据《文物保护法实施条例》第9条的规定，文物保护单位的保护范围，是指对文物保护单位本体及周围一定范围实施重点保护的区域。文物保护单位的保护范围，应当根据文物保护单位的类别、规模、内容以及周围环境的历史和现实情况合理划定，并在文物保护单位本体之外保持一定的安全距离，确保文物保护单位的真实性和完整性。

关于"保护范围"的划定主体和划定期限，《文物保护法实施条例》第 8 条规定，全国重点文物保护单位和省级文物保护单位自核定公布之日起 1 年内，由省、自治区、直辖市人民政府划定必要的保护范围；设区的市、自治州级和县级文物保护单位自核定公布之日起 1 年内，由核定公布该文物保护单位的人民政府划定保护范围。还作了进一步规定。另外，《江西省文物保护条例》第 14 条、《江西省革命文物保护条例》第 20 条对此也作了进一步规定。

对于"保护范围"的禁止性规定，《文物保护法》也作了相应规定。根据《文物保护法》第 17 条的规定，文物保护单位的保护范围内不得进行其他建设工程或者爆破、钻探、挖掘等作业。但是，因特殊情况需要在文物保护单位的保护范围内进行其他建设工程或者爆破、钻探、挖掘等作业的，必须保证文物保护单位的安全，并经核定公布该文物保护单位的人民政府批准，在批准前应当征得上一级人民政府文物行政部门同意；在全国重点文物保护单位的保护范围内进行其他建设工程或者爆破、钻探、挖掘等作业的，必须经省、自治区、直辖市人民政府批准，在批准前应当征得国务院文物行政部门同意。《文物保护法》第 19 条规定，在文物保护单位的保护范围内，不得建设污染文物保护单位及其环境的设施，不得进行可能影响文物保护单位安全及其环境的活动。对已有的污染文物保护单位及其环境的设施，应当限期治理。《江西省文物保护条例》第 15 条、第 17 条，《江西省革命文物保护条例》第 21 条对此也作了进一步规定。鉴于此，本条例第 22 条第 1 款、第 24 条也作了相关的禁止性规定。

（二）划定建设控制地带

划定建设控制地带，是为了对建设控制地带内的建设行为进行控制，避免危及革命遗址安全，影响革命遗址周边环境。《文物保护法》第 18 条第 1 款规定，根据保护文物的实际需要，经省、自治区、直辖市人民政府批准，可以在文物保护单位的周围划出一定的建设控制地带，并予以公布。所谓"划定建设控制地带"，根据《文物保护法实施条例》第 13 条的规定，文物保护单位的建设控制地带，是指在文物保护单位的保护范围外，为保护文物保护单位的安全、环境、历史风貌对建设项目加以限制的区域。文物保护单位的建设控制地带，应当根据文物保护单位的类别、规模、内容以及周围环境的历史和现实情况合理划定。

关于"建设控制地带"的批准、划定和公布主体，《文物保护法实施条例》第 14 条规定，全国重点文物保护单位的建设控制地带，经省、自治区、直辖市人民政府批准，由省、自治区、直辖市人民政府的文物行政主管部门会同城乡规划行政主管部门划定并公布。省级、设区的市、自治州级和县级文物保护单位的建设控制地带，经省、自治区、直辖市人民政府批准，由核定公布该文物保护单位的人民政府的文物行政主管部门会同城乡规划行政主管部门划定并公布。

对于"建设控制地带"的禁止性规定，《文物保护法》也作了相应规定。《文物保护法》第 18 条第 2 款规定，在文物保护单位的建设控制地带内进行建设工程，不得破坏文物保护单位的历史风貌；工程设计方案应当根据文物保护单位的级别，经相应的文物行政部门同意后，报城乡建设规划部门批准。根据《文物保护法》第 19 条的规定，在文物保护单位的保护范围和建设控制地带内，不得建设污染文物保护单位及其环境的设施，不得进行可能影响文物保护单位安全及其环境的活动。对已有的污染文物保护单位及其环境的设施，应当限期治理。《江西省文物保护条例》第 15—16 条，《江西省革命文物保护条例》第 22 条对此也作了进一步规定。鉴于此，本条例第 22 条第 2 款、第 23 条也作了相关的禁止性规定。

（三）建立记录档案

建立记录档案是为了全面记载革命遗址保护利用信息。《文物保护法》第 15 条中规定各级文物保护单位，分别由省、自治区、直辖市人民政府和市、县级人民政府建立记录档案。《江西省文物保护条例》第 14 条，《江西省革命文物保护条例》第 20 条对此还作了进一步规定。对于"建立记录档案"，《文物保护法实施条例》第 11 条进一步明确规定，文物保护单位的记录档案，应当包括文物保护单位本体记录等科学技术资料和有关文献记载、行政管理等内容。文物保护单位的记录档案，应当充分利用文字、音像制品、图画、拓片、摹本、电子文本等形式，有效表现其所载内容。

关于记录档案的建立主体和建立期限，《文物保护法实施条例》第 8 条规定，全国重点文物保护单位和省级文物保护单位自核定公布之日起 1 年内，由省、自治区、直辖市人民政府建立记录档案；设区的市、自治州级和县级文物保护单位自核定公布之日起 1 年内，由核定公布该文物保护单位的人民政府建立记录档案。

综上，列入保护名录但尚未核定为文物保护单位的革命遗址均应由县级政府划定保护范围与建控地带报市政府批准后公布，并建立记录档案。县（区）人民政府应当根据革命遗址的历史和现实情况，结合保护需要，提出遗址保护范围和建设控制地带的划定方案，经市人民政府批准后公布实施。革命遗址的保护范围和建设控制地带一经划定，任何单位或者个人不得擅自改变。

## 三、市人民政府应当设立统一的保护标志

保护标志记录着革命遗址的基本信息与保护级别，便于公众识别与了解，因此本条第 2 款规定了列入保护名录的革命遗址均由市政府统一设立保护标志。对于"保护标志"，《江西省革命文物保护条例》第 20 条中规定，县级以上人民政府应当为革命文物保护

单位依法设置保护标志和界碑。《江西省革命文物保护条例》第14条还进一步规定，县级以上人民政府文物主管部门应当制作不可移动革命文物保护标识。保护标识应当包含名称、保护级别、史实介绍、设置机关、设置日期等内容。不可移动革命文物保护标识样式由省人民政府文物主管部门统一制定。

此外，在《文物保护法》《文物保护法实施条例》《江西省文物保护条例》中并没有关于"保护标志"的明确规定，只是涉及了"标志说明"的规定。为了规范"标志说明"问题，《文物保护法》第15条中规定，各级文物保护单位，分别由省、自治区、直辖市人民政府和市、县级人民政府作出标志说明。《文物保护法实施条例》第10条还进一步规定，文物保护单位的标志说明，应当包括文物保护单位的级别、名称、公布机关、公布日期、立标机关、立标日期等内容。民族自治地区的文物保护单位的标志说明，应当同时用规范汉字和当地通用的少数民族文字书写。关于"标志说明"的设立主体和设立期限，《文物保护法实施条例》第8条规定，全国重点文物保护单位和省级文物保护单位自核定公布之日起1年内，由省、自治区、直辖市人民政府作出标志说明；设区的市、自治州级和县级文物保护单位自核定公布之日起1年内，由核定公布该文物保护单位的人民政府作出标志说明。《江西省文物保护条例》第14条第1款也规定，全国重点文物保护单位和省级文物保护单位，由省人民政府作出标志说明；市级、县级文物保护单位分别由设区市、县级人民政府作出标志说明。

## 第二十二条【工程审批】

在列入保护名录的尚未核定为文物保护单位的革命遗址保护范围内，禁止进行其他建设工程或者爆破、钻探、挖掘等作业。但是，因特殊情况需要进行上述作业的，必须保证革命遗址安全，县级人民政府相关主管部门在批准前应当征求同级人民政府文物主管部门意见。

在列入保护名录的尚未核定为文物保护单位的革命遗址建设控制地带内进行工程建设的，不得破坏革命遗址的历史风貌，工程设计方案应当经县级人民政府自然资源主管部门批准，批准前应当征求县级人民政府文物主管部门的意见。批准后由县级人民政府文物主管部门报市人民政府文物主管部门备案。

市、县级人民政府编制城乡规划、土地利用规划和旅游发展规划，实施土地、房屋征收涉及革命遗址的，相关部门应当征求同级人民政府文物主管部门的意见。

## 【条文释义】

### 一、列入保护名录的尚未核定为文物保护单位的革命遗址

对文物的保护方式有很多种，如列入保护名录，实施分级保护以及进行原址保护等，其中设置文物保护单位制度，就是对文物的一种分级保护。在革命遗址保护名录中，也包括了"保护名录内已经核定公布为文物保护单位的革命遗址"和"保护名录内尚未核定公布为文物保护单位的革命遗址"，对于后者，若存在重要价值，应当要有相应的补救措施来提高其保护等级。

文物保护单位的概念最早是 1956 年国务院在《关于在农业生产建设中保护文物的通知》中提出来的，1961 被写入了《文物保护管理暂行条例》，1982 年被写入了《文物保护法》。文物保护单位为中国大陆对确定纳入保护对象的不可移动文物的统称，并对文物保护单位本体及周围一定范围实施重点保护的区域。文物保护单位是指具有历史、艺术、科学价值的古文化遗址、古墓葬、古建

筑、石窟寺和石刻等。文物保护单位都是古代科学技术信息的媒体，对于科技史和科学技术研究有着重要意义。文物保护单位分为三级，即全国重点文物保护单位、省级文物保护单位和市县级文物保护单位。实践证明，文物保护单位制度作为文物保护领域的一项基本制度，是符合我们国家国情的。这个制度制定以来，对我国文物的保护起到了不可替代的作用。

关于文物保护单位的分级保护，《文物保护法》第 3 条规定，古文化遗址、古墓葬、古建筑、石窟寺、石刻、壁画、近代现代重要史迹和代表性建筑等不可移动文物，根据它们的历史、艺术、科学价值，可以分别确定为全国重点文物保护单位，省级文物保护单位，市、县级文物保护单位。历史上各时代重要实物、艺术品、文献、手稿、图书资料、代表性实物等可移动文物，分为珍贵文物和一般文物；珍贵文物分为一级文物、二级文物、三级文物。

关于"文物保护单位的核定"权限，根据《文物保护法》第 13 条的规定，具体包括，"全国重点文物保护单位"由国务院文物主管部门选择确定或直接确定，报国务院核定公布；"省级文物保护单位"由省级人民政府文物主管部门选择确定或直接确定，报省级人民政府核定公布，并报国务院备案；"市级、县级文物保护单位"，分别由市级、县级人民政府文物主管部门确定，报市级、县级人民政府核定公布，并报省人民政府备案；"尚未核定为文物保护单位的不可移动文物"，由县级人民政府文物主管部门登记公布，建立档案，并报省级、市级人民政府文物主管部门备案。

关于"尚未核定为文物保护单位的不可移动文物"的公布，根据《文物保护法》第 13 条规定，尚未核定公布为文物保护单位的不可移动文物，由县级人民政府文物行政部门予以登记并公布。未被核定的不可移动文物虽然已经被列入了保护名录，但是并没有被官方政府予以核定并给予相应的县级以上（含县级）人民政府级别的文物管理与保护。因此，从保护程度上来说，未被县级以上（含县级）人民政府予以核定的不可移动文物的保护程度比已被核定的文物低。两者之间的区别主要表现为已被核定的文物已经通过一系列的审核程序并作出决定、发出公告，包括对文物的资料审查、专家论证会的审查等审查程序。而尚未被核定为文物保护单位的文物正处于审核程序阶段或尚未被审查阶段，但为了保护地方文物的历史面貌、风俗文化、人文精神等重要价值，需要无差别地保护，而不应该视若无睹。

基于此，本条例规定本条第1款、第2款的适用对象就是"列入保护名录的尚未核定为文物保护单位的革命遗址"的保护范围和建设控制范围。

## 二、保护范围内，禁止进行其他建设工程或者爆破、钻探、挖掘等作业

划定保护范围，是为了对保护范围进行更严格的保护，避免危及革命遗址安全，影响革命遗址周边环境。《文物保护法》第15条中规定各级文物保护单位，分别由省、自治区、直辖市人民政府和市、县级人民政府划定必要的保护范围。所谓"划定保护范围"，根据《文物保护法实施条例》第9条的规定，文物保护单位的保护范围，是指对文物保护单位本体及周围一定范围实施重点保护的区域。文物保护单位的保护范围，应当根据文物保护单位的类别、规模、内容以及周围环境的历史和现实情况合理划定，并在文物保护单位本体之外保持一定的安全距离，确保文物保护单位的真实性和完整性。

对于"保护范围"的禁止性规定，《文物保护法》也作了相应规定。根据《文物保护法》第17条的规定，文物保护单位的保护

范围内不得进行其他建设工程或者爆破、钻探、挖掘等作业。但是，因特殊情况需要在文物保护单位的保护范围内进行其他建设工程或者爆破、钻探、挖掘等作业的，必须保证文物保护单位的安全，并经核定公布该文物保护单位的人民政府批准，在批准前应当征得上一级人民政府文物行政部门同意；在全国重点文物保护单位的保护范围内进行其他建设工程或者爆破、钻探、挖掘等作业的，必须经省、自治区、直辖市人民政府批准，在批准前应当征得国务院文物行政部门同意。《文物保护法》第 19 条规定在文物保护单位的保护范围内，不得建设污染文物保护单位及其环境的设施，不得进行可能影响文物保护单位安全及其环境的活动。对已有的污染文物保护单位及其环境的设施，应当限期治理。《江西省文物保护条例》第 15 条、第 17 条，《江西省革命文物保护条例》第 21 条对此也作了进一步规定。

因此，本条第 1 款规定了在列入保护名录的尚未核定为文物保护单位的革命遗址保护范围内，禁止进行其他建设工程或者爆破、钻探、挖掘等作业。但是，因特殊情况需要进行上述作业的，必须保证革命遗址安全，县级人民政府相关主管部门在批准前应当征求同级人民政府文物主管部门意见。

**三、建设控制地带内，进行工程建设的，不得破坏革命遗址的历史风貌**

划定建设控制地带，是为了对建设控制地带内的建设行为进行控制，避免危及革命遗址安全，影响革命遗址周边环境。目前许多革命遗址被现代化建筑包围，造成保护利用上的困难，因此，应当加强对列入保护名录的革命遗址建设控制地带内工程建设的管理。《文物保护法》第 18 条第 1 款规定，根据保护文物的实际需要，经省、自治区、直辖市人民政府批准，可以在文物保护单位的周围划出一定的建设控制地带，并予以公布。所谓"划定建设控制地带"，根据《文物保护法实施条例》第 13 条的规定，文物保护单位的建设控制地带，是指在文物保护单位的保护范围外，为保护文物保护单位的安全、环境、历史风貌对建设项目加以限制的区域。文物保护单位的建设控制地带，应当根据文物保护单位的类别、规模、内容以及周围环境的历史和现实情况合理划定。

对于"建设控制地带"的禁止性行为，《文物保护法》也作了相应规定。《文物保护法》第 18 条第 2 款规定，在文物保护单位的建设控制地带内进行建设工程，不得破坏文物保护单位的历史风貌；工程设计方案应当根据文物保护单位的级别，经相应的文物行政部门同意后，报城乡建设规划部门批准。根据《文物保护法》第 19 条的规定，在文物保护单位的保护范围和建设控制地带内，不得建设污染文物保护单位及其环境的设施，不得进行可能影响文物保护单位安全及其环境的活动。对已有的污染文物保护单位及其环境的设施，应当限期治理。《江西省文物保护条例》第 15—16 条，《江西省革命文物保护条例》第 22 条对此也作了进一步规定。

因此，本条第 2 款规定了在列入保护名录的尚未核定为文物保护单位的革命遗址建设控制地带内进行工程建设的，不得破坏革命遗址的历史风貌，工程设计方案应当经县级人民政府自然资源主管部门批准，批准前应当征求县级人民政府文物主管部门的意见。批准后由县级人民政府文物主管部门报市人民政府文物主管部门备案。

**四、编制城乡规划、土地利用规划、旅游发展规划工作与革命遗址保护工作的协调**

革命遗址，是弘扬革命精神、开展爱国主义教育、培育社会主义核心价值观的重要载体，有利于广大党员、干部、群众特别是青少年认识和了解历史，也有利于宣传革命英雄事迹、继承革命英烈的光荣传统、弘扬革命英烈的爱国精神，从而有效防止集体记忆的丧失和历史悲剧的重演。人民群众从这些抗战遗址中汲取力量，培养年轻一代艰苦朴素的生活习惯，提高他们的生活抗压能力，能激励年轻一代砥砺意志、奋勇前行。

现实中，一些地方政府在规划、征收、拆迁时只考虑经济发展，无视革命遗址保护。主要问题在于科学统筹不足，系统考察和规划设计不完善，没有保持遗址保护与经济发展之间的平衡。为了避免其他规划、土地征收、房屋拆迁影响革命遗址安全，市、县级人民政府编制城乡规划、土地利用规划和旅游发展规划，实施土地、房屋征收涉及革命遗址的，相关部门应当征求同级人民政府文物主管部门的意见，以避免规划、征收、拆迁对革命遗址造成破坏。

本条是关于"编制城乡规划、土地利用规划和旅游发展规划"的规定，不同于本条例第 18 条规定的"编制革命遗址保护利用规划"。关于"编制革命遗址保护利用规划"的规定，《江西省文物保护条例》第 12 条第 1 款规定，世界文化遗产和文物保护单位所在地的县级以上人民政府应当组织编制保护规划。世界文化遗产、全国重点文物保护单位保护规划，由省人民政府公布实施；省级、市级、县级文物保护单位保护规划，分别由省、设区市、县级人民政府公布实施。《江西省文物保护条例》第 13 条第 2 款规定，保护措施应当符合保护规划的要求，内容包括不可移动文物的修缮保养、安全防范、合理利用和环境治理等。《江西省革命文物保护条例》第 19 条规定，县级以上人民政府应当加强革命文物保护片区规划建设，建立跨区域协作共建机制，推进革命文物集中连片保护和整体展示运用。关于"编制城乡规划、土地利用规划和旅游发展规划"的规定,《文物保护法》第 16 条规定,各级人民政府制定城乡建设规划,应当根据文物保护的需要,事先由城乡建设规划部门会同文物行政部门商定对本行政区域内各级文物保护单位的保护措施,并纳入规划。鉴于此,本条规定市、县级人民政府编制城乡规划、土地利用规划和旅游发展规划,实施土地、房屋征收涉及革命遗址的,相关部门应当征求同级人民政府文物主管部门的意见。

## 第二十三条【建控地带内的禁止行为】

在列入保护名录的革命遗址建设控制地带内,禁止从事下列行为:

(一)建设污染革命遗址及其环境的设施;

(二)存放易燃、易爆、易腐蚀等危及革命遗址安全的物品;

(三)其他可能影响革命遗址安全及其环境的活动。

【条文释义】

**一、列入保护名录的革命遗址建设控制地带**

本条分类列举了革命遗址建控地带内应当禁止的行为。文物是人类在历史发展过程中遗留下来的遗物、遗迹。各类文物从不同的方面反映了各个历史时期人类的社会活动、社会关系、社会意识形态以及利用自然、改造自然和当时生态环境的状况,是人类宝贵的历史文化遗产。文物的保护管理和科学研究,对于人们认识自己的历史和创造力量、揭示人类社会发展的客观规律、认识并促进当代和未来社会的发展,具有重要的意义。《文物保护法》第 19 条规定在文物保护单位的建设控制地带内,不得建设污染文物保护单位及其环境的设施,不得进行可能影响文物保护单位安全及其环境的活动。对已有的污染文物保护单位及其环境的设施,应当限期治理。

另外，《文物保护法》第 66 条第 1 款第（2）项、第 67 条，《江西省文物保护条例》第 16 条，《江西省革命文物保护条例》第 22 条还对此作了进一步规定。

## 二、建设控制地带内，禁止从事的行为

在列入保护名录的革命遗址建设控制地带内，禁止从事可能影响革命遗址安全及其环境的行为，主要有以下三种情形：

### （一）建设污染革命遗址及其环境的设施

在建控地带内，涉及革命遗址施工的建筑物污染源主要有：（1）噪声污染。施工噪声可以由各类施工机械产生，施工过程中由于多种设备同时工作加剧了噪声的影响程度；脚手架和模板的装卸、安装和拆除等也会形成噪声。（2）废水污染。建筑施工中的废水主要是由以下水类产生：井点降水、桩基施工产生的泥浆、建筑材料及输送管道的清洗水以及施工人员生活废水等。（3）废气污染。废气主要来源于建筑中的装修材料，其中的相关污染物有甲醛。（4）粉尘污染。粉尘是地表扬尘的主要来源，也是衡量环境空气质量的重要指标。建筑粉尘污染主要是指施工现场平整作业、水泥搬运、混凝土搅拌、木工房锯末、石灰、砂石和回填土等建筑原材料在运输、堆放和使用过程中，由于人为或某些气象因素造成的。（5）固体废弃物污染。建筑固体废弃物排放量大，影响范围广且深远，如难以降解，而且长期存在于土壤中会改变土壤特性、破坏环境美感、影响市容市貌、危害人类健康、污染土壤和地下水、降低土地经济价值等。（6）有毒有害废弃物的排放。施工现场有毒有害废弃物的类别非常多，比如废化工材料及其包装物、废铝箔纸、工业棉布、油手套、含油棉纱棉布、漆刷等。

### （二）存放易燃、易爆、易腐蚀等危及革命遗址安全的物品

易燃易爆化学物品具有较大的火灾危险性，一旦发生灾害事

故，往往危害大、影响大、损失大，扑救困难。易燃易爆物品是指凡具有爆炸、易燃、毒害、腐蚀、放射性等危险性质，在运输、装卸、生产、使用、储存、保管过程中，于一定条件下能引起燃烧、爆炸，导致人身伤亡和财产损失等事故的化学物品，也统称为化学危险物品。目前常见的、用途较广的有 2200 余种。对于革命遗址建控地带周边环境，对易燃易爆物品可以采取以下两种预防性措施：一是控制和消除可燃物。爆炸危险场所加强通风。正确设置通风口的位置并合理选择通风方式。防止可燃物料的泄漏和空气渗入，保证设备、管线的密封性。改革生产工艺，用不燃或难燃材料代替可燃材料。二是控制和消除着火源。点火能量的来源常见的是热能，还有电能、光能和化学能。对能够引起火灾的各种着火源，应根据其产生的机理和作用的不同采取相应的措施。

（三）其他可能影响革命遗址安全及其环境的活动

这是兜底条款，指其他有可能损害革命遗址建控地带的安全及影响革命遗址环境的行为。例如，擅自占用、挖掘建控地带区域内的道路、场地；擅自架设电线、电缆；高空抛物、排放有毒、有害等污染环境的物质，露天烧烤、露天焚烧杂物等。这些行为不以对革命遗址及其周边环境造成实际损害为标准，只要存在此类行为，就应当禁止。

## 第二十四条【保护范围内的禁止行为】

在列入保护名录的革命遗址保护范围内，除禁止从事第二十三条所列行为外，还禁止从事下列行为：

（一）刻划、涂污、损坏革命遗址；

（二）刻划、涂污、损毁或者擅自移动、拆除革命遗址保护标志；

（三）损坏革命遗址保护设施；

（四）毁林开荒、开挖沟渠、采石、取土；

（五）法律、法规禁止的其他行为。

【条文释义】

## 一、列入保护名录的革命遗址保护范围内禁止行为的立法形式

（一）援引式

本条分类列举了革命遗址保护范围内应当禁止的行为。在革命遗址保护范围内，第 23 条规定的危险性更大的行为更应当禁止，故本条作了援引，即在列入名录中的革命遗址保护范围内的禁止行为有第 23 条列举的和第 24 条列举的全部行为。

（二）列举式

既然都是保护范围内的禁止行为，为何要分开列举呢？一方面，从禁止行为对建筑物侵害的程度来看，第 23 条列举的禁止行为危险性更大、破坏程度更大、侵害速度更快，所以要单独列举出来，以此强调禁止这类危害性更大的行为。例如建设污染设施、存放易燃易爆物品。另一方面，从建控地带和保护范围的保护程度来看，保护范围处于革命遗址保护的核心地带，需要更大力度的保护措施，因此规定的禁止行为列举得更多。更值得注意的是，立法条例的条文述写应当具有简洁性，因此把第 23 条与第 24 条分开列举并援引。除此之外，由于保护范围是革命遗址的核心部分，因此一些损害较小，但已造成实际损害的行为也应当予以禁止，包括：刻划、涂污、损坏革命遗址；刻划、涂污、损毁或者擅自移动、拆除革命遗址保护标志；损坏革命遗址保护设施；毁林开荒、开挖沟渠、采石、取土以及法律、法规禁止的其他活动。

## 二、保护范围内，列举的禁止行为

（一）刻划、涂污、损坏革命遗址

刻划，是指违反赣州市革命遗址保护条例规定，使用器具在革命遗址本体上面进行刻字、留名等。涂污，是指违反赣州市革命遗址保护条例规定，使用油漆、涂料等物品沾污、弄脏革命遗址本体的行为。损坏，是指违反赣州市革命遗址保护条例规定，对革命遗址本体进行砸毁、拆除、挖掘而导致其受到破坏的行为。上述行为不仅直接破坏了市、县人民政府对革命遗址的正常管理，而且直接破坏了革命遗址的外观和整体形象。《文物保护法》第 66 条第 2 款规定，刻划、涂污或者损坏文物尚不严重的，由公安机关或者文物所在单位给予警告，可以并处罚款。《文物保护法实施条例》第 57 条进一步规定，《文物保护法》第 66 条第 2 款规定的罚款数额为 200 元以下。《江西省文物保护条例》第 17 条第（1）项规定，在文物保护单位的保护范围内，禁止刻划、涂污、损坏文物。《江西省文物保护条例》第 45 条第（1）项还补充规定，违反本条例规定，在文物保护单位的保护范围内，刻划、涂污、损坏文物，造成损害尚不严重的，由公安机关或者文物所在单位给予警告，可以并处 200 元以下的罚款。

（二）刻划、涂污、损毁或者擅自移动、拆除革命遗址保护标志

刻划，是指违反赣州市革命遗址保护条例规定，使用器具在革命遗址保护标志上面进行刻字、留名等。涂污，是指违反赣州市革命遗址保护条例规定，使用油漆、涂料等物品沾污、弄脏革命遗址保护标志的行为。而损毁是使革命遗址保护标志丧失本来作用的行为，即损害革命遗址保护标志到达了不能使用的程度。擅自移动、拆除革命遗址保护标志，是指未经有关部门许可，主要是未经文物

行政部门的许可，转移、拆卸革命遗址保护标志的行为。移动革命遗址保护标志包括：将此处的革命遗址保护标志移换到彼处革命遗址处；将此处的革命遗址保护标志移换到非革命遗址处；将两个革命遗址保护标志互换。拆除具体表现为把革命遗址保护标志拆卸、移除下来，使原有的革命遗址保护标志不存在于特定位置。《文物保护法》第 66 条第 2 款规定，损毁依照本法第 15 条第 1 款规定设立的文物保护单位标志的，由公安机关或者文物所在单位给予警告，可以并处罚款。《文物保护法实施条例》第 57 条进一步规定，《文物保护法》第 66 条第 2 款规定的罚款，数额为 200 元以下。《江西省文物保护条例》第 17 条第（2）项规定，在文物保护单位的保护范围内，禁止刻划、涂污、损毁或者擅自移动文物保护单位标志。《江西省文物保护条例》第 45 条第（2）项还补充规定，违反本条例规定，在文物保护单位的保护范围内，刻划、涂污、损毁、擅自移动文物保护单位标志，造成损害尚不严重的，由公安机关或者文物所在单位给予警告，可以并处 200 元以下的罚款。

（三）损坏革命遗址保护设施

损坏革命遗址保护设施，是指由于各种原因对革命遗址保护设施造成的残破，使其失去部分结构或原有的效能，包括对外罩的保护性设施毁坏，如对保护革命遗址的大棚、楼层、安全设备的破坏。这类行为是本条所称的禁止性行为。《江西省文物保护条例》第 17 条第（3）项规定，在文物保护单位的保护范围内，禁止损坏文物保护设施。《江西省文物保护条例》第 45 条第（3）项还补充规定，违反本条例规定，在文物保护单位的保护范围内，损坏文物保护设施，造成损害尚不严重的，由公安机关或者文物所在单位给予警告，可以并处 200 元以下的罚款。

（四）毁林开荒、开挖沟渠、采石、取土

毁林开荒，是指在革命遗址保护范围内通过放火烧山等手段将林木毁掉，使林地变为种植粮食等农作物耕地的行为。开挖沟渠，是指在革命遗址保护范围内为灌溉或排水而挖掘水道、水沟等的行为。采石，是指在革命遗址保护范围内开采石料头、大理石或石板等的行为。取土是指在革命遗址保护范围内通过钻探的手段把地表或地下的土取出来的行为。按照本条的规定，在革命遗址保护范围内，为开荒而将林地变为耕地，为灌溉或排水而挖掘水道、水沟，以及采石、取土的行为都是禁止实行的。《江西省文物保护条例》第17条第（4）项规定，在文物保护单位的保护范围内，禁止毁林开荒、开挖沟渠、采石、取土。《江西省文物保护条例》第45条第（4）项还补充规定，违反本条例规定，在文物保护单位的保护范围内，毁林开荒、开挖沟渠、采石、取土，造成损害尚不严重的，由公安机关或者文物所在单位给予警告，可以并处200元以下的罚款。

（五）法律、法规禁止的其他行为

此条款是兜底性条款，表明除了以上四项对革命遗址本体、革命遗址保护标志和保护设施进行破坏、毁损的行为之外，在革命遗址保护范围内具有"法律法规禁止的其他行为"，在本条中也是禁止的，如非法经营、寻衅滋事等。《江西省文物保护条例》第17条第（5）项规定，在文物保护单位的保护范围内，禁止从事法律、法规禁止的其他活动。

另外，关于"保护范围内的环境保护"问题，《文物保护法》第19条、第66条、第67条，《江西省文物保护条例》第16—17条，《江西省革命文物保护条例》第21条和第22条第2款还对此作了进一步规定。

## 第二十五条【维修责任】

市、县级人民政府应当采取多种方式，做好列入保护名录的革命遗址的维护修缮工作。

对列入保护名录的革命遗址，国有的由使用人负责维护修缮；非国有的由县级人民政府负责维护修缮，进行维护修缮前，应当与革命遗址所有人、使用人、管理人约定双方权利义务；所有权不明的，由县级人民政府负责维护修缮。

非国有革命遗址所有人自愿维护修缮革命遗址的，政府应当予以鼓励和支持。

## 【条文释义】

### 一、市、县级人民政府维护修缮的总体责任

（一）维护修缮革命遗址的重要性

革命遗址是记载先烈奋斗的遗迹，更是历史留给后人的精神财富。赣州市是著名的革命老区，也是中华苏维埃共和国中央政府旧址、红军烈士纪念亭所在地，留下了许多革命遗址，每一处革命遗址都记录了意义重大的历史人物和历史事件，都拥有丰富的精神内涵，是社会主义思想文化的重要阵地。从地面基础方面来说，革命遗址地基常见的损坏主要是沉降和破碎，究其原因主要是由于地基承载力变化、地下水影响、树根生长、地下管线、外力破坏等导致，修缮时首先需查明原因并消除这些不利影响。革命遗址墙体根据部位、作用、革命遗址等级等情况分为很多种，如比较讲究的干摆、丝缝，不太讲究的淌白墙、糙砖墙以及简陋的碎砖墙、混水墙、石墙。常见的问题主要是酥碱剥落、轻微破碎等情况，一般为风化、潮湿或是外力破坏导致。对于墙体的局部酥碱剥落或是破

损，可先将表层剔除，露出砖块坚硬部分，依据其深度不同可分别采用砖片或是砖块按现场形状裁制好镶补墙体并黏结牢固，待干后进行勾缝，使之与整体一致。革命遗址木构架的损坏主要包括木柱的柱根糟朽、柱身劈裂、折断、檩条弯垂、腐朽、枋子弯垂缺失、木构架倾斜、拔榫等情况。究其原因主要是由于潮湿、屋面荷载较大、保护不善等导致。在对革命遗址修缮过程中，把修缮革命遗址纳入地方建设统一规划，与发展经济、开发旅游、乡村振兴相结合，实为上策。对革命遗址维护修缮工作，要坚持"保护优先"原则，在保护历史真实性的前提下，改善基础设施，优化空间品质，实现革命遗址应有的功能作用，以达到适度发展、永续保护的目的。对革命遗址维护修缮工作，要协调好现代功能与历史传统的结合，抓住革命遗址的核心特征，切实保持原来的革命遗址风貌，在使用过程中体现其可利用价值。

（二）维护修缮的总体责任

本条第 1 款明确了市、县级政府在维护修缮中的总体责任，市、县级政府应采取多种方式，做好列入保护名录内的革命遗址维护修缮工作。本条所规定的"维护修缮责任"不同于本条例第 20 条所规定的"抢救性保护和修复责任"，本条的"维护修缮责任"是落实在一般情形下的责任，是对列入保护名录的革命遗址的一种常态化的管理和修复。

本条适用的对象是"列入保护名录的革命遗址"。一方面，关于"保护名录"，也称"革命遗址保护名录"，根据本条例第 12 条之规定，是由市人民政府所建立的、向社会公众公布的革命遗址查询工具，从而更好地保护和查询市人民政府所在区域内的革命遗址。因此，革命遗址保护名录的确认主体是市人民政府。本条例对革命遗址保护实行名录管理，而这依赖于市、县级人民政府文物主管部门对革命遗址进行普查和专项调查，在普查和专项调查的基础上，通过一定的程序由市人民政府确定革命遗址保护名录，并对外公布。市人民政府统一确认革命遗址保护名录，有利于避免一些县级人民政府领导革命遗址保护意识不强，导致应当纳入保护名录的革命遗址未被纳入，或故意不将符合要求的革命遗址纳入保护名录，为"经济发展"让道的现象。另一方面，关于"革命遗址"的概念和种类，根据本条例第3条之规定，是指新民主主义革命时期，中国共产党团结带领各族人民在本行政区域内进行革命活动所形成的遗址、遗迹、纪念设施。包括：重要机构、重要会议旧址；重要人物故居、旧居、活动地或者墓地；重要事件和重大战斗的遗址、遗迹；其他见证革命历程、反映革命文化的重要遗址、遗迹、纪念设施。而在本条第2款的规定中，对列入保护名录的"革命遗址"按照所有权权属的标准，分为"国有的革命遗址""非国有的革命遗址"和"所有权不明的革命遗址"，并分别规定了维护修缮责任。

关于"维护修缮的审批"问题，《文物保护法》第21条第2款规定，对文物保护单位进行修缮，应当根据文物保护单位的级别报相应的文物行政部门批准；对未核定为文物保护单位的不可移动文物进行修缮，应当报登记的县级人民政府文物行政部门批准。《文物保护法实施条例》第18条规定，文物行政主管部门在审批文物保护单位的修缮计划和工程设计方案前，应当征求上一级人民政府文物行政主管部门的意见。

## 二、列入保护名录的革命遗址维护修缮的具体责任

《文物保护法》第21条规定，国有不可移动文物由使用人负责修缮、保养；非国有不可移动文物由所有人负责修缮、保养。非国有不可移动文物有损毁危险，所有人不具备修缮能力的，当地人民政府应当给予帮助；所有人具备修缮能力而拒不依法履行修缮义务

的，县级以上人民政府可以给予抢救修缮，所需费用由所有人负担。关于"非国有不可移动革命文物"的保护，《江西省革命文物保护条例》第26条规定，县级以上人民政府根据需要，可以在自愿、平等协商的基础上通过购买、置换、租用、接受捐赠或者代管等方式，加强对非国有不可移动革命文物的保护。非国有不可移动革命文物有损毁危险，所有人不具备修缮能力的，当地人民政府应当给予帮助。《江西省文物保护条例》第19条，《江西省革命文物保护条例》第24—25条还对"不可移动革命文物保护管理责任人"的相关问题进行了专门规定。

因此，本条第2款对列入保护名录内的革命遗址具体维护修缮责任人进行了明确。根据前面所述，本条第2款对列入保护名录的"革命遗址"按照所有权权属的标准，分为"国有的革命遗址""非国有的革命遗址"和"所有权不明的革命遗址"，并分别规定了维护修缮责任。其中，"国有的革命遗址"由革命遗址使用人负责维护修缮。"非国有的革命遗址"由所在地的县政府负责维护修缮，这不同于《文物保护法》第21条中"非国有不可移动文物由所有人负责修缮、保养"的规定，体现了赣州市对革命遗址负责，对传承红色文化负责，也体现了赣州市保护好革命遗址的决心；同时也考虑到革命遗址具有强烈的历史象征意义，由其维护修缮有利于遗址更好地保护，因此由县政府承担维护修缮责任。但"非国有的革命遗址"进行维护修缮前，应当与革命遗址所有人、使用人、管理人约定双方权利和义务，即双方有权做的事情和必须要做的事情，以更好地对遗址进行保护、管理、修缮和利用。"所有权不明的革命遗址"，则由县级人民政府负责维护修缮，这是本条例对上位法的补充规定，同样也体现了赣州市对革命遗址负责，对传承红色文化负责的坚强决心。

### 三、鼓励、支持非国有革命遗址所有人自愿维护修缮革命遗址

本条第 3 款规定非国有革命遗址所有人自愿维护修缮革命遗址的，政府应当予以鼓励和支持。非国有遗址所有人自愿维护修缮是为遗址保护所作的无私奉献，既能减少对革命遗址不必要的扰动，又能保持革命遗址完整和健康的状态；既能满足对外开放的要求，又能使革命遗址的历史性、真实性得到充分体现。非国有遗址所有人自愿维护修缮不但能够缓解财政资金压力，而且对现状的保护，其目的就是要保护真实性、完整性且不被扰动的这一历史信息。维修以清除无价值的改建、添建物，消除安全隐患，抢救恢复各类历史信息，根据历史资料，修补残损构件，保护并传递其真实的历史信息。在保护好文物革命遗址、历史环境等物质文化要素的同时也要保护好与之相关的非物质文化遗存，政府应当鼓励和支持。就支持方式而言，可以进行资金、实物、信息、技术、宣传等各方面的帮助。

## 第二十六条 【修缮告知】

对列入保护名录尚未公布为不可移动文物的革命遗址进行修缮时，应当注重保持原貌，与当时的历史环境、风格相一致。在修缮前告知革命遗址所在地县级人民政府文物主管部门，并在其指导下进行设计、修缮。

### 【条文释义】

### 一、列入保护名录尚未公布为不可移动文物的革命遗址

本条规定了对列入保护名录尚未公布为不可移动文物的革命遗址进行修缮时，向县级文物主管部门告知的义务。因此，本条适用的对象是"列入保护名录尚未公布为不可移动文物的革命遗址"。

（1）关于"保护名录"。保护名录，也称革命遗址保护名录，根据本条例第 12 条之规定，是由市人民政府所建立的、向社会公众公布的革命遗址查询工具，从而更好地保护和查询市人民政府所在区域内的革命遗址。因此，革命遗址保护名录的确认主体是市人民政府。本条例对革命遗址保护实行名录管理，而这依赖于市、县级人民政府文物主管部门对革命遗址进行普查和专项调查，在普查和专项调查的基础上，通过一定的程序由市人民政府确定革命遗址保护名录，并对外公布。市人民政府统一确认革命遗址保护名录，有利于避免一些县级人民政府领导革命遗址保护意识不强，导致应当纳入保护名录的革命遗址未被纳入，或故意不将符合要求的革命遗址纳入保护名录，为"经济发展"让道的现象。

（2）关于"革命遗址"的概念和种类。根据本条例第 3 条之规定，是指新民主主义革命时期，中国共产党团结带领各族人民在本行政区域内进行革命活动所形成的遗址、遗迹、纪念设施，包括：重要机构、重要会议旧址；重要人物故居、旧居、活动地或者墓地；重要事件和重大战斗的遗址、遗迹；其他见证革命历程、反映革命文化的重要遗址、遗迹、纪念设施。另外，在本条例第 25 条第 2 款中，对列入保护名录的"革命遗址"按照所有权权属的标准，分为"国有的革命遗址""非国有的革命遗址"和"所有权不明的革命遗址"，并分别规定了进行维护修缮责任。

（3）关于"尚未公布为不可移动文物的革命遗址"。不可移动文物（或称古迹、史迹、文化古迹、历史遗迹），是先民在历史、文化、建筑、艺术上的具体遗产或遗址，是针对可移动文物而言的。根据《不可移动文物认定导则（试行）》第 2 条规定，本导则所指的不可移动文物，包括具有历史、艺术、科学价值的古遗址、古墓葬、古建筑、石窟寺和石刻；与重大历史事件、革命运动或者著名人物有关的以及具有重要纪念意义、教育意义或者史料价值的近代现代重要史迹、代表性建筑等。

一方面，法律、法规规定了不可移动文物的分级保护。《文物保护法》第3条规定，古文化遗址、古墓葬、古建筑、石窟寺、石刻、壁画、近代现代重要史迹和代表性建筑等不可移动文物，根据它们的历史、艺术、科学价值，可以分别确定为全国重点文物保护单位，省级文物保护单位，市、县级文物保护单位。历史上各时代重要实物、艺术品、文献、手稿、图书资料、代表性实物等可移动文物，分为珍贵文物和一般文物；珍贵文物分为一级文物、二级文物、三级文物。由此可知，文物应当按照"不可移动文物"和"可移动文物"两大类进行分级保护。对于"不可移动文物"采取确定为文物保护单位的形式进行保护，即划分为"已经核定公布为文物保护单位的不可移动文物"（包括"全国重点文物保护单位""省级文物保护单位""市、县级文物保护单位"）和"尚未核定公布为文物保护单位的不可移动文物"；对于"可移动文物"划分为"珍贵文物"和"一般文物"两小类，其中"珍贵文物"又细分为"一级文物、二级文物、三级文物"。

另一方面，法律、法规还规定了不可移动文物的核定公布权限。《文物保护法》第13条规定，国务院文物行政部门在省级、市、县级文物保护单位中，选择具有重大历史、艺术、科学价值的确定为全国重点文物保护单位，或者直接确定为全国重点文物保护单位，报国务院核定公布。省级文物保护单位，由省、自治区、直辖市人民政府核定公布，并报国务院备案。市级和县级文物保护单位，分别由设区的市、自治州和县级人民政府核定公布，并报省、自治区、直辖市人民政府备案。尚未核定公布为文物保护单位的不可移动文物，由县级人民政府文物行政部门予以登记并公布。此外,《文物保护法实施条例》第 12 条、第 19 条,《江西省文物保护条例》第 10 条,《江西省革命文物保护条例》第 17 条还作了进一步规定。

本条中的"尚未公布为不可移动文物的革命遗址"是相对于"已经公布为不可移动文物的革命遗址"而言的。根据《文物保护法》第 13 条规定,尚未核定公布为文物保护单位的不可移动文物,由县级人民政府文物行政部门予以登记并公布。在不可移动文物进行登记公布过程中,难免会存在一些革命遗址属于不可移动文物却尚未登记公布的情形。换言之,不可移动文物虽然已经被列入了赣州市革命遗址保护名录中,但是并没有被有关政府部门予以登记公布,并给予相应的县级以上(含县级)人民政府级别的文物管理与保护。因此,从保护程度上来说,未被县级以上(含县级)人民政府文物主管部门予以公布的不可移动文物的保护程度比已被公布的不可移动文物低。为了保护地方文物的历史面貌、风俗文化、人文精神等重要价值,需要无差别地保护,而不应该视若无睹。

## 二、进行修缮时的注意义务

本条规定了革命遗址进行修缮时的注意义务,即对"列入保护名录尚未公布为不可移动文物的革命遗址"进行修缮时,应当注重保留原貌,与当时的历史环境、风格相一致。首先,革命遗址的保护修缮有利于维护民族团结和国家的统一,革命遗址是历史文化研究和现代科技文化创新、发展的依据。革命遗址是先人为我们留下的宝贵财富,具有正史、借鉴及教育等重要作用;革命遗址是文化最直接的反应,因此加强革命遗址保护,也能够间接地推动经济的发展。其次,革命遗址是中华民族的一个象征,它具有很高的艺术、精神、研究、欣赏、历史价值。革命遗址是祖先留给我们的无价之宝,是金钱买不到的。经过多少年的风风雨雨和战乱,流传至今的革命遗址相对来说已经不多了。而且随着时间的推移，能够流传于世的革命遗址会越来越少。革命遗址一旦损坏，就永远不能复原。最后，革命遗址是历史先民创造的物质精华，是具有悠长历史、艺术、科技价值的珍贵遗产，它不仅能帮助现代人了解人类文明文化进程及历史演变过程，而且也成为现代文化教育的一部分，是现代学生带来学习爱国精神、革命精神极好的"教科书"。保护好革命遗址有利于保护历史文化，能给后人留下宝贵的文化财富，促进精神文明建设，也促进当地经济发展。

另外，县级文物主管部门应指导督促做好革命遗址的日常保养维护工作，重视革命遗址的日常检查巡查。保存状况较差、险情严重的革命遗址，应抓紧组织开展抢救保护工作。对于修缮保养工作的原则，《文物保护法》第 21 条规定，对不可移动文物进行修缮、保养、迁移，必须遵守不改变文物原状的原则。《江西省革命文物保护条例》第 23 条还规定，不可移动革命文物的保护修缮应当遵循不改变文物原状和最小干预原则，配套设施保持适度。因此修缮过程中应遵循不改变革命遗址原状和最小干预原则，全面保存、延续革命遗址的真实历史信息和价值。所以，在对革命遗址进行修缮时，应当尽可能地注重保留原貌，与当时的历史环境、风格相一致。

### 三、在修缮前的告知义务

本条还规定了革命遗址在修缮前的告知义务，即对"列入保护名录尚未公布为不可移动文物的革命遗址"在进行修缮前告知革命遗址所在地县级人民政府文物主管部门，并在其指导下进行设计、修缮。告知义务的主体是实施修缮工作的有关单位，告知对象是"革命遗址所在地县级人民政府文物主管部门"。所谓文物主管部门，就是指专门负责各种文物的保护、管理、修缮和利用的部门。

在革命遗址保护工作管理体制上，国家的文化和旅游部、省级的文化和旅游厅、市县级的文旅局等文化旅游部门作为文物主管部门，对外加挂文物局的牌子，对革命遗址保护工作实施统一监督管理。因此，在赣州行政区域内的文化旅游部门是赣州行政区域内的文物主管部门，承担着革命遗址保护工作的文物主管部门职责，对革命遗址保护工作实施指导、协调和监督。对于告知的内容，应当包括修缮工作的时间、地点、人员、施工方案等。在修缮前告知县级人民政府文物主管部门，县级人民政府文物主管部门指导修缮责任人进行设计、修缮，以免修缮过程中出现"破坏性修缮"，违反"修旧如旧"的修缮原则，确保遗址保留原貌，与当时的历史环境、风格相一致。

## 第二十七条【监督检查】

市、县级人民政府文物主管部门应当会同有关部门对列入保护名录的革命遗址保护状况进行定期检查，并督促整改。

市、县级人民政府文物主管部门应当建立投诉举报制度，及时受理对损坏革命遗址行为的投诉举报。对属于本部门职责范围内的事项，应当及时调查处理；对不属于本部门职责范围内的事项，应当在三个工作日内移交有管辖权的相关部门进行处理。

## 【条文释义】

2021年江西省人民政府办公厅印发的《江西省"十四五"文化和旅游发展规划》指出，探索运用新兴技术手段加强执法监管的方式方法，积极运用信息化、智能化手段主动监测、分析文化和旅游市场动态，指导、督促查处各类文化和旅游市场违法违规行为，确保文化和旅游市场安全、有序。《文物保护法》第26条规定，对危害文物保护单位安全、破坏文物保护单位历史风貌的建筑物、构筑物，当地人民政府应当及时调查处理，必要时，对该建筑物、构筑物予以拆迁。《文物保护法实施条例》第 19 条第 2 款、第 3 款，《江西省革命文物保护条例》第 15 条、第 30 条也作了进一步规定。因此，本条规定了"对革命遗址保护状况的定期检查"和"对损坏革命遗址行为的投诉举报"两个监督制度。本条还明确了定期检查制度和投诉举报制度的责任主体都是市、县级人民政府文物主管部门，同时本条第 1 款还规定"有关部门"对革命遗址保护状况进行定期检查的义务，本条第 2 款"有管辖权的相关部门"对损坏革命遗址行为的投诉举报进行处理的义务。

## 一、对革命遗址保护状况的定期检查制度

定期检查是各部门的法定监管职责，通过定期检查可以督促保护管理人尽职尽责履行保护管理责任，可以督促维修责任人及时维护修缮，可以督促使用人合理利用革命遗址，可以及时发现涉革命遗址的违法犯罪行为，可以要求管理不善的革命遗址及时整改，并及时制裁违法犯罪行为人。《江西省革命文物保护条例》第 15 条规定，县级以上人民政府文物主管部门应当建立完善革命文物定期检查制度，及时掌握革命文物保存状况。《江西省革命文物保护条例》第 30 条规定，建立革命文物工作督查制度。省人民政府对设区的市、县级人民政府履行革命文物保护职责情况进行督查，对重大革命文物违法案件和安全责任事故进行督办，对因保护不力造成革命文物严重损坏或者重大安全隐患的，可以约谈设区的市、县级人民政府及其有关部门主要负责人。县级以上人民政府文物主管部门或者有关执法部门应当加强对革命文物保护的监督检查。因此本条第 1 款规定了对革命遗址保护状况的定期检查制度，主要包括定期检查的实施主体、定期检查的内容和定期检查后的督促整改。

（1）定期检查的实施主体。本条第1款规定，市、县级人民政府文物主管部门应当会同有关部门对列入保护名录的革命遗址保护状况进行定期检查，并督促整改。根据该规定，可以明确定期检查的实施主体包括市、县级人民政府文物主管部门和有关部门。

（2）定期检查的内容。根据本条第1款的规定，可以明确定期检查的内容是指列入保护名录的革命遗址保护状况。对于列入保护名录中不符合革命遗址保护规定及革命遗址建设控制地带、保护范围规定的，市、县级人民政府文物主管部门应当及时对相应的革命遗址及周边设施进行督促整改、定期检查。对于列入保护名录中符合革命遗址保护规定及革命遗址建设控制地带、保护范围规定的，也应当进行定期检查，而不是对于革命遗址秉持着"合格就好"的态度。

（3）定期检查后的督促整改。文物督促整改的主要方面在于文物建筑的火灾防控，因此要及时督促革命遗址火灾防控，重在隐患整改和措施落实。针对冬春火灾防控所面临的严峻形势，要求市、县文物行政部门和消防救援机构尽快开展联合检查，重点整治火源管理不善、电气故障、燃香烧纸和施工现场违规动火等火灾隐患和违法行为；督促各管理使用单位落实整改措施等，提升火灾防控能力和水平。

## 二、对损坏革命遗址行为的投诉举报制度

投诉举报是公民、法人和其他组织自发地向有监督权的行政机关反映违法乱纪行为的制度。根据《中华人民共和国宪法》第41条第1款，宪法授予公民举报的权利。投诉举报体现了依靠群众原则，是行政机关发现问题、纠正违法行为的重要途径。当前，我国多数行政管理领域中都建立了相应的投诉举报制度，引导和接受群众的投诉举报。《江西省革命文物保护条例》第30条规定，县级以

上人民政府文物主管部门或者有关执法部门应当加强对革命文物保护的监督检查，及时受理单位和个人举报的破坏革命文物的信息和线索。为了及时发现涉及革命遗址的违法犯罪行为，弥补定期检查的不足，因此本条第 2 款规定了对损坏革命遗址行为的投诉举报制度，及时受理对破坏或者损害革命遗址行为的投诉举报，主要包括投诉举报的受理主体以及受理后的处理规则。

（一）投诉举报的受理主体

投诉是指公民为保护列入保护名录的革命遗址，履行保护义务，与其他人发生保护管理权益争议，或发现其他人破坏、毁损革命遗址的现象，依法向文物主管部门请求解决争议的行为。举报是指自然人、法人或者非法人组织依法向文物行政主管部门反映涉嫌破坏、毁坏革命遗址的违法违规线索的行为。公众应当通过市、县级文物主管部门公布的互联网、电话、信函、传真、走访等接收渠道提出投诉举报。

本条第 2 款规定，市、县级人民政府文物主管部门应当及时受理对损坏革命遗址行为的投诉举报。因此，根据该规定，对损坏革命遗址行为投诉举报的受理主体为市、县级人民政府文物主管部门。市、县级文物行政主管部门应当根据事实，依照法律法规规章，公平、公正、及时、高效地受理投诉举报，依法保护和规范公众提出投诉举报的行为，对依法应当受理的投诉举报有诉必理、有案必立，同时依法制止滥用权利、恶意投诉举报等行为。投诉举报各方当事人应当遵守诚实信用原则。投诉举报各方当事人不得采取暴力、胁迫、威胁、侮辱、诽谤或者其他违法手段干扰文物行政主管部门正常工作秩序；违反治安管理法律法规的，交由公安机关处理；构成犯罪的，移送司法机关处理。对投诉人、举报人不以保护自身合法权益或者制止违法行为为目的，滥用权利，反复、大量、恶意地提出投诉举报，滋扰文物行政主管部门正常工作的，文物行政主管部门应当从严把握其投诉举报的受理标准。文物行政主管部门应当加强革命遗址投诉信用体系建设，积极督促所有人、管理人、使用人进行保护性管理使用，引导投诉举报者依法理性维权。文物行政主管部门应当鼓励和支持公众对革命遗址保护开展社会监督，鼓励和支持大众传播媒介进行舆论监督。

（二）受理投诉举报后的处理规则

本条第 2 款还规定，对属于本部门职责范围内的事项，应当及时调查处理；对不属于本部门职责范围内的事项，应当在三个工作日内移交有管辖权的相关部门进行处理。这是关于受理投诉举报后的处理规则，其中"本部门"是指市、县级人民政府文物主管部门，"有管辖权的相关部门"是指市、县级人民政府中除了文物主管部门之外的其他有关部门，根据本条例第 6 条之规定，具体包括发展改革、自然资源、住房和城乡建设、教育、城市管理、民政、退役军人事务、财政、民族宗教、旅游、交通运输、生态环境、公安、应急管理等主管部门。

根据 2015 年国家文物局制定的《文物违法行为举报管理办法（试行）》第 13 条规定，设区市和县（市、区）文物行政部门受理举报信息，或接到上级督办、转办的举报信息后，应在 15 个工作日内完成实地核查。上级文物行政部门明确有核查时限的，应在时限要求内办结；情况复杂的，经上级交办部门同意，可适当延长办理期限。举报信息经实地核查不属实的，由举报受理单位存档结项；属实或部分属实，确有违法行为的，由具有管辖权的文物行政部门依法实施行政处罚。《文物违法行为举报管理办法（试行）》第 14 条规定，各级文物行政部门受理举报信息后，对于实名举报，应自受理之日起 60 个工作日内，将办理情况反馈举报人。举报人对办理结果不满意的，应认真做好解释；举报人提供新的证据、需要进一步核实的，可进行复查并反馈。举报人对复查结果仍不满意，并以同一事实和理由重复举报的，不再受理。《文物违法行为举报管理办法（试行）》第15条还规定，举报人对案件办结报告或执法文书申请信息公开的，应告知其案件文书基本信息，由文书制作单位负责具体信息公开事宜。

# 第四章　合理利用

## 第二十八条【总体利用】

市、县级人民政府应当在保证革命遗址安全和不破坏历史风貌的前提下，整合有条件的革命遗址资源，与教育培训、扶贫开发、乡村振兴和旅游发展相结合，纳入相应发展规划，开展红色文化教育培训，开发、推广具有红色文化特色的旅游产品、旅游线路和旅游服务。

鼓励将革命遗址与当地其他文物史迹、自然景观和非物质文化遗产等文化和自然资源相整合，拓展展示路线和内容，形成联合展示体系。

### 【条文释义】

### 一、革命遗址资源合理利用的前提

《江西省文物保护条例》第 3 条第 2 款规定，基本建设、旅游发展和文物利用等活动必须遵守文物保护工作的方针，不得对文物造成损害。《江西省文物保护条例》第 37 条第 1 款、第 2 款规定，文物利用坚持合理、适度的原则，禁止对文物进行破坏性利用。革命遗址与其他不可移动文物相比，应当更加突出合理利用的功能，以传播革命文化，传承红色基因。因此，本条第 1 款规定革命遗址合理利用首先必须以保证革命遗址安全和不破坏历史风貌为前提，否则就是不合理利用甚至是破坏性利用。在利用过程中，要考虑革命遗址承载力，不能超负荷利用；要抑制过度商业化对革命遗址本体及周边环境造成破坏，确保不破坏遗址本体及周边环境风貌。

## 二、与教育培训、扶贫开发、乡村振兴和旅游发展相结合

革命遗址单体利用难度较大。《"十四五"文物保护和科技创新规划》指出，要提升革命文物展示水平，强化革命文物研究阐释，拓展革命文物运用方式，深化革命文物工作内容；提升革命旧址开放水平，完善重要革命纪念地设施；用好革命文物资源，举办国家和群众性纪念活动，积极开展青少年教育活动；创新革命文物宣传传播方式，加强革命文物资源网络空间建设；依托革命文物资源开辟公共文化空间，发展红色旅游及红色研学旅行，打造红色经典景区和精品线路，助力乡村振兴和革命老区振兴发展。《江西省革命文物保护条例》第41条规定，县级以上人民政府文化和旅游主管部门应当指导和支持旅游企业开发、推广具有革命文化特色的旅游线路、旅游产品和旅游服务，打造具有本省特色的红色旅游品牌和红色旅游线路。据此，本条第1款还规定，市、县级人民政府应当整合有条件的革命遗址资源，与教育培训、扶贫开发、乡村振兴和旅游发展相结合，纳入相应发展规划，开展红色文化教育培训，开发、推广具有红色文化特色的旅游产品、旅游线路和旅游服务。

革命遗址资源与教育培训相结合。主要通过开展红色文化教育培训活动，形成不同形式的红色文化活动，从而从不同方面对人民群众潜移默化，用不同方法诠释爱国爱党精神。党的历史是最生动、最有说服力的"教科书"。"必须把党的历史学习好、总结好，把党的成功经验传承好、发扬好。"2021年2月20日，习近平总书记在党史学习教育动员大会上深刻阐明了党史学习教育的重点和工作要求，对党史学习教育进行了全面动员和部署，各级文物行政部

门、退役军人工作主管部门把革命文物资源及烈士纪念设施服务党史学习教育工作摆在重要位置，提高政治站位，强化政治引领，聚焦服务主题，提升服务水平，拓展服务方式，高质量服务好党史学习教育。

革命遗址资源与扶贫开发、乡村振兴相结合。2020年11月23日，贵州省宣布所有贫困县摘帽出列，至此，中国832个国家级贫困县全部脱贫摘帽。2020年12月3日，习近平总书记在听取脱贫攻坚总结评估汇报会议上指出："经过8年持续奋斗，我们如期完成了新时代脱贫攻坚目标任务，现行标准下农村贫困人口全部脱贫，贫困县全部摘帽，消除了绝对贫困和区域性整体贫困，近1亿贫困人口实现脱贫，取得了令全世界刮目相看的重大胜利。"2021年2月25日，习近平总书记在全国脱贫攻坚总结表彰大会上的讲话中进一步指出："我国脱贫攻坚战取得了全面胜利，现行标准下9899万农村贫困人口全部脱贫，832个贫困县全部摘帽，12.8万个贫困村全部出列，区域性整体贫困得到解决，完成了消除绝对贫困的艰巨任务，创造了又一个彪炳史册的人间奇迹！"当前，已经步入乡村振兴发展阶段，因此，一定要有效挖掘红色旅游资源，从根上和点上与革命文化和传统文化相结合，并将之转化为乡村振兴动能，从根、点上下功夫，大力发展红色特色服务业，探索"革命遗址+主题小镇"模式，增加多模式探索发展，激发革命文物的乡村区域辐射力。

革命遗址资源与旅游发展相结合。2022年国家发展改革委印发的《赣州革命老区高质量发展示范区建设方案》指出，支持有条件的地区建设红色旅游融合发展示范区，加强与长征沿线城市开展文化旅游交流合作，研究开通红色旅游专线（列），培育红色旅游经典线路，打造全国著名的红色旅游目的地。红色旅游在发展的过

程中是蕴含振兴中华、保护民族的团结奋斗精神，承载中华民族的
历史传统与民俗文化、共产党人的光辉业绩和革命精神的一种旅游
形式。通过推动红色旅游发展，能够在一定程度上起到巩固党的执
政地位、大力弘扬伟大民族精神、强化青少年思想政治教育的作
用，有利于促进革命老区的经济发展，有效提升当地群众的生活
水平。

## 三、鼓励与当地其他文物史迹、自然景观和非物质文化遗产等相整合

目前，一些革命遗址单体已被一些现代化民宅包围，如果仅从
革命遗址保护利用的角度考虑，则很难突出"包围圈"。但如果转
变思维，除与其他革命遗址连片连线外，与客家围屋、传统村落、
历史街区等文物史迹以及生态自然景观相结合，借助乡村振兴等政
策，就会形成合力，甚至能够借助统一规划，形成具有赣州特色的
革命遗址建筑风格。注意征集革命历史方面的非物质文化遗产，运
用现代手段妥善留存、整理和开发、利用、传播。把革命遗址保护
利用和非遗文化技术结合起来，进一步提高红色旅游质量和水平，
运用革命遗址资源促进革命老区建设。为整合红色旅游资源，紧跟
大众旅游和全域旅游的发展趋势，联合打响红色旅游融合新品牌，
创作演出更多、更好的红色文艺精品，将红色旅游新线路推向市
场。围绕党和国家重要时间节点和重大战略，统筹创作规划、合理
配置资源，扶持现实题材、革命历史题材创作，举办一系列展演展
览展示活动，让鲜活生动的革命故事、有血有肉的英雄模范、催人
奋进的伟大精神绽放文艺舞台，最终走进人民群众的心里。此外，
革命遗址虽为公益资源，但如果能够合理利用，会为周边产业带来
正外部效应。因此革命遗址管理方可以对正外部效应进行评价，据
此从周边产业融资，修缮革命遗址。

《江西省革命文物保护条例》第41条规定，县级以上人民政府文化和旅游主管部门应当鼓励和支持旅游企业、旅游景区（点）依托革命文物资源，与当地其他文物古迹、自然景观和非物质文化遗产等资源有效整合，打造具有本省特色的红色旅游品牌和红色旅游线路。因此，本条第2款规定，鼓励将革命遗址与当地其他文物史迹、自然景观和非物质文化遗产等文化和自然资源相整合，拓展展示路线和内容，形成联合展示体系。

## 第二十九条【公众开放】

鼓励革命遗址对社会公众开放。

具备条件的国有革命遗址应当免费对社会公众开放，免费开放所需经费由所在地县级人民政府统筹安排。

### 【条文释义】

#### 一、鼓励对公众开放

对于集体所有、私有的革命遗址，由于物权不属于国家，因此采取的是鼓励革命遗址对社会公众开放。本市各级政府可以采取奖励或者补助的方式，或者提供物质帮助的方式，并签订协议，约定其对公众开放或免费开放。

（1）最小干预原则。《文物保护法》第26条第1款规定，使用不可移动文物，必须遵守不改变文物原状的原则，负责保护建筑物及其附属文物的安全，不得损毁、改建、添建或者拆除不可移动文物。《江西省革命文物保护条例》第23条也规定，不可移动革命文物的保护修缮应当遵循不改变文物原状和最小干预原则，配套设施保持适度。革命遗址，记录了光辉的革命事迹。革命遗址向社会公众开放，能够吸引更多群众参观，发挥革命遗址爱国主义教育和革命传统教育的作用，弘扬苏区精神，传承红色基因，培育和践行社会主义核心价值观。包括革命遗址在内的文物建筑使用建设应坚持最小干预原则，不得影响文物建筑原有的形式、格局和风貌，不得改变结构体系，不得损毁文物建筑、影响文物价值。

（2）最大限度开放。景区景点中的革命遗址，应最大限度向公众全面、多方式开放，可以依据革命遗址特点和开放需要，采取日间游览和夜间游览等分时段开放方式，提升游客观光体验。具备开放条件的办公、居住或存在私密性空间等文物建筑的革命遗址，可采取有限开放方式，明确开放区域和时间。保存状况脆弱、敏感度较高的革命遗址，应根据革命遗址的日承载量采取限流措施，可推行参观游览预约制。修缮过程中应充分考虑开放使用，避免二次装修、空间改造、设施设备装配等影响文物安全。不得以捐赠为名随意添建建筑、设施、塑像、碑刻等。新增设施设备应首先评估对革命遗址建筑结构安全的影响，有利于革命遗址建筑装饰陈设和结构保护，与环境相协调，并利于日常巡查、监测和维修。革命遗址是历史的见证者，是前人留给我们的第一手资料，可以带我们接近最真实的过去。在这广袤的华夏大地之下，还埋藏着众多历史记忆的时间碎片，还隐藏着众多尘封已久的革命故事，所以从地方法规层面来说，鼓励私有的、集体所有的革命遗址尽可能地开放。

（3）健康文化倡导。依据《文物建筑开放导则》，革命遗址开放应重点阐释和展示其独特价值和历史文化信息，弘扬社会主义核心价值观，坚持积极健康的文化导向，提高公众审美水平。免费开放是结合中国实际国情的一项措施。与很多国家相比，我们的革命遗址景点在人均拥有量上是相对较少的，革命遗址景点免费开放，也就相当于增加了革命遗址景点的数量，意味着拓展了革命遗址景点这种公共文化产品的服务空间，增加了吸引性，扩大了文化的渗透力和影响力。如果说城市的市政、公交等基础性的社会公共设施表现为物质属性的话，那么，革命遗址景点这种基础性社会公共设施就表现为精神属性。建设现代文明社会我们需要更多的人文精神塑造。美国华盛顿儿童革命博物馆的墙上有一则格言："我听见了就忘记了，我看见了就记住了。"社会大众对于亲眼所看到的革命遗址、文物远比自己所听到的更加震撼，也更容易受到革命文化的熏陶。

### 二、具备条件的国有革命遗址应当免费开放

《江西省文物保护条例》第40条规定，国有文物保护单位和文物收藏单位应当在确保文物安全的前提下，尽可能向公众开放，其事业性收入用于文物保护事业；国有文物保护单位和文物收藏单位对未成年人实行免费参观制度，对老年人、残疾人、现役军人和学校组织的学生实行减免费制度。《江西省革命文物保护条例》第33条还规定，县级以上人民政府应当将具备开放条件的不可移动革命文物辟为革命博物馆、纪念馆、红色文化公园等，实行免费开放。国有不可移动革命文物尚未实行免费开放的，应当每月定期向中小学生免费开放，并按照国家有关规定对未成年人、老年人、现役军人、消防救援人员、残疾人等群体免费或者优惠开放。国有革命遗址作为纯公共物品，因此本条第2款规定在具备相应开放条件的情况下应当免费对社会公众开放，其免费开放的经费由革命遗址所在地县级人民政府统筹安排。

（一）革命遗址免费开放的意义

（1）留住革命历史和文化的根脉。免费开放革命遗址纪念馆及相关景点，特别是一些特定英雄的纪念馆，有利于树立中国特色社会主义的共同理想，也有助于弘扬民族精神和时代精神，更有利于树立社会主义核心价值观。免费开放革命遗址是加强思想道德建设

和科学文化建设的举措。一处展品丰富、内涵深厚的革命遗址往往浓缩了一个城市、一个地区、一个国家的革命文化历史精髓，要认识和融入这个城市这个地区的革命历史，最简捷和最好的办法就是走进革命遗址。国有革命遗址免费开放，无疑就是尽最大的努力留住革命历史和文化的根脉。文化意识难能可贵。如果不免费开放，一些人因为门票费望而却步这就使革命遗址的建设价值无形地降低了。

（2）提升社会公众的文化精神涵养。免费的开放革命文物纪念馆和遗址也是社会主义文化建设的一个重要举措。由政府财政来保障革命遗址的运行，是一个明智之举。表面上增加了财政支出，但是其所带来的潜在社会效益是无法估量的。让更多的人经常靠近革命遗址，和历史对话、和文化亲近，就意味着更多人的思想灵魂被革命文化、革命精神洗涤，从而变成骨子里的文化历史涵养，也就提高了社会公众的个人素质。这对于建设精神文明，促进和谐社会的生成大有裨益。

（二）关于"具备条件"

（1）具有独特性。一处革命遗址建筑成为文物的重要前提就是它具有独一无二的特性，但与此同时，一处革命遗址成为文物以后，还应该吸引更多的人前来体验，让公众由此实现与先人对话、与历史接脉，这样才能体现出革命遗址的价值。如果一处革命遗址虽然被贴上了文物的标签，却大门深锁，人们难以进入，它的文物价值就无从体现。因此，加大革命遗址的开放力度，鼓励所有革命遗址采取不同形式对公众开放，既有利于普及民众的历史人文知识，特别是有利于青少年通过和革命遗址的"零距离"接触直观地了解历史，也是让这些文物革命遗址体现其价值的切实途径。

（2）一般为非居民或单位共用。现在说的文物建筑是一个笼统的概念，比如一些已经存世千年以上的古刹，它们大都已经开放，近现代历史上出现的一些伟人、名人故居和发生过重大事件的住宅房屋等也大都被列为纪念馆，面向公众开放。但在赣州市范围内，还有不少只存在百年左右历史的革命遗址，由于有各种名人居住过或是因为在建造技术上有独特之处，也都被国家或地方政府列为文物，给予专门保护，相比具有悠久历史的建筑和伟人故居等，它们只能算是一般性文物建筑，但在文物建筑总量中占比不低。这些革命遗址的一个共同点是，它们通常仍在使用之中，有的成为机关单位的办公用房，也有的是由居民居住，甚至是多户居民共住一栋住宅。

这类一般性文物建筑的革命遗址，要向社会开放就存在一定难度，近年来也因此产生过不少矛盾。而加大革命遗址保护力度，其难点正在于这些仍在使用阶段的革命遗址，即《文物建筑开放导则》中说的"尚不具备开放条件的文物建筑"。把机关单位和居民从这些房屋中全部迁出固然可以，但政府要为此付出巨大的经济代价，并不是理想之策。若革命遗址与居民或单位共用一栋房屋或相邻的地面，免费开放有可能使大量游客进入居民的私人住宅领域，给遗址周边的居民带来不必要的麻烦及不应有的额外义务，因此国有革命遗址免费开放一般要求遗址为非居民或单位共用。推动这类革命遗址开放，需要换一种思路，为这类革命遗址创造出可以开放的条件。现在一些住在革命遗址中的居民，由于建筑的特殊性而致使其权利受到了一定限制，比如不能随意更改房屋结构等，导致居民对自己住宅的文物性质产生抵触情绪。如果政府能够在要求开放的同时，对这类革命遗址内的单位、居民给予一定的资金补贴，让他们产生荣誉感和获得感，使他们的责任和权益对等起来，矛盾就能得到一定程度的化解。此外，政府还可以对这类革命遗址的使用者、居住者进行必要的培训，使他们成为参观者的义务引导员和讲解人，就更能达到理想的效果。在这方面，一些使用革命遗址的机关单位可以先行一步，探索出一定经验后再向民用的革命遗址推广。

## 第三十条【研究整理】

　　市、县级人民政府应当加强革命遗址及其所承载的革命历史的研究，梳理、编纂和出版革命遗址相关资料，挖掘红色文化、苏区精神的内涵和历史价值。

### 【条文释义】

### 一、对革命遗址及其所承载的革命历史研究的意义

　　对革命遗址及其所承载的革命历史研究，最重要的意义就在于学习红色文化，弘扬革命精神。革命遗址承载党和人民英勇奋斗的光荣历史，记载中国革命的伟大历程和感人事迹。《"十四五"文物保护和科技创新规划》指出，强化革命文物研究阐释，整合文物、党史、军史、档案、地方志等方面研究力量，加强革命文物保护利用研究，开展实物、文献、档案、史料和口述史征集，挖掘革命文物深刻内涵，推出重要研究成果，旗帜鲜明反对和抵制历史虚无主义。《文物保护法》第 11 条规定，文物是不可再生的文化资源。国家加强文物保护的宣传教育，增强全民文物保护的意识，鼓励文物保护的科学研究，提高文物保护的科学技术水平。《江西省革命文物保护条例》第 32 条还规定，县级以上人民政府及其有关部门、研究机构应当运用革命文物组织开展井冈山精神、苏区精神、长征精神、老区精神、安源精神、八一精神、方志敏精神等孕育在江西红土地上的革命精神理论研究，挖掘革命文物的思想内涵、精神内核和时代价值，提升革命文化影响力。每一处革命遗址

背后都有一段可歌可泣、感人至深的红色故事。革命遗址，能较好地发挥讲好红色故事、传承革命精神的作用，保护好、利用好革命遗址就是在传承红色基因、接续红色血脉、弘扬革命精神。在中国共产党的百年党史征程上，赣州市为革命遗址保护利用立法，对于增强党史学习教育成效、践行社会主义核心价值观具有重要意义。革命精神的传承需要载体，注重研究革命遗址历史，能让书本上的白纸黑字变成一个可触摸、可感观的历史，让人们身临其境地感受，让散落在赣州各地的革命遗址和文物鲜活起来。注重革命遗址史料研究是革命遗址保护的重要内容。赣州红色家底深厚，拥有革命遗址1080处、馆藏文物45 366件。事实上，由于革命遗址点多面广、地方财力有限，很长一段时间，赣州革命遗址保护的重心是各级文保单位，但是弘扬革命文化，仅靠实体文物保护是不够的，因此应当及时加强对革命遗址相关史料的研究，阐释革命文化、革命精神的时代价值。故本条规定，市、县级人民政府应当加强革命遗址及其所承载的革命历史的研究。

## 二、加强革命遗址及其所承载的革命历史的研究

对革命遗址所承载的历史研究整理，是充分利用革命遗址开展红色教育的前提和基础。对革命遗址历史的研究传统上主要依靠党史机构或文物、民政部门，但这是远远不够的。因此，本条规定应当由各级政府调动全社会的力量，梳理、研究、编纂和出版革命遗址相关资料，深入挖掘和展示革命文化传统和历史价值，充分发挥其社会教育功能。

梳理、编纂和出版革命遗址相关资料。市、县人民政府及其有关部门应当梳理、编纂和出版革命遗址相关资料。对革命遗址及其所承载的革命历史的研究，前提就是要梳理革命遗址的相关资料。对革命遗址相关资料的梳理，要明确梳理的范围，本条例第3条中

规定了革命遗址的概念和种类，革命遗址是指新民主主义革命时期，中国共产党团结带领各族人民在本行政区域内进行革命活动所形成的遗址、遗迹、纪念设施，具体包括：重要机构、重要会议旧址；重要人物故居、旧居、活动地或者墓地；重要事件和重大战斗的遗址、遗迹；其他见证革命历程、反映革命文化的重要遗址、遗迹、纪念设施。在梳理的基础上，对革命遗址的相关资料进行编纂和出版工作，如革命遗址的历史背景、革命遗址相关历史人物和事件、革命遗址的地理特征、革命遗址的保护名录、革命遗址保护利用规划等书籍、作品。梳理、编纂和出版革命遗址相关资料，有利于加强革命遗址资料保护，提升城市文化软实力。对革命遗址相关资料的梳理、编纂和出版，必须由相关的部门进行，应当秉持尊重历史的原则，不能交由没有资质的单位进行梳理、编纂和出版，因此，本条规定的梳理、编纂和出版责任主体是市、县级人民政府。同时，在梳理、编纂和出版的过程中，应当征求专家的意见，确保梳理、编纂和出版的真实性和准确性。

挖掘红色文化、苏区精神的内涵和历史价值。红色文化是指中国共产党领导人民进行的革命和建设进程中形成发展的，以社会主义和共产主义为指向的，把马克思列宁主义与中国实际相结合，兼收并蓄古今中外的优秀文化成果而形成的文明总和。红色文化是一种重要资源，包括物质文化和非物质文化。其中，物质资源表现为遗物、遗址等革命历史遗存与纪念场所；非物质资源表现为井冈山精神、苏区精神、长征精神、延安精神等红色革命精神。苏区精神是红色革命精神之一，是指土地革命战争中在赣南、闽西革命根据地的基础上发展起来的中央革命根据地（中央苏区）人民和革命战士，在党领导创建、发展和保卫苏区革命实践中培育形成的伟大革命精神。在建立红色政权、探索革命道路的实践中，无数革命先辈用鲜血和生命铸就了以坚定信念、求真务实、一心为民、清正廉洁、艰苦奋斗、争创一流、无私奉献等为主要内涵的苏区精神。其中，坚定信念是苏区精神的灵魂；求真务实是苏区精神的精髓；一心为民是苏区精神的本质；清正廉洁是苏区精神的品格；艰苦奋斗是苏区精神的要义；争创一流是苏区精神的特质；无私奉献是苏区精神的内核。苏区精神是中国共产党伟大革命精神链条中不可或缺的组成部分，是井冈山精神的发展和深化，是长征精神、延安精神的支柱和源头。苏区精神是中华民族精神新的升华，也是今天我们正在建设的社会主义核心价值体系的重要来源。研究整理革命遗址史料，能够进一步挖掘红色文化，推动丰富苏区精神的内涵，发挥革命遗址的历史价值。因此，本条规定，市、县级人民政府应当加强革命遗址及其所承载的革命历史的研究，梳理、编纂和出版革命遗址相关资料，挖掘红色文化、苏区精神的内涵和历史价值。

## 第三十一条【教育培训】

市、县级人民政府根据需要建立红色文化教育培训基地，利用革命遗址及其相关联的纪念设施和革命史料，开展爱国主义和革命传统教育。

各类学校和干部培训机构应当有计划地将革命遗址及其所承载的革命历史、苏区精神融入教育教学各环节；鼓励开设校本课程，开展研学实践教育活动。

### 【条文释义】

### 一、红色文化、爱国主义和革命传统教育

《江西省革命文物保护条例》第31条规定，本省充分发挥江西作为中国革命的摇篮、人民共和国的摇篮、人民军队的摇篮、中国

工人运动的策源地和长征出发地等红色资源优势，做好以革命文物为载体的红色资源的传承运用工作。传承运用应当坚持价值引领，突出社会效益，注重精神传承，强化教育功能，运用革命文物资政育人、凝聚力量、推动发展。《江西省革命文物保护条例》第32条规定，县级以上人民政府及其有关部门、研究机构应当运用革命文物组织开展井冈山精神、苏区精神、长征精神、老区精神、安源精神、八一精神、方志敏精神等孕育在江西红土地上的革命精神理论研究，挖掘革命文物的思想内涵、精神内核和时代价值，提升革命文化影响力。《江西省革命文物保护条例》第34条规定，革命博物馆、纪念馆、党史馆、烈士陵园等革命文物场所应当根据自身特点、条件，围绕革命、建设、改革各个历史时期的重大事件、重大节点，开展具有教育意义的系列主题活动，发挥革命文物的公共文化服务和社会教育作用。

红色文化是指中国共产党领导人民进行的革命和建设进程中形成发展的，以社会主义和共产主义为指向的，把马克思列宁主义与中国实际相结合，兼收并蓄古今中外的优秀文化成果而形成的文明总和。红色文化是一种重要资源，包括物质文化和非物质文化。其中，物质文化资源表现为遗物、遗址等革命历史遗存与纪念场所；非物质文化资源表现为井冈山精神、苏区精神、长征精神、延安精神等红色革命精神。爱国主义和革命传统教育都是红色文化教育培训的基本内容。

中共中央、国务院2019年印发的《新时代爱国主义教育实施纲要》指出，爱国主义是中华民族的民族心、民族魂，是中华民族最重要的精神财富，是中国人民和中华民族维护民族独立和民族尊严的强大精神动力。爱国主义精神深深植根于中华民族心中，维系着中华大地上各个民族的团结统一，激励着一代又一代中华儿女为祖国发展繁荣而自强不息、不懈奋斗。党的十八大以来，以习近平同志为核心的党中央高度重视爱国主义教育，固本培元、凝心铸魂，作出一系列重要部署，推动爱国主义教育取得显著成效。当前，中国特色社会主义进入新时代，中华民族伟大复兴正处于关键时期。新时代加强爱国主义教育，对于振奋民族精神、凝聚全民族力量，决胜全面建成小康社会，夺取新时代中国特色社会主义伟大胜利，实现中华民族伟大复兴的中国梦，具有重大而深远的意义。

革命历史文化遗产是中华民族宝贵的精神财富。遍布全国各地特别是赣州市革命老区的纪念馆、革命遗址、烈士陵园等爱国主义教育基地，是社会主义思想文化的重要阵地。通过发展红色旅游，把这些革命历史文化遗产保护好、管理好、利用好，对于建设和巩固社会主义思想文化阵地，大力发展先进文化，支持健康有益文化，努力改造落后文化，坚决抵制腐朽文化，具有重要而深远的意义。通过建立红色文化教育基地，能够进一步弘扬爱国主义的伟大精神，利用红色资源传承红色文化，重温红色历史，传承红色基因。把红色资源利用好、把红色传统发扬好、把红色基因传承好。利用红色资源传承红色文化的契机，进行红色文化教育，形成了红色歌曲人人唱、红军故事人人讲、红色书籍人人读的氛围。通过这些活动的开展，让自然人、法人、非法人组织于学习和生活中潜移默化地受到爱国主义和革命传统红色文化的洗礼。

因此本条规定了相关部门、单位要依托革命遗址及相关的纪念设施和革命史料，进行红色文化、爱国主义和革命传统教育。本条第1款规定了市、县级人民政府的教育培训职责，本条第2款规定了各类学校和干部培训机构的教育培训职责。

## 二、市、县级人民政府的教育培训职责

《江西省革命文物保护条例》第 36 条规定，鼓励依托革命文物建设富有特色的革命传统教育、爱国主义教育、青少年思想道德教育、全民国防教育基地，建立革命文物场所与学校、国家机关、企业事业单位、驻地部队、城乡社区的共建共享共护机制。鼓励运用革命文物开展红色教育培训、红色研学实践、红色旅游、文化创意产品开发等活动，拓展革命文物运用途径，促进革命老区振兴发展。

中共中央、国务院 2019 年印发的《新时代爱国主义教育实施纲要》指出，要建好用好爱国主义教育基地和国防教育基地。各级各类爱国主义教育基地，是激发爱国热情、凝聚人民力量、培育民族精神的重要场所。要加强内容建设，改进展陈方式，着力打造主题突出、导向鲜明、内涵丰富的精品陈列，强化爱国主义教育和红色教育功能，为社会各界群众参观学习提供更好的服务。健全全国爱国主义教育示范基地动态管理机制，进一步完善落实免费开放政策和保障机制，根据实际情况，对爱国主义教育基地免费开放财政补助进行重新核定。依托军地资源，优化结构布局，提升质量水平，建设一批国防特色鲜明、功能设施配套、作用发挥明显的国防教育基地。

2022 年国家发展改革委印发的《赣州革命老区高质量发展示范区建设方案》指出，支持符合条件的遗址遗迹申报全国爱国主义教育示范基地、重点文物保护单位、国家级英雄烈士纪念设施。革命遗址是"固化"的党史和革命史，是活生生的爱国主义"教科书"，凝聚着深刻的内涵，蕴藏着丰富的历史信息，具有重要的历史价值、社会价值、经济价值、教育价值。而红色文化教育培训基地是培育"红色"下一代的重要课堂，加强对社会人民群众尤其是

未成年人的教育是我党一项重要的任务，包括参观教育培训基地在内的旅游活动是青少年普遍喜欢参与的时尚型、文化性的高层次生活消费活动，具有很强的学习、教育功能。通过开展"红色文化教育基地"参观活动，可以将革命历史知识、革命传统和革命精神以旅游的方式传输给广大青少年，使广大青少年在潜移默化中感受红色文化。因此，各级政府可以根据本地区的实际情况需要建立红色文化教育培训基地，利用革命遗址和革命史料，寓思想道德教育于学习、游览之中，将革命历史、革命传统和革命精神通过学习、旅游的方式传输给广大人民群众，有利于传播先进文化、提高人们的思想道德素质，增强爱国主义教育效果，给人们以知识的汲取、心灵的震撼、精神的激励和思想的启迪，从而更好地践行社会主义核心价值观。

因此本条第 1 款规定，市、县级人民政府根据需要建立红色文化教育培训基地，利用革命遗址及相关的纪念设施和革命史料，开展爱国主义和革命传统教育。

## 三、各类学校和干部培训机构的教育培训职责

《江西省革命文物保护条例》第 37 条规定，各级干部教育培训机构和红色教育培训机构在革命文化和革命精神教育课程中，应当运用革命文物开展学习培训、现场教学和志愿服务。《江西省革命文物保护条例》第 38 条规定，鼓励国家机关、企业事业单位和社会组织运用革命文物，开展党史学习教育、革命传统教育、爱国主义教育等活动。鼓励各级党组织在革命文物场所组织召开党员大会、支部委员会会议、党小组会以及上党课，开展主题党日等活动。《江西省革命文物保护条例》第 39 条规定，县级以上人民政府教育主管部门和文物主管部门应当健全馆校合作机制，推动革命文物资源融入思想政治工作，设计符合青少年认知特点的教育活动，

定期组织学生到革命文物场所开展研学活动。

中共中央、国务院 2019 年印发的《新时代爱国主义教育实施纲要》指出，要充分发挥课堂教学的主渠道作用。培养社会主义建设者和接班人，首先要培养学生的爱国情怀。要把青少年作为爱国主义教育的重中之重，将爱国主义精神贯穿学校教育全过程，推动爱国主义教育进课堂、进教材、进头脑。在普通中小学、中职学校，将爱国主义教育内容融入语文、道德与法治、历史等学科教材编写和教育教学中，在普通高校将爱国主义教育与哲学社会科学相关专业课程有机结合，加大爱国主义教育内容的比重。创新爱国主义教育的形式，丰富和优化课程资源，支持和鼓励多种形式开发微课、微视频等教育资源和在线课程，开发体现爱国主义教育要求的音乐、美术、书法、舞蹈、戏剧作品等，进一步增强吸引力、感染力。

2022 年国家发展改革委印发的《赣州革命老区高质量发展示范区建设方案》指出，将红色经典、革命故事纳入中小学教材和干部学习培训教材。《教育部、国家文物局关于充分运用革命文物资源加强新时代高校思想政治工作的意见》指出，各级教育、文物主管部门要支持高校发挥学科优势和智力优势，推进革命文物理论体系和教学体系建设，围绕革命文物保护、管理、运用开展跨学科的理论研究和教学研究。支持革命场馆与高校共建协同研究中心、特色新型智库，聚焦一批重大课题开展联合攻关，形成一批高水平的理论成果和教学成果。教育部对运用革命文物资源开展高校思想政治工作并取得成果的高校专职人员，择优纳入"高校思想政治工作中青年骨干队伍建设项目"支持计划。各级教育主管部门应在哲学社会科学各级科研项目中，鼓励支持革命文物资源与高校思政工作相融合的课题研究。要充分运用革命文物资源丰富校园红色文化。

高校博物馆、校史馆、档案馆和图书馆应依托自身革命文物资源，创新服务思政课程的工作载体，积极打造弘扬革命文化、传承红色基因的主题活动。革命场馆应加大革命文物资源信息开放力度，加强与高校的交流合作，共同策划举办走进高校、贴近师生的革命文物主题巡展、巡演、讲座，鼓励支持文物系统专家学者进校园、上课堂、做宣讲，积极服务高校思政课和日常教学工作。高校应结合所在地革命文物资源，组织举办革命故事演讲、红色研学旅行、革命文物文创设计活动，开展红色文艺作品展示、革命经典歌曲传唱、革命题材原创话剧展演，打造校园红色文化品牌项目，让广大师生感动感悟、共情共鸣。

因此本条第 2 款规定，各类学校和干部培训机构应当有计划地将革命遗址及其所承载的革命历史、苏区精神融入教育教学各环节；鼓励开设校本课程，开展研学实践教育活动。

## 第三十二条【宣传展示】

市、县级人民政府应当加大革命遗址的宣传推介力度，利用陈列展览、影像宣传、历史情境再现等多种方式，展现革命遗址风貌，促进红色文化和苏区精神的传播。

利用革命遗址举办陈列展览，拍摄电影、电视片和影像资料等活动的，应当事先征求革命遗址所在地县级人民政府文物主管部门的意见。

革命遗址展览展示的内容、史料以及讲解词，应当征求党史研究机构和宣传部门的意见。展示利用应当防止过度商业化、娱乐化，杜绝低俗化。

【条文释义】

## 一、加大革命遗址的宣传推介力度

（一）宣传推介的责任主体和目的

根据本条第 1 款的规定，革命遗址宣传推介的责任主体是市、县级人民政府，宣传推介的目的是展现革命遗址风貌，促进红色文化和苏区精神的传播。

宣传推介，即对革命遗址进行宣传、推广和介绍。相关法律、法规也对宣传推介工作予以规定。根据《文物保护法》第 40 条规定，文物收藏单位应当充分发挥馆藏文物的作用，通过举办展览、科学研究等活动，加强对中华民族优秀的历史文化和革命传统的宣传教育。根据《文物保护法实施条例》第 4 条规定，文物行政主管部门和教育、科技、新闻出版、广播电视行政主管部门，应当做好文物保护的宣传教育工作。《江西省革命文物保护条例》第 40 条规定，宣传、文化和旅游、广播电视、电影、新闻出版等部门应当组织以革命文物为题材的优秀文学艺术作品、旅游公益广告、广播电影电视节目、出版物等的创作生产和宣传推广。以上都是关于宣传推介工作的一些部门职责，而尚未明确地方政府的总体责任。因此，根据本条例第 28 条规定的"市、县级人民政府应当整合有条件的革命遗址资源，与教育培训、扶贫开发、乡村振兴和旅游发展相结合"，"将革命遗址与当地其他文物史迹、自然景观和非物质文化遗产等文化和自然资源相整合，拓展展示路线和内容，形成联合展示体系"。为了加大对革命遗址的总体利用，市、县级人民政府应当更重视宣传展示革命遗址风貌以及传承革命精神，加大结合当地特色进行革命遗址推广和介绍的力度，尤其是对于革命文化、革命精神中极富赣州特色的红色文化和苏区精神进行重点宣传推广。

（二）宣传推介的方式

《赣州革命老区高质量发展示范区建设方案》指出，深入挖掘革命历史文化资源，创作相关题材文艺作品，用优秀的文艺作品讲好红色故事、赓续红色血脉。推进新时代文明实践中心建设，提升红色资源数字化保护水平，建设新时代传承红色基因的高地。支持瑞金等地建设红色文化影视创作生产基地。本条第2款规定，对于革命遗址风貌以及革命文化的展示宣传应当尽可能地利用陈列展览、影像宣传、历史情境再现等多种方式。通过陈列展览、影像宣传、历史情境再现等多种方式展现革命遗址风貌，促进红色文化和苏区精神的传播。

（1）陈列展览。陈列展览是指利用革命遗址及相关的纪念设施和革命史料、文物等，向公众开放，举办展览活动，陈列展示革命遗址面貌、革命史料和文物，即为了更好地向参观者介绍革命文物或建筑等内容而进行的直观展示设计。《江西省革命文物保护条例》第35条规定，鼓励革命文物场所举办主题突出、导向鲜明、内涵丰富、形式新颖的革命文物陈列展览。展览内容和解说词应当征求宣传、文物、党史研究、地方志部门和单位的意见。《"十四五"文物保护和科技创新规划》指出，加强革命文物保护管理运用，优化革命博物馆、纪念馆区域布局，指导支持一批革命博物馆、纪念馆展陈提升项目，加强中国共产党历史文物保护展示。坚持政治性思想性艺术性相统一，策划推出革命文物陈列展览精品。合理运用现代科技手段，增强革命文物陈列展览表现力、传播力、影响力。推进革命文物联展巡展。坚持守正创新，提升革命文物整体展陈水平。《国家文物局、财政部关于加强新时代革命文物工作的通知》指出，各级文物、财政部门要支持拓展革命文物教育功能，结合党和国家重要活动，推出一批主题鲜明、内涵丰富、形式新颖、线上线下融合的高质量、特色化革命文物展示展览精品；聚焦革命、建设、改革各个历史时期的重大事件、重大节点，坚持政治性、思想性、艺术性相统一，用史实说话，用故事说话，提升革命文物展示展览质量。各级文物部门应做好项目策划和审核工作，会同本级财政部门共同加大对革命文物展示展览精品的支持力度。中央对地方博物馆、纪念馆免费开放补助资金的陈列布展补助对革命博物馆、纪念馆加大倾斜。鼓励创新革命文物传播方式，合理运用现代科技手段，融通多媒体资源，加大革命文物数字化展示传播，增强表现力、传播力、影响力，生动传播红色文化。

（2）影像宣传。影像宣传主要是指通过拍摄革命遗址相关的影像进行的宣传，让社会大众在看图片、视频中潜移默化去感受革命文化、苏区精神。摄影给大众带来了新的传播方式——视觉传播，摄影图像作为一种视觉传播符号，其直观性和客观性不受民族和地域的限制，传播过程也具有速度快、易接收、更便捷的特点，摄影的图像、影像在当今社会的传播媒介中起着很重要的作用。革命遗址宣传主要的影像包括图片类、短视频类、纪录片类、电影类、电视剧类等多种品类。对此，《教育部、国家文物局关于充分运用革命文物资源加强新时代高校思想政治工作的意见》指出，各级教育、文物主管部门要不断优化革命文物资源网络育人功能。各级教育、文物主管部门要引导支持高校师生参与革命场馆主题展览策划和社教活动的云直播、云展览、短视频录制，创作富有正能量、感染力、传播力的微视频、微电影、动漫、摄影等网络创新作品。依托全国大学生网络文化节、全国高校网络教育优秀作品推选展示活动，遴选推介一批与高校思政理论教学、实践教学及网络教学契合的革命文物主题展览、优秀案例、优秀微课、优秀新媒体作品等。

（3）历史情境再现。历史情境再现是指在客观事实的基础上，运用真人扮演的方式弥补历史影像匮乏的缺陷，其本质是电影化的摄制方式在纪录片上的体现。基于可考证的具体史料、用故事化的结构来审视历史、用职业演员来再现历史，情景再现不仅打破了传统历史题材纪录片叙事空白、情节性弱、以历史遗迹和文献展示为主的传统，还极大地提升了此类作品的艺术表现力。传统的历史纪录片限于电视语言不能通过纪实的方式呈现历史事件，加之对于纪录片"真实性"的理解过于僵化，编导们反复使用四大元素，即历史资料画面（图片和视频）、历史遗迹画面、事件亲历者或见证人采访和配音解说，表现方式十分单调乏味。而在新历史主义观念影响下，所谓的"真实"，都只不过是相对真实而已，编导们个性化、艺术化的创作手法层出不穷，而纪实艺术与剧情艺术的交织造就了纪录片制作手法的创新。情景再现的表现方式提高了纪录片、影片、电视剧的观赏价值与艺术价值，在一定程度上满足了观众的视觉需要。

## 二、对革命遗址宣传推介的监督

（一）应当事先征求革命遗址所在地县级人民政府文物主管部门的意见

本条第 2 款规定，利用革命遗址举办陈列展览，拍摄电影、电视片和影像资料等活动的，应当事先征求革命遗址所在地县级人民政府文物主管部门的意见。本条例第 4 条规定，革命遗址保护应当贯彻保护为主、抢救第一、合理利用、加强管理的方针，维护革命遗址本体安全和特有的历史环境风貌，保持历史真实性、风貌完整性和文化延续性。为此，本条例在第 21—24 条也规定了革命遗址划定保护范围和建设控制地带等措施，并且本条例第 28 条还规定了革命遗址合理利用的前提是保证革命遗址安全和不破坏历史风貌。这些都是基于保护革命遗址的考虑。

《文物保护法》第 23 条规定，核定为文物保护单位的属于国家所有的纪念建筑物或者古建筑，除可以建立博物馆、保管所或者辟为参观游览场所外，作其他用途的，市、县级文物保护单位应当经核定公布该文物保护单位的人民政府文物行政部门征得上一级文物行政部门同意后，报核定公布该文物保护单位的人民政府批准；省级文物保护单位应当经核定公布该文物保护单位的省级人民政府的文物行政部门审核同意后，报该省级人民政府批准；全国重点文物保护单位作其他用途的，应当由省、自治区、直辖市人民政府报国务院批准。国有未核定为文物保护单位的不可移动文物作其他用途的，应当报告县级人民政府文物行政部门。

近年来层出不穷的名人恶搞事件，各类选秀、真人秀的强力圈粉，都是泛娱乐化的表现。追求上座率、获得收视率、博取点击率是历史泛娱乐化背后的动力，受众心理上图消遣、求轻松、避思考的倾向是文化泛娱乐化赢得市场的重要原因。文化泛娱乐化以消费、技术、快感、世俗等因素的融合，消解文化的深度与厚度，当众多严肃的新闻、正统的历史、经典的叙事以"娱乐"包装的形式呈现时，其负面作用不可小觑。

因此，本条第 2 款规定，利用革命遗址举办陈列展览，拍摄电影、电视片和影像资料等活动的，应当事先征求革命遗址所在地县级文物主管部门的意见，这样才能有效避免革命遗址的不合理利用、不适当宣传。

（二）应当征求党史研究机构和宣传部门的意见

本条第 3 款规定，革命遗址展览展示的内容、史料以及讲解词，应当征求党史研究机构和宣传部门的意见。展示利用应当防止过度商业化、娱乐化，杜绝低俗化。对于革命遗址展览展示的内容、史料以及讲解词，主要指的是对革命遗址景区、博物馆展览的介绍词、解说词，在对外的人民群众宣传之前，应当及时征求当地革命遗址所在的党史研究机构及宣传部门的意见，从而吸纳不足之处，进行对革命宣传资料的相应更改，以便更好地推广宣传。

对于革命遗址展览展示的内容、史料以及讲解词，应当避免过度商业化、低俗化、娱乐化。在实际影像拍摄过程中，应从始至终控制相关场次的拍摄，在能够运用历史影像材料、文献资料或专家解说的拍摄内容基础上，在讲好革命故事、塑造革命英雄形象方面，必须尽可能地避免过度商业化并杜绝低俗化。另外，还要加强对历史细节的考究。一些历史题材的展览展示为了商业化和迎合市场，一味追求利益，忽视了对历史本身的细节，从而造成了难以想象的错误和糟糕的历史观感，既导致利益受损，也造成了展览展示的整体水平不高，让社会大众的代入感不强，即容易脱离历史，滑天下之大稽。文化泛娱乐化、泛商业化冲淡革命历史记忆，模糊对革命历史的追寻。而革命历史记忆具有唤醒民族情感、强化国家认同的重要功能，它让我们知道革命遗址形成的过程、革命英雄的伟大精神。

## 第三十三条【革命遗址标注】

民政、交通、住房和城乡建设、旅游和公安机关交通管理等主管部门制作辖区地图、命名道路、开发公众服务平台、建设公共交通站台、设置旅游交通标志和设施标牌时，应当包含革命遗址相关内容。

## 【条文释义】

### 一、革命遗址标注的原因

遗址标识的特色不明显。革命遗址景区内绝大多数旅游安全标识大多是在厂家购买，很难体现出景区的特色风格和文化底蕴，图形、图案的设计思路不是来自革命遗址景区要素的挖掘和融合，材质的使用上更多是一些常见的现代材料，如塑料、不锈钢类金属等。同一景区中看到的是各种各样的旅游安全标识，一个标牌一个特色，很难形成一个整体系统。

遗址标识的语言不生动。遗址标识的语言内容单调，缺乏诙谐、新颖、有趣的语态。实际上，遗址标识除了要起到警示、指示、传播文化内涵的作用，还要减少标识系统带来的违和感并增强革命遗址特色景观感，为观赏革命遗址的人们创造出愉悦、轻松、舒适的游览氛围。另外，遗址标识还要注意旅游安全标识的多语种翻译问题，避免出现类似英译表达失当、不符合国外表达习惯等问题。

革命遗址标志识别力度不够。由于管理人员不够，导致已坏旧的安全标识设施不能得到及时维修和更换。对于一些革命遗址安全标识出现倾斜、断裂、腐烂等问题没有及时关注解决，标识内容和图案模糊不清，不仅影响了周边环境，还容易造成安全盲点，发生安全事故。部分遗址安全标识在细节设计上有待进一步提升，标识设计不符合人机工程学的要求，在垂直与水平视野上没有充分考虑到人的需求。一些遗址标识直接用钉子或铁丝固定在树木或置石上，不但影响了景区的美感，也破坏了生态环境的协调。

## 二、革命遗址标注的意义

### （一）增加社会大众对革命遗址的了解

革命遗址标志和标识牌是指引旅游者游玩的方向，完成旅游计划（包括路径指示、导游路线、景点解说等）的各种信息的传达和标志的符号，它用来协助前来革命遗址景区旅游的人们在旅游景区中完成完美的旅游体验过程。增加对旅游景区的了解。景区标识牌是旅游景区环境的重要组成成分，也是景区产品的主要构成因素之一。革命遗址标识、标牌作为环境空间的组成部分与元素，很多时候是起到画龙点睛的"精神"作用，在革命遗址景区中，是一种相对开放的环境，类似于城市空间的缩影，旅游景区的标识也是一种投射，反映出了旅游景区在某种程度上的优劣，因此其设计制作要建立一种全局性、整体性的观念，从景区步行环境的整体出发来考察景区道路标识的设计是十分必要的。

（二）增值革命遗址的经济效益

《江西省革命文物保护条例》第41条规定，县级以上人民政府文化和旅游主管部门应当指导和支持旅游企业开发、推广具有革命文化特色的旅游线路、旅游产品和旅游服务；鼓励和支持旅游企业、旅游景区（点）依托革命文物资源，与当地其他文物古迹、自然景观和非物质文化遗产等资源有效整合，打造具有本省特色的红色旅游品牌和红色旅游线路。主要运用革命文物资源进行旅游开发的，旅游景区（点）经营性收入应当优先用于革命文物的保护修缮和展示运用，具体比例由革命文物所在地人民政府确定。

成功服务革命遗址的旅游者需要景区规范化设计的标识牌、标志的指引。只有如此，才可以增加到访量，实现旅游行为的保障，产生革命遗址景区旅游经济效益增值。只有生动又有趣味的景区标识系统，才可以带给游客视觉的冲击力，提高旅游者的直接参与，促使旅游者产生强烈的旅游动机与出行决定，并产生良好评价，吸引人们再次前来。革命遗址标识、标牌能够服务旅游者，让其充满安全感而愿意前往，需要景区规范化标识的指引。只有如此，才可以增加到访量，实现旅游行为的保障，产生景区效益增值。如果标识标牌中有不完善或致命性的错误，游人对景区会大失所望，再加上公众账号平台及道路交通服务平台的传播性，最后导致革命遗址景区效益逐步下滑。所以景区标识和景区内建筑物乃至自然物质是相辅相成的。

### 三、革命遗址标注的责任主体

本条规定了民政、交通、住房和城乡建设、旅游和公安机关交通管理等主管部门为革命遗址标注工作的责任主体。

（1）民政部门。民政部门是指主管民间社会事务的行政部门，一般包括婚姻登记、拥政爱民、区划地名、低保、福利、慈善、殡葬、救助等。在机构设置方面国家级设民政部，省（自治区）级设民政厅，市县级设民政局，乡镇设社会事务办公室。

（2）交通部门。交通部门负责贯彻执行国家有关交通运输的法律法规和政策，拟定有关规范性文件草案，在全市经济社会发展总体规划的框架内，拟定全市公路、水路等行业规划、政策、标准并组织实施。承担公路、水路运输体系的规划协调工作，在全市经济社会发展总体规划的框架内，组织编制公路、水路运输体系规划，指导公路、水路运输枢纽管理。

（3）住房和城乡建设部门。全国最高机构是国家住房和城乡建设部，各省有建设厅，各地级市设住建局。住房和城乡规划建设局是负责城市、镇的规划和建设管理，规划编制的行政机关。住建局负责监督建设工程的质量，负责全市工程建设管理工作，负责重点工程项目建设的协调、监管以及拆迁协调工作；负责建设工程招投标、施工许可、竣工验收和备案的监督管理；指导政府投资工程组织实施方式改革工作。承担全市建设工程质量和施工安全监管的责任。研究拟定建设工程质量和安全生产管理的政策措施并组织实施，还负责对施工安全事故的调查处理。

（4）旅游部门。旅游部门主要负责研究拟定旅游业发展的方针、政策和规划，研究解决旅游经济运行中的重大问题，组织拟定旅游业的法规、规章及标准并监督实施；协调各项旅游相关政策措施的落实，特别是假日旅游、旅游安全、旅游紧急救援及旅游保险等工作，保证旅游活动的正常运行；研究拟定国际旅游市场开发战略，组织国家旅游整体形象的对外宣传和推广活动，组织指导重要旅游产品的开发工作。

（5）公安机关交通管理部门。国务院规定公安部门负责全国道路交通安全管理工作。县级以上地方各级人民政府公安机关交通管理部门负责本行政区的道路交通安全管理工作。公安机关的人民警察按照职责分工，应依法维护交通安全和交通秩序，处理交通事故。因此，公安机关交通管理部门及交通警察实施道路安全管理，是法律赋予的职责，是必须依法履行的职责。

民政、交通、住房和城乡建设、旅游和公安机关交通管理等主管部门制作辖区地图、命名道路、开发公众服务平台、建设公共交通站台、设置旅游交通标志和设施标牌时，应当包含革命遗址相关内容。

## 第三十四条 【权益保障】

非国有革命遗址作为旅游景区的，景区经营者应当根据自愿原则与所有人订立合同，约定收益分成、保护措施、禁止行为等内容。

### 【条文释义】

#### 一、非国有革命遗址

关于"革命遗址"的概念和种类。根据本条例第 3 条之规定，革命遗址是指新民主主义革命时期，中国共产党团结带领各族人民在本行政区域内进行革命活动所形成的遗址、遗迹、纪念设施。包括，重要机构、重要会议旧址；重要人物故居、旧居、活动地或者墓地；重要事件和重大战斗的遗址、遗迹；其他见证革命历程、反映革命文化的重要遗址、遗迹、纪念设施。另外，在本条例第 25 条第 2 款中，对列入保护名录的"革命遗址"按照所有权权属的标准，分为"国有的革命遗址"、"非国有的革命遗址"和"所有权不明的革命遗址"，并分别规定了维护修缮责任。

关于"非国有革命遗址"的相关规定。《文物保护法》第 25 条规定，非国有不可移动文物不得转让、抵押给外国人。非国有不可移动文物转让、抵押或者改变用途的，应当根据其级别报相应的文物行政部门备案。《江西省革命文物保护条例》第 12 条规定，认定为非国有不可移动革命文物的，应当征求所有人、管理人、使用人意见。《江西省革命文物保护条例》第 26 条规定，县级以上人民政府根据需要，可以在自愿、平等协商的基础上通过购买、置换、租用、接受捐赠或者代管等方式，加强对非国有不可移动革命文物的保护。非国有不可移动革命文物有损毁危险，所有人不具备修缮能力的，当地人民政府应当给予帮助。《江西省革命文物保护条例》第 47 条规定，非国有革命文物保护管理责任人违反本条例规定，未履行保护管理责任的，由县级以上人民政府文物主管部门督促履行。需要进行修缮，保护管理责任人具备修缮能力而拒不依法履行修缮义务的，县级以上人民政府可以给予抢救修缮，所需费用由保护管理责任人负担。本条例第 25 条也规定，非国有的革命遗址由县级人民政府负责维护修缮，进行维护修缮前，应当与革命遗址所有人、使用人、管理人约定双方权利义务；所有权不明的革命遗址，由县级人民政府负责维护修缮。非国有革命遗址所有人自愿维护修缮革命遗址的，政府应当予以鼓励和支持。

## 二、非国有革命遗址作为旅游景区的意义

非国有革命遗址作为旅游景区具有积极的意义。

（1）有利于加强和促进新时期爱国主义教育。游览革命遗址景

区，能了解革命战争时期伟大的共产主义，能够加强人们爱国主义情感教育、民族精神教育。通过寓思想道德教育于参观游览之中，将革命历史、革命传统和革命精神通过旅游传输给广大人民群众，有利于传播先进文化，提高人们的思想道德素质，增强爱国主义教育效果，给人们以知识的汲取、心灵的震撼、精神的激励和思想的启迪。对于广大人民群众尤其是党员来说，更要以培养革命意识，坚定共产主义理想和信念为目标，使他们勿忘国耻，感受老一辈革命家、领导人的饱满的革命热情，以更高的工作激情投入现实工作和学习当中。

（2）有利于合理利用革命历史文化遗址。革命历史文化遗址是中华民族宝贵的精神财富。遍布全国各地特别是革命老区的纪念馆、革命遗址、烈士陵园等爱国主义教育基地，是社会主义思想文化的重要阵地。通过发展红色旅游，把这些革命历史文化遗产保护好、管理好、利用好，对于建设和巩固社会主义思想文化阵地，大力发展先进文化，支持健康有益文化，努力改造落后文化，具有重要而深远的意义。

（3）有利于加强革命遗址的保护工作。《江西省革命文物保护条例》第4条规定，革命文物保护工作应当坚持中国共产党的领导，贯彻保护为主、抢救第一、传承优先、合理运用、加强管理的方针。革命遗址、遗迹是革命先辈留给我们的宝贵财富，是历史的见证，是不可再生的资源。目前许多革命遗址建设年代早，多为砖木和土木结构，多为当地居民自主管理，普遍存在建筑主体霉烂、墙体风化倾斜、地基下沉、地面塌陷等问题，均处于建筑生命周期的末端。通过非国有革命遗址作为旅游景区的方式，加强革命遗址保护的宣传教育，让游客们提高对革命遗址保护工作的认识，增强全民革命遗址保护的意识，鼓励革命遗址保护的科学研究，提高革命遗址保护的科学技术水平。

### 三、非国有革命遗址所有人的权益保障

本条规定，非国有革命遗址作为旅游景区的，景区经营者应当根据自愿原则与所有人订立合同，约定收益分成、保护措施、禁止行为等内容。

（1）景区经营者应当根据自愿原则与所有人订立合同。《中华人民共和国民法典》第465条规定，依法成立的合同，受法律保护。依法成立的合同，仅对当事人具有法律约束力，但是法律另有规定的除外。《中华人民共和国民法典》第509条规定，当事人应当按照约定全面履行自己的义务。当事人应当遵循诚信原则，根据合同的性质、目的和交易习惯履行通知、协助、保密等义务。当事人在履行合同过程中，应当避免浪费资源、污染环境和破坏生态。关于"自愿原则"，是指民事主体在市场交易和民事活动中都必须遵守自愿协商的原则，都有权按照自己的真实意愿独立自主地选择、决定交易对象和交易条件，建立和变更民事法律关系，并同时尊重对方的意愿和社会公共利益，不能将自己的意志强加给对方或任何第三方。《中华人民共和国民法典》第143条规定，民事法律行为有效必须满足一定条件，即行为人具有相应的民事行为能力、意思表示真实、不违背公序良俗和不违反法律、行政法规的强制性规定。因此，景区经营者与所有人订立合同时应当遵循自愿原则。

（2）合同约定的内容包括收益分成、保护措施、禁止行为等。收益是指就该革命遗址作为景区所带来的经济利益，景区经营者与所有人订立的合同应当约定收益分成，避免双方当事人由于没有明确约定对经济收益的分成，而导致纠纷。由于是景区经营者，保护措施即对革命遗址景区相应的保护措施，包括对革命遗址周边空间、生态、文化、观赏环境的保护。即要及时应对社会经济的发

展，从而不断改进保护方式和手段。要延续历史，传承文化，切实保护遗址的真实性和完整性。应在遗址风貌区保护、文物修缮等方面注意防止过度开发、"修旧如新"等倾向。合理开发，适度利用。强调革命历史文化遗址的保护性、社会公益性和传世性，已成为越来越多的社会公民、法人、非法人组织的共识，坚决扭转将革命遗址的性质界定成"旅游资源"的错误倾向，更不能将遗址保护地变成经济开发区。禁止行为即在景区不能实施的行为。例如，禁止攀爬、损坏革命遗址，文物象征着文化，要好好地爱惜，不可以恶意地损坏；禁止随手丢垃圾、随地吐痰，随处丢垃圾是在出行和旅游过程中最常见的不文明行为，在景区旅游时一定要遵守规章，做一名有素质、有修养的文明公民。一般禁止下列行为在景区实施：开山、采石、开矿、开荒、修坟立碑等破坏景观、植被和地形地貌的活动；修建储存爆炸性、易燃性、放射性、毒害性、腐蚀性物品的设施；在景物或者设施上刻划、涂污；乱扔垃圾。

## 第三十五条【公众参与】

鼓励公民、法人或者其他组织以捐赠、资助、认护等方式，参与革命遗址的保护、管理、修缮和利用。

## 【条文释义】

### 一、鼓励公众参与革命遗址的保护相关工作

公众参与，是指公众有权通过各种途径和形式开展革命遗址的保护、管理、修缮和利用等工作。公众对革命遗址的保护、管理、修缮和利用享有平等的参与权。当前的革命遗址保护形势仍处于局部有所改善、总体尚未遏制、形势依然严峻、压力继续加大的阶段。革命遗址的保护、管理、修缮和利用不仅仅是国家的事务，也

是全体公民、法人或者其他组织的事情。加大对革命遗址的保护、管理、修缮和利用工作，应当依靠国家与全体公民、法人和其他组织的共同努力，即要坚持公众参与的原则。《江西省革命文物保护条例》第9条第3款规定，鼓励单位和个人参与革命文物保护工作。《"十四五"文物保护和科技创新规划》指出，文物保护法律制度日臻完善，保护管理力量不断加强，治理能力和治理水平有所提升，党委领导、政府负责、部门协同、社会参与的工作格局不断完善；坚持以人民为中心，广泛动员社会力量参与文物保护利用，积极推动文物保护利用融入人民群众生产生活，做到文物保护利用为了人民、依靠人民，不断满足人民日益增长的美好生活需要，增强人民精神力量；深化文物保护利用改革，完善各方主体参与文物保护利用的支持政策，保障利益相关方合法权益。

　　不论是在理论上还是在实践中，都定性地证明了革命遗址保护需要公众参与。从理论层面讲，革命遗址是一种具有公共属性的文化资源，对革命遗址的保护可被视为一项以保护公共利益为目的的社会公共文化事业，理应由提供社会公共服务的中央和地方政府来承担起相应的保护责任与成本。但是，首先，随着革命遗址保护理念的不断深化与更新，革命遗址保护的内容变得深刻而复杂，原有的以政府为主导的静态化保护管理模式越来越难以适应动态保护的需求；其次，革命遗址文化传承的主体是具体的个人、群体，政府本身无法成为文化传承的主体，脱离了主体而谈论保护将会面临巨大的政策风险，事实上传统的生活模式与文化网络已经逐渐成为革命遗址的重要价值组成，现有的保护模式中并未有效保护这部分价值；最后，革命遗址保护需要大量的资金支持，单单依靠政府的财政帮扶难以实现有效保护。因此，在革命遗址保护的过程中，需要更广泛的公众力量参与。从实践层面来讲，广泛的公众参与在实际的革命遗址保护中也已经开始显现出越来越重要的积极作用。由于媒体舆论力量的日益壮大，革命遗址的拆、迁往往会遭受到来自民间保护力量的巨大阻力。而各种制度化、非制度化的公众参与，却能使革命遗址得到较完好的保留。在革命遗址保护上的许多成功实践都源于有效的公众参与，不同的革命遗址在相近文化与地理条件中所表现出来的截然不同的保护效果也证明了积极主动的公众参与能够有助于革命遗址保护。

革命遗址是中国革命文化的重要象征，革命遗址保护工作具有很强的时代性，需要社会大众全面参与其中，共同作出努力。革命遗址保护工作是我国精神文明建设的重要组成部分，加大革命遗址保护工作的有效宣传，对促进我国社会主义事业的健康发展具有十分重要的现实意义。近年来，随着人们的文化水平显著提高，国家和社会对革命遗址保护的重视程度越来越高，但是在实际的革命遗址保护工作开展期间，仍然存在很多亟须解决的问题，特别是一些革命遗址常常被破坏。所以就需要我们从加强公众参与角度入手，培养人们正确看待革命遗址、提高保护革命文物的意识，让文物保护工作能够更好更快地发展。

## 二、以捐赠、资助、认护等方式参与革命遗址的保护相关工作

本条规定了公民、法人或者其他组织参与革命遗址的保护、管理、修缮和利用的方式主要包括捐赠、资助、认护等。捐赠，是指无偿的奉献，没有索求地把自己的财物给予别人。资助，是指替人出力、出主意或给予物质上、精神上的支援。认护，是指分辨、识别、认领革命遗址，表示同意保护、看守革命遗址不受毁损或破坏。相关法律也对此进行了规定，《文物保护法》第 10 条第 4 款规定，国家鼓励通过捐赠等方式设立文物保护社会基金，专门用于文物保护，任何单位或者个人不得侵占、挪用。《江西省革命文物保

护条例》第 9 条第 3 款也作了进一步规定，参与革命文物保护工作还可以是投资、捐助、捐赠、志愿服务、技术支持等方式。通过捐赠、资助、认护等方式让公民、法人或者其他组织参与维护、保护革命遗址，追忆革命历史文化，传承高尚革命精神，增强公众对中国革命历史的认同感，激发公众的爱国主义精神，给公众树立正确的世界观、人生观、价值观，继承和学习革命英烈不畏艰苦和困难的精神。

# 第五章　法律责任

## 第三十六条【行政机关及其工作人员违法责任】

国家机关及其工作人员违反本条例规定，有下列行为之一的，对直接负责的主管人员和其他直接责任人员依法给予处分；构成犯罪的，依法追究刑事责任：

（一）违法决策或者滥用审批权限造成列入保护名录的革命遗址及其历史风貌损毁的；

（二）对发现的违法行为不及时查处或者有其他不依法履行职责行为，造成革命遗址损坏等严重后果的；

（三）违反法律、法规使用革命遗址保护资金的；

（四）违反规定借用、转让、抵押、租售或者非法占用革命遗址的。

## 【条文释义】

2021 年国务院办公厅印发的《"十四五"文物保护和科技创新规划》指出，强化文物行政执法督察，规范文物违法举报流程，加大重大违法案件责任追究力度。关于国家机关及其工作人员的责任追究，《文物保护法》第 76—77 条作了相关规定。另外，《江西省文物保护条例》第 44 条规定，文物主管部门、其他有关部门、国有文物保护单位管理机构、国有文物收藏单位违反本条例规定，不履行文物保护和管理职责，或者玩忽职守、滥用职权、徇私舞弊的，对负有责任的主管人员和其他直接责任人员依法给予处分；构成犯罪的，依法追究刑事责任。《江西省革命文物保护条例》第45条规定，国家机关及其工作人员有下列行为之一的，对直接负责的主管人员和其他直接责任人员依法给予处分：违法决策或者滥用审批权限的；对发现的违法行为不及时查处的；有其他不履行革命文物保护管理职责行为的。

## 一、设定行政机关及其工作人员违法责任的意义

对于行政机关及其工作人员来说，一方面，它要履行对这个国家公民行为的管理义务；另一方面，它又要履行作为国家文物管理者的义务，即对革命遗址的管理义务。在一般情况下，行政机关及其工作人员能够遵守法律法规，履行对国家与对社会的义务，但是由于行政机关工作人员自身利益，就有可能发生某些不顾国家与他人利益、不履行法律法规规定的义务，而给国家或其他企业以及公民个人造成损失的可能。在本条例中规定法律责任，可以有效地制裁违法者，让行政机关及其工作人员履行法律规定的义务。此外，还可以监督行政机关及其工作人员义务的履行，从而起到预防行政机关及其工作人员违法的作用。同时，对国家机关及其工作人员追究法律责任，也可以有效督促其积极履行法定职责、合理使用法定职权，减少滥用职权玩忽职守、徇私舞弊行为的发生，从而确保行政机关及其工作人员能够尽职尽责地保护利用好革命遗址。规定法律责任是行政机关依法实施管理，以维护社会秩序和公共利益，保护公民和组织合法权益的重要方式。

因此，本条规定国家机关及其工作人员违反本条例规定，有本条规定的违法违规行为的，对直接负责的主管人员和其他直接责任人员依法给予处分；构成犯罪的，依法追究刑事责任。

## 二、行政机关及其工作人员依法处分的情形

### （一）违法决策或者滥用审批权限的行为

违法决策或者滥用审批权限主观上都是出于故意。违法决策是指国家机关及其工作人员违反法律而进行处理、决定等。决策，指对有关事项作出处理或决定等。即国家机关及其工作人员决策行为虽未逾越其职权范围，但却以不正当目的或非法的方式行使其职权，对有关事项作出不符合法律规定的处理或决定，背离革命遗址保护和合理利用的目的。滥用审批权限是指国家机关及其工作人员超过审批权限，违法决定、处理其无权决定、处理的事项。超越审批权限主要包括三种情况：一是横向越权，即行为人行使了属于其他国家机关的专有审批权限。二是纵向越权，即具有上下级隶属关系的同一性质但不同级别国家机关之间的越权，既包括上级对下级审批权限范围内的工作滥用指令，也包括下级对上级审批权限范围的侵犯。三是内部越权，即依照有关规定，某类问题应由该单位或机关通过内部民主讨论后形成决策，而行为人却独断专行，不倾听或不采纳别人的意见。根据《文物保护法实施条例》第 54 条的相关规定，公安机关、工商行政管理、文物、海关、城乡规划、建设等有关部门及其工作人员，违反本条例规定，滥用审批权限的，对负有责任的主管人员和其他直接责任人员依法给予行政处分；构成犯罪的，依法追究刑事责任。因此，本条第（1）项规定了，由于国家机关及其工作人员违法决策或者滥用审批权限，"造成列入保护名录的革命遗址及其历史风貌损毁"的行为，适用本条之规定。

### （二）有不依法履行职责的行为

不依法履行职责主观上是出于过失。不依法履行职责，即玩忽职守，即未按照法律规定、严重不负责任，不履行或不认真履行职

责。不履行职责，是指国家机关及其工作人员有能力且有条件履行自己应尽的职责，却违背职责，完全没有履行，具体包括擅离职守和在岗不履行职责两种情况。不认真履行职责，是指国家机关及其工作人员虽然形式上具有履行职责的行为，但并未完全按职责要求履行，如在职务活动中出现差错、决策失误、采取措施不及时或不得力，等等。不依法履行职责多是不作为的形式，但有时也可是作为的形式。根据《文物保护法实施条例》第54条的相关规定，公安机关、工商行政管理、文物、海关、城乡规划、建设等有关部门及其工作人员，违反本条例规定，不履行职责或者发现违法行为不予查处的，对负有责任的主管人员和其他直接责任人员依法给予行政处分；构成犯罪的，依法追究刑事责任。因此，本条第（2）项规定了，由于国家机关及其工作人员对发现的违法行为不及时查处或者有其他不依法履行职责，"造成革命遗址损坏等严重后果"的行为，适用本条之规定。

（三）违法、违规使用革命遗址保护资金的行为

革命遗址保护资金，是指由法律法规规定的专门用于开展革命遗址保护相关工作的资金。相关法律法规规定，不能改变革命遗址保护资金的用途，违法、违规使用革命遗址保护资金，将本该用于革命遗址保护的资金用作其他用途或私吞革命遗址保护资金的，应当追究其相应的法律责任。《文物保护法》第10条第3款规定，国有博物馆、纪念馆、文物保护单位等的事业性收入，专门用于文物保护，任何单位或者个人不得侵占、挪用。《文物保护法实施条例》第2条规定，国家重点文物保护专项补助经费和地方文物保护专项经费，由县级以上人民政府文物行政主管部门、投资主管部门、财政部门按照国家有关规定共同实施管理。任何单位或者个人不得侵占、挪用。因此，本条第（3）项规定了，对于国家机关及其工作

人员对革命遗址保护资金进行违法、违规使用的，适用本条之规定。

（四）违规借、转、抵、租或者非法占用革命遗址的行为

根据革命遗址保护相关法律法规的规定，所谓违规"借、转、抵、租"，是指违反规定借用、转让、抵押和租售革命遗址的行为，即违反规定将革命遗址借给他人使用、将革命遗址所有权转让给他人、将革命遗址不转移占有地进行债权担保以及将革命遗址出租、出售给他人等行为。另外，本条还规定不能非法占用革命遗址。对革命遗址的权属保护，相关法律法规也进行了规定。《文物保护法》第 5 条规定，中华人民共和国境内地下、内水和领海中遗存的一切文物，属于国家所有；国家指定保护的纪念建筑物、古建筑、石刻、壁画、近代现代代表性建筑等不可移动文物，除国家另有规定的以外，属于国家所有；国有不可移动文物的所有权不因其所依附的土地所有权或者使用权的改变而改变；属于国家所有的可移动文物的所有权不因其保管、收藏单位的终止或者变更而改变；国有文物所有权受法律保护，不容侵犯。《文物保护法》第 24 条规定，国有不可移动文物不得转让、抵押。建立博物馆、保管所或者辟为参观游览场所的国有文物保护单位，不得作为企业资产经营。《江西省文物保护条例》第 37 条第 1 款、第 2 款规定，文物利用坚持合理、适度的原则。禁止对文物进行破坏性利用。禁止将国有不可移动文物转让、抵押。禁止将国有文物保护单位作为或者变相作为企业资产经营。因此，本条第（4）项规定了，对于国家机关及其工作人员对革命遗址违反规定进行借用、转让、抵押、租售或者非法占用的，适用本条之规定。

### 三、国家机关及其工作人员的行政责任

本条规定，"国家机关及其工作人员违反本条例规定，有下列行为之一的，对直接负责的主管人员和其他直接责任人员依法给予

处分……" 处分是指任免机关、单位对公职人员的违法行为所作出的惩戒。而政务处分是指监察机关针对公职人员的违法行为所作出的惩戒。虽然都是针对公职人员违法行为的责任追究，但由于实施主体不同，处分的名称也各不相同。但实践中为了避免政务处分与现行公务员、事业单位工作人员处分制度相混淆，也为了国有企业管理人员与企业之间的劳动关系性质相适应而作出调整，最后形成政务处分与处分并行模式。由监察机关按照法律的规定对公职人员进行监督、对违法的公职人员给予政务处分。公职人员任免机关、单位按照法律的规定，加强对公职人员的监督管理，对违法的公职人员进行处分，两者相互补充，相互促进、协调发展。即政务处分的实施主体是监察机关，体现的是监督责任；处分的实施主体是任免机关、单位，体现的是主体责任。政务处分与处分在种类、期间、适用的违法情形，从重、从轻或者减轻、免予或者不予处分，违法利益的处理等方面是一致的，均适用《中华人民共和国公职人员政务处分法》有关规定。

《中华人民共和国公职人员政务处分法》第 7 条规定，政务处分的种类包括警告、记过、记大过、降级、撤职和开除。所谓公职人员，按照《中华人民共和国公职人员政务处分法》第 2 条第 3 款规定，"本法所称公职人员，是指《中华人民共和国监察法》第十五条规定的人员"。而《中华人民共和国监察法》第 15 条规定，"监察机关对下列公职人员和有关人员进行监察：（一）中国共产党机关、人民代表大会及其常务委员会机关、人民政府、监察委员会、人民法院、人民检察院、中国人民政治协商会议各级委员会机关、民主党派机关和工商业联合会机关的公务员，以及参照《中华人民共和国公务员法》管理的人员；（二）法律、法规授权或者受国家机关依法委托管理公共事务的组织中从事公务的人员；（三）国有企业管理人员；（四）公办的教育、科研、文化、医疗卫生、体育等单位中从事管理的人员；（五）基层群众性自治组织中从事管理的人员；（六）其他依法履行公职的人员。"

## 四、国家机关及其工作人员的刑事责任

本条规定，"国家机关及其工作人员构成犯罪的，依法追究刑事责任"。《中华人民共和国刑法》规定了职务侵占罪、挪用资金罪、贪污罪、挪用公款罪、滥用职权罪和玩忽职守罪。《中华人民共和国刑法》第271条第1款规定了职务侵占罪，公司、企业或者其他单位的工作人员，利用职务上的便利，将本单位财物非法占为己有，数额较大的，处三年以下有期徒刑或者拘役，并处罚金；数额巨大的，处三年以上十年以下有期徒刑，并处罚金；数额特别巨大的，处十年以上有期徒刑或者无期徒刑，并处罚金。《中华人民共和国刑法》第272条第1款规定了挪用资金罪，公司、企业或者其他单位的工作人员，利用职务上的便利，挪用本单位资金归个人使用或者借贷给他人，数额较大、超过三个月未还的，或者虽未超过三个月，但数额较大、进行营利活动的，或者进行非法活动的，处三年以下有期徒刑或者拘役；挪用本单位资金数额巨大的，处三年以上七年以下有期徒刑；数额特别巨大的，处七年以上有期徒刑。《中华人民共和国刑法》第383条规定了贪污罪，对犯贪污罪的，根据情节轻重，分别依照下列规定处罚：（1）贪污数额较大或者有其他较重情节的，处三年以下有期徒刑或者拘役，并处罚金；（2）贪污数额巨大或者有其他严重情节的，处三年以上十年以下有期徒刑，并处罚金或者没收财产；（3）贪污数额特别巨大或者有其他特别严重情节的，处十年以上有期徒刑或者无期徒刑，并处罚金或者没收财产；数额特别巨大，并使国家和人民利益遭受特别重大损失的，处无期徒刑或者死刑，并处没收财产。对多次贪污未经处

理的，按照累计贪污数额处罚。《中华人民共和国刑法》第384条规定了挪用公款罪，国家工作人员利用职务上的便利，挪用公款归个人使用，进行非法活动的，或者挪用公款数额较大、进行营利活动的，或者挪用公款数额较大、超过三个月未还的，是挪用公款罪，处五年以下有期徒刑或者拘役；情节严重的，处五年以上有期徒刑。挪用公款数额巨大不退还的，处十年以上有期徒刑或者无期徒刑。挪用用于救灾、抢险、防汛、优抚、扶贫、移民、救济款物归个人使用的，从重处罚。《中华人民共和国刑法》第397条第1款规定了滥用职权罪和玩忽职守罪，国家机关工作人员滥用职权或者玩忽职守，致使公共财产、国家和人民利益遭受重大损失的，处三年以下有期徒刑或者拘役；情节特别严重的，处三年以上七年以下有期徒刑。本法另有规定的，依照规定。

### 第三十七条【破坏革命遗址罚则】

违反本条例规定，有下列行为之一，破坏保护名录内的革命遗址的，由县级以上人民政府文物主管部门或者相关主管部门责令改正；造成严重后果的，处一万元以上十万元以下罚款：

（一）擅自迁移、拆除或者损坏尚未公布为不可移动文物的革命遗址的；

（二）擅自修缮尚未公布为不可移动文物的革命遗址，明显改变原状的；

（三）擅自在尚未核定为文物保护单位的革命遗址的保护范围内进行建设工程或者爆破、钻探、挖掘等作业的；

（四）在尚未核定为文物保护单位的革命遗址的建设控制地带内进行建设工程，其工程设计方案未经批准，对革命遗址的历史风貌造成破坏的。

**【条文释义】**

本条规定了对列入保护名录内革命遗址情节严重的破坏行为的罚则。对革命遗址的迁移、拆除、修缮以及在革命遗址保护范围内、建设控制地带内进行建设工程等活动的，都要经过有关部门批准。擅自进行上述活动，破坏保护名录内的革命遗址，应当由有关部门予以处罚。《文物保护法》第 66 条第 1 款规定，有下列行为之一，尚不构成犯罪的，由县级以上人民政府文物主管部门责令改正，造成严重后果的，处五万元以上五十万元以下的罚款；情节严重的，由原发证机关吊销资质证书：（1）擅自在文物保护单位的保护范围内进行建设工程或者爆破、钻探、挖掘等作业的；（2）在文物保护单位的建设控制地带内进行建设工程，其工程设计方案未经文物行政部门同意、报城乡建设规划部门批准，对文物保护单位的历史风貌造成破坏的；（3）擅自迁移、拆除不可移动文物的；（4）擅自修缮不可移动文物，明显改变文物原状的；（5）擅自在原址重建已全部毁坏的不可移动文物，造成文物破坏的；（6）施工单位未取得文物保护工程资质证书，擅自从事文物修缮、迁移、重建的。

## 一、对两类保护名录内的革命遗址的破坏

两类保护名录内的革命遗址，按照本条之规定，是指"尚未公布为不可移动文物的革命遗址"和"尚未核定为文物保护单位的革命遗址"。保护名录，也称革命遗址保护名录，根据本条例第 12 条之规定，是由市人民政府所建立的、向社会公众公布的革命遗址查询工具，从而更好地保护和查询市政府所在区域内的革命遗址。革命遗址保护名录的确认主体是市人民政府。革命遗址，根据本条例第 3 条之规定，是指新民主主义革命时期，中国共产党团结带领各族人民在本行政区域内进行革命活动所形成的遗址、遗迹、纪念设施。按照是否公布为不可移动文物，保护名录内的革命遗址分为

"已经公布为不可移动文物的革命遗址"和"尚未公布为不可移动文物的革命遗址";按照是否核定为文物保护单位,保护名录内革命遗址分为"已经核定为文物保护单位的革命遗址"和"尚未核定为文物保护单位的革命遗址"。对于"已经公布为不可移动文物的革命遗址"和"已经核定为文物保护单位的革命遗址"的处罚,相关文物保护法律法规已经有了明确规定,但对于"尚未公布为不可移动文物的革命遗址"和"尚未核定为文物保护单位的革命遗址"的处罚却尚未有相关法律法规作出规定。为此,本条主要规定了对两类保护名录内的革命遗址的破坏行为,其中第(1)项和第(2)项是关于破坏"尚未公布为不可移动文物的革命遗址"的行为,第(3)项和第(4)项是关于破坏"尚未核定为文物保护单位的革命遗址"的行为。

(一)尚未公布为不可移动文物的革命遗址

不可移动文物,由文物保护相关法律法规予以分级保护。《文物保护法》第3条规定,古文化遗址、古墓葬、古建筑、石窟寺、石刻、壁画、近代现代重要史迹和代表性建筑等不可移动文物,根据它们的历史、艺术、科学价值,可以分别确定为全国重点文物保护单位,省级文物保护单位,市、县级文物保护单位。《文物保护法》第13条又规定,国务院文物行政部门在省级、市、县级文物保护单位中,选择具有重大历史、艺术、科学价值的确定为全国重点文物保护单位,或者直接确定为全国重点文物保护单位,报国务院核定公布。省级文物保护单位,由省、自治区、直辖市人民政府核定公布,并报国务院备案。市级和县级文物保护单位,分别由设区的市、自治州和县级人民政府核定公布,并报省、自治区、直辖市人民政府备案。尚未核定公布为文物保护单位的不可移动文物,由县级人民政府文物行政部门予以登记并公布。此外,《文物保护法实施条例》第 12 条、第 19 条，《江西省文物保护条例》第 10 条，《江西省革命文物保护条例》第 17 条还作出了进一步细化规定。

可见，对于"不可移动文物"可分为"尚未公布为不可移动文物"和"已经公布为不可移动文物"两种情形。"尚未公布为不可移动文物"的，是指没有得到县级人民政府文物行政部门的登记、公布的不可移动文物。"已经公布为不可移动文物"的，是指已经被县级人民政府文物行政部门进行登记并公布的不可移动文物，而且还采取了确定为文物保护单位的形式进行保护，即划分为"已经核定公布为文物保护单位的不可移动文物"（包括"全国重点文物保护单位""省级文物保护单位""市、县级文物保护单位"）和"尚未核定公布为文物保护单位的不可移动文物"。根据《不可移动文物认定导则（试行）》第 2 条规定，本导则所指的不可移动文物，包括具有历史、艺术、科学价值的古遗址、古墓葬、古建筑、石窟寺和石刻；与重大历史事件、革命运动或者著名人物有关的以及具有重要纪念意义、教育意义或者史料价值的近代现代重要史迹、代表性建筑等。因此，革命遗址作为一类不可移动文物，也可分为"尚未公布为不可移动文物的革命遗址"和"已经公布为不可移动文物的革命遗址"两种情形。而本条中的"尚未公布为不可移动文物的革命遗址"是相对于"已经公布为不可移动文物的革命遗址"而言的。根据《文物保护法》第 13 条规定，尚未核定公布为文物保护单位的不可移动文物，由县级人民政府文物行政部门予以登记并公布。在不可移动文物进行登记公布中，难免会存在一些革命遗址属于不可移动文物却尚未登记公布的情形。换言之，不可移动文物虽然已经被列入了赣州市革命遗址保护名录之中，但是并没有被有关政府部门予以登记公布，并给予相应的县级以上（含

县级）人民政府级别的文物管理与保护。因此，从保护程度上来
说，未被县级以上（含县级）人民政府文物主管部门予以公布的不
可移动文物的保护程度比已被公布的不可移动文物低。为了保护地
方文物的历史面貌、风俗文化、人文精神等重要价值，需要无差别
地保护，而不应该视若无睹。

（二）尚未核定为文物保护单位的革命遗址

所谓"尚未核定为文物保护单位的革命遗址"，根据《文物保
护法》第3条、第13条和《江西省革命文物保护条例》第17条的
相关规定，是指没有被县级以上人民政府核定公布为文物保护单位
的革命遗址。文物保护单位的概念最早是1956年国务院在《关于
在农业生产建设中保护文物的通知》中第一次提出来的，1961年
被写入了《文物保护管理暂行条例》，1982年被写入了《文物保护
法》。文物保护单位为我国对确定纳入文物保护对象的不可移动文
物的统称。对文物的保护方式有很多种，比如列入保护名录，实施
分级保护以及进行原址保护等，其中核定公布为文物保护单位的制
度，就是对文物的一种分级保护。《文物保护法》第3条、第13条
将文物保护单位分为三级即全国重点文物保护单位、省级文物保护
单位和市县级文物保护单位。而《江西省革命文物保护条例》第
17条又进一步规定，将不可移动革命文物分为革命文物保护单位
和尚未核定公布为文物保护单位的不可移动文物，其中革命文物保
护单位分为全国重点文物保护单位、省级文物保护单位、设区的市
级文物保护单位、县级文物保护单位。实践证明，文物保护单位制
度作为文物保护领域的一项基本的制度，是符合我们国家国情的，
这个制度制定以来，对我国文物的保护起到了不可替代的作用。

可见，"文物保护单位"可分为"尚未核定为文物保护单位"
和"已经核定为文物保护单位"两种情形。"尚未核定为文物保护

单位"的，是指没有得到文物行政部门确认并由县级以上人民政府进行核定公布的文物保护单位。"已经核定为文物保护单位"的，是指已经得到文物行政部门确认并由县级以上人民政府进行核定公布的文物保护单位。因此，在革命遗址保护名录中，也包括了保护名录内"已经核定为文物保护单位的革命遗址"和保护名录内"尚未核定为文物保护单位的革命遗址"，对于后者，若存在重要价值，应当有相应的补救措施来提高其保护等级，即本条例第 16 条规定的，依法认定或者申报相应级别的文物保护单位。

## 二、破坏保护名录内革命遗址的行为

《文物保护法》第 66 条是关于"已经公布为不可移动文物"和"已经核定为文物保护单位"的规定。而对"尚未公布为不可移动文物""尚未核定为文物保护单位"的两类革命遗址的破坏行为缺乏相关法律规定，所以本条对这两类革命遗址的破坏行为作规定。

### （一）擅自迁移、拆除或者损坏尚未公布为不可移动文物的革命遗址

此类行为是指对不在自己职权范围内的事情自作主张或者未经有关行政部门批准进行移动、拆毁、清除革命遗址的行为。《文物保护法实施条例》第 15 条规定，承担文物保护单位的迁移、重建工程的单位，应当同时取得文物行政主管部门发给的相应等级的文物保护工程资质证书和建设行政主管部门发给的相应等级的资质证书。《文物保护法实施条例》第 55 条第 1 款规定，违反本条例规定，未取得相应等级的文物保护工程资质证书，擅自承担文物保护单位的迁移、重建工程的，由文物行政主管部门责令限期改正；逾期不改正，或者造成严重后果的，处 5 万元以上 50 万元以下的罚款；构成犯罪的，依法追究刑事责任。《江西省文物保护条例》第

46 条规定，违反本条例规定，被批准迁移、拆除的不可移动文物，建设单位事先未进行测绘、摄像和文字记录等资料工作而迁移、拆除的，或者不可移动文物迁移工程未与异地保护工程同步进行的，由文物主管部门责令改正，并处 1 万元以上 10 万元以下的罚款。

（二）擅自修缮尚未公布为不可移动文物的革命遗址，明显改变原状

此类行为是指未经批准将列入遗址保护名录的且没有公布为不可移动文物的革命遗址进行修理、修复，导致该革命遗址明显地改变了原本的形状、风貌的行为。《文物保护法实施条例》第 15 条规定，承担文物保护单位的修缮工程的单位，应当同时取得文物行政主管部门发给的相应等级的文物保护工程资质证书和建设行政主管部门发给的相应等级的资质证书。《文物保护法实施条例》第 55 条第 1 款规定，违反本条例规定，未取得相应等级的文物保护工程资质证书，擅自承担文物保护单位的修缮工程的，由文物行政主管部门责令限期改正；逾期不改正，或者造成严重后果的，处 5 万元以上 50 万元以下的罚款；构成犯罪的，依法追究刑事责任。

（三）擅自在尚未核定为文物保护单位的革命遗址的保护范围内进行建设工程或者爆破、钻探、挖掘等作业

关于"尚未核定为文物保护单位的革命遗址"，前面已经详细阐述，此处不再赘述。对于"保护范围"，根据《文物保护法实施条例》第 9 条的规定，文物保护单位的保护范围，是指对文物保护单位本体及周围一定范围实施重点保护的区域。文物保护单位的保护范围，应当根据文物保护单位的类别、规模、内容以及周围环境的历史和现实情况合理划定，并在文物保护单位本体之外保持一定的安全距离，确保文物保护单位的真实性和完整性。

（四）在尚未核定为文物保护单位的革命遗址的建设控制地带内进行建设工程，其工程设计方案未经批准，对革命遗址的历史风貌造成破坏

关于"建设控制地带"，根据《文物保护法实施条例》第 13 条的规定，文物保护单位的建设控制地带，是指在文物保护单位的保护范围外，为保护文物保护单位的安全、环境、历史风貌对建设项目加以限制的区域。文物保护单位的建设控制地带，应当根据文物保护单位的类别、规模、内容以及周围环境的历史和现实情况合理划定。

### 三、对破坏保护名录内革命遗址行为的执法主体和法律责任

本条的执法主体是县级以上人民政府文物主管部门或者相关主管部门。本条例第 6 条规定了革命遗址保护相关工作的部门职责，即市、县级人民政府文物主管部门负责指导、协调和监督本行政区域内革命遗址保护、管理、修缮和利用工作。发展改革、自然资源、住房和城乡建设、教育、城市管理、民政、退役军人事务、财政、民族宗教、旅游、交通运输、生态环境、公安、应急管理等主管部门按照各自职责，做好革命遗址保护、管理、修缮和利用相关工作。本条例第 27 条规定了革命遗址保护管理的定期检查和投诉举报制度，明确相关部门的责任。对于文物工作行政执法"三项制度"，国家文物局还在 2021 年公布了《文物行政执法公示办法（试行）》《文物行政执法全过程记录办法（试行）》《重大文物行政执法决定法制审核办法（试行）》。

对破坏保护名录内革命遗址的法律责任，是指革命遗址保护主体违反革命遗址保护的相关法律法规规范所应承担的否定性法律后果。法律责任是社会责任的一种，它与其他社会责任，如政治责

任、纪律责任、道义责任等有密切联系，但也有原则区别。法律责任的形成是因为违反法律上的义务关系，法律责任的追究和执行是由国家强制力实施或者潜在保证的。破坏保护名录内革命遗址的法律责任具体包括：

（1）责令改正。该法律责任适用于未造成严重后果的情况。责令改正，也称责令立即改正或限期改正违法行为，是指行政主体责令违法行为人停止和纠正违法行为，以恢复原状，维持法定的秩序或者状态，具有事后救济性。《中华人民共和国行政处罚法》第28条第1款规定，行政机关实施行政处罚时，应当责令当事人改正或者限期改正违法行为。

（2）罚款。该法律责任适用于造成严重后果的情况，处罚幅度为1万元以上10万元以下。《中华人民共和国行政处罚法》第9条第（2）项规定了行政处罚的种类包括罚款。罚款是最常见的、应用最广泛的处罚形式，包括行政罚款、司法罚款等，是指行政机关等国家机关对违法相对人强制收取一定数量的金钱，剥夺一定财产权利的制裁方法。罚款与罚金不同，罚金是一种刑罚，是由人民法院强制被判处刑罚的人在一定的期限内交纳一定数量的金钱，而罚金一般是一种行政处罚，适用于违反了行政法律法规的违法行为。

## 第三十八条【禁止行为罚则】

违反本条例规定，在革命遗址的保护范围内，有下列行为之一，造成损坏尚不严重的，由县级人民政府文物主管部门或者公安机关给予警告，可以并处五十元以上二百元以下的罚款：

（一）刻划、涂污、损坏革命遗址的；

（二）刻划、涂污、损毁或者擅自移动、拆除革命遗址保护标志的；

（三）损坏革命遗址保护设施的；

（四）毁林开荒、开挖沟渠、采石、取土的。

【条文释义】

本条规定了对革命遗址保护范围内情节较轻的违法行为的罚则。

## 一、规定禁止行为罚则的意义

（一）建立了革命遗址禁止行为的处罚设定和实施制度

赣州市地方性法规大部分是属于行政管理性质的，要由国家行政机关来贯彻实施。中央各部委，地方人民政府也要根据本部门、本地区的具体管理工作制定规章。这是行政机关贯彻法律法规重要的手段，是维护公共利益和社会秩序重要的手段。地方性法规中规定的处罚罚则是地方性行政机关保证政令贯彻实施的有效手段，就是因为它具有强制性，它对违背行政意志的公民和组织强迫其履行一定的义务。如果非法行使了强制性，将损害公民、法人的合法权益。现代法治社会的一项基本准则就是凡是对公民、法人的权利作出限制性规定，或者要求公民、法人履行一定的义务，必须有法律法规的明文规定。法律法规没有明文规定公民、法人必须履行的，公民、法人就没有必须履行的义务，同时也不得因此对公民、法人给予任何处罚。本条处罚罚则规定了何种国家机关，哪一级国家机关可以设定何种行政处罚，根据本市目前法治建设发展水平和革命遗址保护水平，作出了明确规定。本条规定的赣州市行政机关设定行政处罚，这对于目前实施革命遗址保护的行政处罚设定比较混乱的局面来说是一个进步。

（二）健全、完善了地方性法规法律责任制度

我国的法律责任制度主要由民事责任、刑事责任和行政责任三

部分组成。对违法行为必须依法追究法律责任，这是法治的基本原则。有些违法行为构成犯罪，要追究刑事责任；关于民事责任，我国的民法基本建立了民事法律责任制度，当然，有些还需要进一步完善，但就法律制度而言，应已经确立；行政法律责任在一些单行的法律中有具体的规定。本条规定基本建立起赣州市有关革命遗址保护的刑事责任、民事责任和行政责任三大法律责任制度框架，对于完善赣州市革命遗址保护相关法律责任制度，保障革命遗址保护工作有效贯彻执行具有重要意义。

（三）提高文物行政执法水平，保障公民、法人和其他组织的合法权益

行政处罚是行政机关保障法律实施的一个重要手段。我国地方性法规代表地方全体人民的根本利益，受到地方广大人民的拥护，这是地方性法规得以贯彻的群众基础。行政机关执行地方性法规，要相信群众、依靠群众，提高执法水平，最重要的是要向广大人民进行法治宣传教育，使他们了解地方性法规的规定，提高法治观念，绝不能以处罚替代教育，以处罚替代管理，更不能以处罚谋取经济利益、以处罚谋取私利。本条规定的罚则是政府执法的一种手段，但是如果滥用，就会侵犯公民的合法权益，脱离群众，甚至产生腐败。制定地方性法规，规范革命遗址执法工作，对于克服一些部门和地方革命遗址执法过乱，保障和监督行政机关正确实施处罚，从而保护和管理赣州市革命遗址，维护人民合法权益。保障和监督行政机关正确实施处罚，还可以促使行政机关提高革命遗址执法工作水平，改进管理，加强法治教育，提高民众的革命遗址保护意识，密切与群众的关系，取得广大人民群众的支持，达到有效地进行行政管理、保障地方性法规贯彻的目的。

## 二、保护范围内的禁止行为

《江西省文物保护条例》第45条对在文物保护单位的保护范围内情节较轻的禁止行为作了相应规定。在此基础上，本条例第24条规定，在列入保护名录的革命遗址保护范围内，除禁止从事第23条所列行为外，还禁止从事下列行为：（1）刻划、涂污、损坏革命遗址；（2）刻划、涂污、损毁或者擅自移动、拆除革命遗址保护标志；（3）损坏革命遗址保护设施；（4）毁林开荒、开挖沟渠、采石、取土；（5）法律、法规禁止的其他行为。因此，本条规定的罚则适用以下四类行为。

（一）刻划、涂污、损坏革命遗址

刻划，是指违反赣州市革命遗址保护条例规定，使用器具在革命遗址本体上面进行刻字、留名等。涂污，是指违反赣州市革命遗址保护条例规定，使用油漆、涂料等物品沾污、弄脏革命遗址本体的行为。损坏，是指违反赣州市革命遗址保护条例规定，对革命遗址本体进行砸毁、拆除、挖掘而导致其受到破坏的行为。上述行为不仅直接破坏了市、县人民政府对革命遗址的正常管理，而且直接破坏了革命遗址的外观和整体形象。《文物保护法》第66条第2款规定，刻划、涂污或者损坏文物尚不严重的，由公安机关或者文物所在单位给予警告，可以并处罚款。《文物保护法实施条例》第57条进一步规定，《文物保护法》第66条第2款规定的罚款数额为200元以下。《江西省文物保护条例》第17条第（1）项规定，在文物保护单位的保护范围内，禁止刻划、涂污、损坏文物。《江西省文物保护条例》第45条第（1）项补充规定，违反本条例规定，在文物保护单位的保护范围内，刻划、涂污、损坏文物，造成损害尚不严重的，由公安机关或者文物所在单位给予警告，可以并处200元以下的罚款。

（二）刻划、涂污、损毁或者擅自移动、拆除革命遗址保护标志

刻划，是指违反赣州市革命遗址保护条例规定，使用器具在革命遗址保护标志上面进行刻字、留名等。涂污，是指违反赣州市革命遗址保护条例规定，使用油漆、涂料等物品沾污、弄脏革命遗址保护标志的行为。而损毁是使革命遗址保护标志丧失本来作用的行为，即损害革命遗址保护标志达到了不能使用的程度。擅自移动、拆除革命遗址保护标志，是指未经有关部门许可，主要是未经文物行政部门的许可，转移、拆卸革命遗址保护标志的行为。"移动革命遗址保护标志"包括：（1）将此处的革命遗址保护标志移换到彼处革命遗址处；（2）将此处的革命遗址保护标志移换到非革命遗址处；（3）将两个革命遗址保护标志互换。拆除具体表现为把革命遗址保护拆卸、移除下来，使原有的革命遗址保护标志不存在于特定位置。《文物保护法》第66条第2款规定，损毁依照本法第15条第1款规定设立的文物保护单位标志的，由公安机关或者文物所在单位给予警告，可以并处罚款。《文物保护法实施条例》第57条进一步规定，《文物保护法》第66条第2款规定的罚款，数额为200元以下。《江西省文物保护条例》第17条第（2）项规定，在文物保护单位的保护范围内，禁止刻划、涂污、损毁或者擅自移动文物保护单位标志。《江西省文物保护条例》第45条第（2）项补充规定，违反本条例规定，在文物保护单位的保护范围内，刻划、涂污、损毁、擅自移动文物保护单位标志，造成损害尚不严重的，由公安机关或者文物所在单位给予警告，可以并处200元以下的罚款。

（三）损坏革命遗址保护设施

损坏革命遗址保护设施，是指由于各种原因对革命遗址保护设施造成的残破，使其失去部分结构或原有的效能，包括对外罩的保

护性设施毁坏，例如对保护革命遗址的大棚、楼层、安全设备的破坏。这类行为是本条所称的禁止性行为。《江西省文物保护条例》第 17 条第（3）项规定，在文物保护单位的保护范围内，禁止损坏文物保护设施。《江西省文物保护条例》第 45 条第（3）项补充规定，违反本条例规定，在文物保护单位的保护范围内，损坏文物保护设施，造成损害尚不严重的，由公安机关或者文物所在单位给予警告，可以并处 200 元以下的罚款。

（四）毁林开荒、开挖沟渠、采石、取土

毁林开荒，是指在革命遗址保护范围内通过放火烧山等手段将林木毁掉，使林地变为种植粮食等农作物耕地的行为。开挖沟渠，是指在革命遗址保护范围内为灌溉或排水而挖掘水道、水沟等的行为。采石，是指在革命遗址保护范围内开采石料头、大理石或石板等的行为。取土，是指在革命遗址保护范围内通过钻探等方式把地表或地下的土取出来的行动。按照本条的规定，在革命遗址保护范围内，为开荒而将林地变为耕地，为灌溉或排水而挖掘水道、水沟，以及采石、取土的行为都是禁止实行的。《江西省文物保护条例》第 17 条第（4）项规定，在文物保护单位的保护范围内，禁止毁林开荒、开挖沟渠、采石、取土。《江西省文物保护条例》第 45 条第（4）项补充规定，违反本条例规定，在文物保护单位的保护范围内，毁林开荒、开挖沟渠、采石、取土，造成损害尚不严重的，由公安机关或者文物所在单位给予警告，可以并处 200 元以下的罚款。

### 三、禁止行为的责任后果及执法主体

《文物保护法》第 66 条第 2 款规定，刻划、涂污或者损坏文物尚不严重的，或者损毁依照本法第 15 条第 1 款规定设立的文物保护单位标志的，由公安机关或者文物所在单位给予警告，可以并处

罚款。此处的"罚款",《文物保护法实施条例》第 57 条作了进一步规定,即《文物保护法》第 66 条第 2 款规定的罚款,数额为 200元以下。《江西省革命文物保护条例》第 46 条规定,违反本条例第21 条第（5）项规定的,由县级以上人民政府文物主管部门给予批评教育,责令改正；构成违反治安管理行为的,由公安机关依法给予治安管理处罚。因此,本条规定"违反本条例规定,在革命遗址的保护范围内,有下列行为之一,造成损坏尚不严重的,由县级人民政府文物主管部门或者公安机关给予警告,可以并处五十元以上二百元以下的罚款"。这里的责任后果包括警告和罚款,执法主体包括县级以上人民政府文物主管部门和公安机关。

（1）警告,可以并处罚款。本条规定的警告和罚款,都属于行政处罚。警告一般是指行政机关对违法情节轻微的相对人,通过告诫和谴责其行为违法性的一种处罚方式。警告只具有精神上的制裁作用,因此可以并处一定数额的罚款。革命遗址保护范围内的上述行为都对革命遗址有一定的破坏,如果上述四种禁止行为情节上尚未对革命遗址造成严重后果,处以警告,可以并处 50 元以上 200元以下的罚款,以教育行政相对人不再犯。

（2）本处罚的执法主体是县级以上人民政府文物主管部门和公安机关。之所以将公安机关也列为执法主体,主要是这些行为相对于上一条而言,执法上不具有太大专业性,并且公安机关执法力量相对较强。因此,在本条所列行为上,文物主管部门和公安机关均可执法。对于文物工作行政执法"三项制度",国家文物局还在2021 年公布了《文物行政执法公示办法（试行）》《文物行政执法全过程记录办法（试行）》《重大文物行政执法决定法制审核办法（试行）》。对于"执法主体",行政处罚由具有行政处罚权的行政机关在法定职权范围内实施,没有行政处罚权的行政机关或其他组织一般不能实施行政处罚。国务院或者经国务院授权的省、自治区、直辖市人民政府可以决定一个行政机关行使有关的行政处罚权，但限制人身自由的行政处罚权只能由公安机关行使。享有行政处罚权、能够实施行政处罚的机关应具备以下条件：第一，必须是行政机关；第二，必须具有外部管理职能；第三，必须取得特定的行政处罚权；第四，必须在法定的职权范围内实施。

## 第三十九条【污染环境罚则】

违反本条例规定，在革命遗址保护范围或者建设控制地带内，建设污染革命遗址及其环境的设施的，由生态环境主管部门依照有关法律、法规的规定给予处罚。

违反本条例规定，在革命遗址保护范围或者建设控制地带内，存放易燃、易爆、易腐蚀等危及革命遗址安全的物品的，由公安机关依照有关法律、法规的规定给予处罚。

### 【条文释义】

### 一、设置环境污染行为罚则的意义

（一）有利于保护革命遗址及周边环境

环境污染是各种污染因素本身及其相互作用的结果，同时，环境污染还因受社会评价的影响而具有社会性。环境污染的特点包括公害性、潜伏性、长久性。公害性，表现为环境污染不受地区、种族、经济条件的影响，一律受害；潜伏性，表现为许多污染不易及时发现，一旦爆发后果严重；长久性，表现为许多污染长期连续不断的影响，危害人们的健康和生命，并不易消除。目前在倡导可持续发展的国际形势之下，以建筑全生命周期的观念来评价建筑物对外部环境的影响获得了广泛认同。所谓建筑的全生命周期，主要包括原材料的获取、生产运输、建造、使用和维护以及最终处理五个过程，在这五个过程当中，要考虑每个过程当中的能源、材料的投入，每个过程当中固体废物和废气的排放，以及建筑物对环境产生的各种潜在影响等。应当说，建筑业是影响生态环境最重要的行业之一，建筑的生产过程、使用过程及解体过程，不仅消耗大量的不可再生自然资源，而且是重要的环境污染制造过程。拆、建过程的不断更替，则会导致资源的重复消耗和环境的重复污染。因此，从可持续和生态的角度来看，包括革命遗址建筑在内的所有既存建筑，都具有一定的环境资源价值，而环境污染行为罚则的设定，也有利于保护革命遗址及周边环境。

（二）有利于发挥革命遗址经济价值

革命遗址是人类文化积淀的产物，它记载着人类文明形成和发展的各个不同时期的技术成就和艺术创造，是一个时代的生活方式、工程技术与审美观等的全部反映，具有重要的经济效益。革命遗址的保护利用，只有融入经济、社会和文化建设之中，发挥革命遗址的经济价值，才能获得持续不断的动力，产生真正的经济效益。赣州既是党史资源大市，又是宜居城市、文明城市，有必要也有条件把红色旅游、人文旅游和绿色旅游等有机结合起来，充分发挥红色资源的潜力和优势，推动赣州市红色旅游产业化发展。要全方位地对红色旅游资源进行研究、挖掘、整理、提炼和整合，依托便捷的交通网络，将赣州市的革命遗址集中串联成为完整的红色旅游线路，展现其独特的赣州历史文化内涵和民俗风情魅力，提升红色旅游文化品位。

（三）有利于提高革命遗址的社会功能

革命遗址的社会功能，是指利用革命遗址的革命历史文化资源满足社会上人们日益增长的精神文化需求。革命遗址作为历史文物建筑，是革命历史积淀的象征，具有重大的历史、资政、育人及经济等价值，承载和蕴藏着坚定的信仰、理想、奋斗、牺牲等革命精神。本条例第 31 条规定了利用革命遗址及其相关联的纪念设施和革命史料，开展爱国主义和革命传统教育等，目的就是保障革命历史文化的传承，赓续红色基因，弘扬革命精神。赣南是中央苏区的核心，每处革命遗址都承载着老一辈革命家或革命先烈们光荣的革命史实，是苏区革命文化传统和革命精神的最好见证，具有无可替代的精神教育价值、历史见证价值。

## 二、污染革命遗址环境所应承担的法律责任

《文物保护法》第 67 条规定，在文物保护单位的保护范围内或者建设控制地带内建设污染文物保护单位及其环境的设施的，或者对已有的污染文物保护单位及其环境的设施未在规定的期限内完成治理的，由环境保护行政部门依照有关法律、法规的规定给予处罚。《"十四五"文物保护和科技创新规划》指出，始终把保护放在第一位，健全文物保护利用法律制度、执法机制，落实各级政府主体责任，严守文物安全红线，确保文物本体安全，维护文物周边环境安全，提升全社会文物保护法治意识。建立健全文物灾害综合风险监测和评估制度，明确文物消防、防洪安全责任，加强消防设施、消防水源、消防车通道、防洪除涝设施和应急处置力量建设，强化火灾、洪涝风险辨识与管控，推广科学适用的技防物防措施，提升应急管理水平，增强防控能力。

### （一）一般的污染环境法律责任

本条第 1 款规定的是一般级别的污染环境法律责任，是指违反本条例规定，在革命遗址保护范围或者建设控制地带内建设污染革命遗址及其环境的设施的，由生态环境主管部门依照有关法律、法规的规定给予处罚。

环境污染具有时间和空间两大分布特性，即时间分布性和空间分布性。所谓时间分布性，是指污染物的排放量和污染因素的强度随时间而变化。例如，工厂排放污染物的种类和浓度往往随时间而变化，河流的潮汐和丰水期、枯水期的交替，都会使污染物浓度随时间而变化，随着气象条件的改变会造成同一污染物在同一地点的污染浓度相差高达数十倍。所谓空间分布性，是指污染物和污染因素进入环境后，随着水和空气的流动而被稀释扩散。不同污染物的稳定性和扩散速度与污染性质有关，因此，不同空间位置上污染物的浓度和强度分布是不同的。由此可见，必须根据污染物的时间、空间分布特点，科学地制订监测计划（包括网点设置、监测项目、采样频率等），然后对监测数据进行统计分析，才能得到较全面而客观的评述。

《文物保护法》第 19 条规定，在文物保护单位的保护范围和建设控制地带内，不得建设污染文物保护单位及其环境的设施，对已有的污染文物保护单位及其环境的设施，应当限期治理。《江西省革命文物保护条例》第 21—22 条作了进一步规定。另外，本条例第 23—24 条也规定，在列入保护名录的革命遗址保护范围和建设控制地带内，禁止从事建设污染革命遗址及其环境的设施的行为。

在革命遗址保护范围或者建设控制地带内建设污染革命遗址及其环境的设施，不仅污染环境，而且危及革命遗址安全。生态环境主管部门对此种违法行为有行政处罚权，因此应当由生态环境主管部门依照有关法律法规予以处罚。本款的执法主体是生态环境主管部门。

（二）严重的污染环境法律责任

本条第 2 款规定的是危险级别的污染环境法律责任，是指违反本条例规定，在革命遗址保护范围或者建设控制地带内，存放易燃、易爆、易腐蚀等危及革命遗址安全的物品的，由公安机关依照有关法律、法规的规定给予处罚。

《文物保护法》第 19 条规定，在文物保护单位的保护范围和建设控制地带内，不得进行可能影响文物保护单位安全及其环境的活动。《江西省文物保护条例》第 16—17 条，《江西省革命文物保护条例》第 21—22 条作了进一步规定。另外，本条例第 23—24 条也规定，在列入保护名录的革命遗址保护范围和建设控制地带内，禁止从事存放易燃、易爆、易腐蚀等危及革命遗址安全的物品的行为。

## 第四十条【施行日期】

本条例自 2019 年 6 月 1 日起施行。

### 【条文释义】

地方性法规通过以后，必然面对从什么时候起开始生效、在什么地域范围内生效、对什么人有效的问题，它关系到公民、法人和其他组织从何时起开始依法享有权利，并履行地方性法规规定的义务，这就是地方性法规的效力范围，它包括时间效力、空间效力和对人的效力三个方面。本条关于地方性法规的生效日期的规定，是解决地方性法规的时间效力问题。

颁布时间，是指该部法律、法规已被国家立法机关经过立法程序通过、确认、认可，并向社会公布的时间，此时还未正式施行，即还未正式生效。施行时间，是指该法律、法规开始生效的时间，该法律、法规实施后，一切社会活动要接受该法律、法规的约束，否则将承担相应的法律责任。根据 2015 年《中华人民共和国立法法》第 57—58 条的规定，"法律应当明确规定施行日期""签署公布法律的主席令载明该法律的制定机关、通过和施行日期"。2015
年《中华人民共和国立法法》第 61 条第 3 款规定，法律标题的题
注应当载明制定机关、通过日期。经过修改的法律，应当依次载明
修改机关、修改日期。在此基础上，《江西省立法条例》第 15 条、
《赣州市立法条例》第 15 条规定，起草法规草案一般应当对法规草
案施行日期等作出规定，并符合立法技术规范的要求。

　　颁布日期与施行日期之间大多有一个过渡期间，用于社会大众
接受、了解相关规定，并根据规定对相关行为做相应调整，以符合
法律法规要求。对地方性法规施行日期的规定，一般有两种形式：
一是自地方性法规公布之日起施行；二是在地方性法规中具体规定
施行日期，自该日期地方性法规正式生效。确定地方性法规的施行
日期，其意义不仅在于确定地方性法规的贯彻实施时间，还在于解
决地方性法规的溯及力问题，维护法律制度或法律关系的安定性。
"法不溯及既往"，这是法治国家的基本原则。根据这一原则，地方
性法规的规定只适用于地方性法规生效之后实施的行为，原则上不
能追溯至地方性法规生效之前的行为。换言之，在地方性法规尚未
生效之前的行为，不应在地方性法规规制范围之列，否则，将意味
着国家对行为人行为的评判缺少明确的标准，行为人对实施的行为
也无法提供稳定的预期，整个法律秩序将处在不稳定的状态。

　　同样地，本条例作为地方性法规，也具有溯及力问题。本条例
自 2019 年 6 月 1 日起施行，亦即 2019 年 6 月 1 日之后实施的行为，
将受本条例的规制。不过，"法不溯及既往"原则并非法律适用的
"铁律"，仍有一定的例外情形存在。由于我国尚未制定统一的行政
程序法，有关"法不溯及既往"原则的例外情形，主要体现在
《中华人民共和国立法法》第 93 条的规定。该条规定："法律、行
政法规、地方性法规、自治条例和单行条例、规章不溯及既往，但

为了更好地保护公民、法人和其他组织的权利和利益而作的特别规定除外。"据此，如果法律对更好地保护公民、法人和其他组织的权利和利益作出了特别规定的，可以排除"法不溯及既往"原则的适用。但一般情况下，包括本条例在内的相关革命遗址保护法律法规，均没有对哪些情况属于"更好地保护公民、公民和其他组织的权利和利益而作的特别规定"予以明确，时间中仍然需要更为细化的判断标准。

# 赣州市革命遗址保护条例

（《赣州市革命遗址保护条例》已由赣州市第五届人民代表大会常务委员会第二十次会议于 2019 年 3 月 1 日通过，江西省第十三届人民代表大会常务委员会第十二次会议于 2019 年 3 月 28 日批准，现予公布，自 2019 年 6 月 1 日起施行）

## 目　录

# 第一章 总 则

**第一条** 为了加强革命遗址的保护、管理、修缮和利用，发挥革命遗址的爱国主义教育和革命传统教育作用，弘扬苏区精神，传承红色文化，培育和践行社会主义核心价值观，根据《中华人民共和国文物保护法》《中华人民共和国文物保护法实施条例》《江西省文物保护条例》等有关法律、法规的规定，结合本市实际，制定本条例。

**第二条** 本市行政区域内革命遗址的保护、管理、修缮和利用，适用本条例。

**第三条** 本条例所称的革命遗址是指新民主主义革命时期，中国共产党团结带领各族人民在本行政区域内进行革命活动所形成的遗址、遗迹、纪念设施。包括：

（一）重要机构、重要会议旧址；

（二）重要人物故居、旧居、活动地或者墓地；

（三）重要事件和重大战斗的遗址、遗迹；

（四）其他见证革命历程、反映革命文化的重要遗址、遗迹、纪念设施。

**第四条** 革命遗址保护应当贯彻保护为主、抢救第一、合理利用、加强管理的方针，维护革命遗址本体安全和特有的历史环境风貌，保持历史真实性、风貌完整性和文化延续性。

**第五条** 市、县级人民政府负责本行政区域内的革命遗址的保护、管理、修缮和利用等工作。

市、县级人民政府应当将革命遗址保护纳入本级国民经济和社会发展规划，按照革命遗址保护工作的实际情况，将革命遗址保护、管理、修缮等经费列入本级财政预算。

**第六条** 市、县级人民政府文物主管部门负责指导、协调和监督本行政区域内革命遗址保护、管理、修缮和利用工作。

发展改革、自然资源、住房和城乡建设、教育、城市管理、民政、退役军人事务、财政、民族宗教、旅游、交通运输、生态环境、公安、应急管理等主管部门按照各自职责，做好革命遗址保护、管理、修缮和利用相关工作。

**第七条** 乡（镇）人民政府、街道办事处在县级人民政府文物主管部门的指导下开展本行政区域内革命遗址保护、管理、修缮和利用工作。

村（居）民委员会协助有关部门做好所在区域内革命遗址保护、管理、修缮和利用的相关工作。

**第八条** 革命遗址所有人、使用人、管理人应当支持、配合革命遗址保护、管理、修缮和利用工作，合理使用革命遗址，依法履行日常维护义务，不得损坏革命遗址。

**第九条** 市人民政府应当设立革命遗址保护利用专家委员会。

革命遗址保护利用专家委员会由文物保护、党史研究、规划、建设、文化、旅游等方面专业人士组成，负责革命遗址保护利用的咨询、指导和评审等工作，日常工作由市人民政府文物主管部门负责。

**第十条** 任何单位和个人都有依法保护革命遗址的义务，有权检举和制止损坏革命遗址的行为。

**第十一条** 市、县级人民政府对在革命遗址保护、管理、修缮和利用工作中做出突出贡献的单位和个人，按照有关规定给予表彰和奖励。

## 第二章 保护名录

**第十二条** 市、县级人民政府文物主管部门应当定期开展革命遗址普查和专项调查。

市人民政府应当建立革命遗址保护名录，并向社会公布。

**第十三条** 已公布为不可移动文物的革命遗址直接列入保护名录。

尚未公布为不可移动文物的革命遗址，按照以下程序申报列入革命遗址保护名录：

（一）县级人民政府文物主管部门根据革命遗址普查和专项调查结果，提出建议名单。

（二）县级人民政府文物主管部门根据建议名单，征求革命遗址所有人、使用人、管理人以及其他利益相关者的意见；所有人、使用人、管理人以及其他利益相关者提出异议的，可以组织听证会听取意见。

（三）县级人民政府文物主管部门会同当地党史研究机构组织专家论证，根据论证结果向社会公示建议名录，公示期限不得少于三十日。

（四）公示期满后，县级人民政府文物主管部门向县级人民政府提出申报建议；县级人民政府审核通过后报市人民政府批准。

**第十四条** 市人民政府文物主管部门发现有保护价值的革命遗址未列入保护名录申报范围的，应当通知县级人民政府文物主管部门依法组织申报。

任何单位或者个人认为革命遗址应当列入保护名录的，可以向当地文物主管部门提出建议，并提供相关依据。

**第十五条** 市人民政府文物主管部门应当组织革命遗址保护利

用专家委员会对县级人民政府申报列入保护名录的革命遗址开展价值评估，提出评估意见报市人民政府。革命遗址保护名录经市人民政府批准后，县级人民政府文物主管部门应当及时告知革命遗址所有人、使用人或者管理人。

**第十六条**　保护名录内尚未核定公布为文物保护单位，且具有重要价值的革命遗址，市、县级人民政府应当根据其历史、艺术、科学价值，依法认定或者申报相应级别的文物保护单位。

## 第三章　保护管理

**第十七条**　已公布为不可移动文物的革命遗址以及与革命遗址相关的可移动文物，依照文物保护相关法律、法规进行保护管理。

**第十八条**　所在地县级人民政府应当自革命遗址保护名录公布之日起一年内，组织文物、自然资源、旅游等主管部门编制革命遗址保护利用规划，并报市人民政府批准，自批准之日起三十日内向社会公布。

**第十九条**　列入保护名录的革命遗址应当实施原址保护，任何单位和个人不得损坏或者擅自迁移、拆除。

列入保护名录的尚未公布为不可移动文物的革命遗址，因特殊情况进行建设活动而无法实施原址保护需要迁移的，由建设单位会同所在地县级人民政府文物、自然资源等主管部门制定迁移异地保护方案，并由县级人民政府文物主管部门报告市人民政府文物主管部门。迁移所需费用，由建设单位列入建设工程预算。

重要事件和重大战斗遗址、遗迹，具有重要影响的烈士事迹发生地等，不得异地迁建。作为历史文化名城（镇、村）、街区和中国传统村落关键节点、地标的革命遗址不得异地迁建、拆除。

**第二十条**　列入保护名录的革命遗址存在坍塌、损毁、灭失等重大安全隐患的，市、县级人民政府应当及时开展抢救性保护和修复。

**第二十一条** 对列入保护名录的尚未核定为文物保护单位的革命遗址，由县级人民政府根据革命遗址的类别、内容、规模以及历史和现实情况划定保护范围、建设控制地带，经市人民政府批准后公布实施，并建立记录档案。

市人民政府对列入保护名录的革命遗址应当设立统一的保护标志。

**第二十二条** 在列入保护名录的尚未核定为文物保护单位的革命遗址保护范围内，禁止进行其他建设工程或者爆破、钻探、挖掘等作业。但是，因特殊情况需要进行上述作业的，必须保证革命遗址安全，县级人民政府相关主管部门在批准前应当征求同级人民政府文物主管部门意见。

在列入保护名录的尚未核定为文物保护单位的革命遗址建设控制地带内进行工程建设的，不得破坏革命遗址的历史风貌，工程设计方案应当经县级人民政府自然资源主管部门批准，批准前应当征求县级人民政府文物主管部门的意见。批准后由县级人民政府文物主管部门报市人民政府文物主管部门备案。

市、县级人民政府编制城乡规划、土地利用规划和旅游发展规划，实施土地、房屋征收涉及革命遗址的，相关部门应当征求同级人民政府文物主管部门的意见。

**第二十三条** 在列入保护名录的革命遗址建设控制地带内，禁止从事下列行为：

（一）建设污染革命遗址及其环境的设施；

（二）存放易燃、易爆、易腐蚀等危及革命遗址安全的物品；

（三）其他可能影响革命遗址安全及其环境的活动。

第二十四条 在列入保护名录的革命遗址保护范围内，除禁止从事第二十三条所列行为外，还禁止从事下列行为：

（一）刻划、涂污、损坏革命遗址；

（二）刻划、涂污、损毁或者擅自移动、拆除革命遗址保护标志；

（三）损坏革命遗址保护设施；

（四）毁林开荒、开挖沟渠、采石、取土；

（五）法律、法规禁止的其他行为。

第二十五条 市、县级人民政府应当采取多种方式，做好列入保护名录的革命遗址的维护修缮工作。

对列入保护名录的革命遗址，国有的由使用人负责维护修缮；非国有的由县级人民政府负责维护修缮，进行维护修缮前，应当与革命遗址所有人、使用人、管理人约定双方权利义务；所有权不明的，由县级人民政府负责维护修缮。

非国有革命遗址所有人自愿维护修缮革命遗址的，政府应当予以鼓励和支持。

第二十六条 对列入保护名录尚未公布为不可移动文物的革命遗址进行修缮时，应当注重保持原貌，与当时的历史环境、风格相一致。在修缮前告知革命遗址所在地县级人民政府文物主管部门，并在其指导下进行设计、修缮。

第二十七条 市、县级人民政府文物主管部门应当会同有关部门对列入保护名录的革命遗址保护状况进行定期检查，并督促整改。

市、县级人民政府文物主管部门应当建立投诉举报制度，及时受理对损坏革命遗址行为的投诉举报。对属于本部门职责范围内的事项，应当及时调查处理；对不属于本部门职责范围内的事项，应当在三个工作日内移交有管辖权的相关部门进行处理。

## 第四章　合理利用

**第二十八条**　市、县级人民政府应当在保证革命遗址安全和不破坏历史风貌的前提下，整合有条件的革命遗址资源，与教育培训、扶贫开发、乡村振兴和旅游发展相结合，纳入相应发展规划，开展红色文化教育培训，开发、推广具有红色文化特色的旅游产品、旅游线路和旅游服务。

鼓励将革命遗址与当地其他文物史迹、自然景观和非物质文化遗产等文化和自然资源相整合，拓展展示路线和内容，形成联合展示体系。

**第二十九条**　鼓励革命遗址对社会公众开放。

具备条件的国有革命遗址应当免费对社会公众开放，免费开放所需经费由所在地县级人民政府统筹安排。

**第三十条**　市、县级人民政府应当加强革命遗址及其所承载的革命历史的研究，梳理、编纂和出版革命遗址相关资料，挖掘红色文化、苏区精神的内涵和历史价值。

**第三十一条**　市、县级人民政府根据需要建立红色文化教育培训基地，利用革命遗址及其相关联的纪念设施和革命史料，开展爱国主义和革命传统教育。

各类学校和干部培训机构应当有计划地将革命遗址及其所承载的革命历史、苏区精神融入教育教学各环节；鼓励开设校本课程，开展研学实践教育活动。

**第三十二条**　市、县级人民政府应当加大革命遗址的宣传推介力度，利用陈列展览、影像宣传、历史情境再现等多种方式，展现革命遗址风貌，促进红色文化和苏区精神的传播。

利用革命遗址举办陈列展览，拍摄电影、电视片和影像资料等活动的，应当事先征求革命遗址所在地县级人民政府文物主管部门的意见。

革命遗址展览展示的内容、史料以及讲解词，应当征求党史研究机构和宣传部门的意见。展示利用应当防止过度商业化、娱乐化，杜绝低俗化。

**第三十三条** 民政、交通、住房和城乡建设、旅游和公安机关交通管理等主管部门制作辖区地图、命名道路、开发公众服务平台、建设公共交通站台、设置旅游交通标志和设施标牌时，应当包含革命遗址相关内容。

**第三十四条** 非国有革命遗址作为旅游景区的，景区经营者应当根据自愿原则与所有人订立合同，约定收益分成、保护措施、禁止行为等内容。

**第三十五条** 鼓励公民、法人或者其他组织以捐赠、资助、认护等方式，参与革命遗址的保护、管理、修缮和利用。

## 第五章 法律责任

**第三十六条** 国家机关及其工作人员违反本条例规定，有下列行为之一的，对直接负责的主管人员和其他直接责任人员依法给予处分；构成犯罪的，依法追究刑事责任：

（一）违法决策或者滥用审批权限造成列入保护名录的革命遗址及其历史风貌损毁的；

（二）对发现的违法行为不及时查处或者有其他不依法履行职责行为，造成革命遗址损坏等严重后果的；

（三）违反法律、法规使用革命遗址保护资金的；

（四）违反规定借用、转让、抵押、租售或者非法占用革命遗址的。

**第三十七条** 违反本条例规定，有下列行为之一，破坏保护名录内的革命遗址的，由县级以上人民政府文物主管部门或者相关主管部门责令改正；造成严重后果的，处一万元以上十万元以下罚款：

（一）擅自迁移、拆除或者损坏尚未公布为不可移动文物的革命遗址的；

（二）擅自修缮尚未公布为不可移动文物的革命遗址，明显改变原状的；

（三）擅自在尚未核定为文物保护单位的革命遗址的保护范围内进行建设工程或者爆破、钻探、挖掘等作业的；

（四）在尚未核定为文物保护单位的革命遗址的建设控制地带内进行建设工程，其工程设计方案未经批准，对革命遗址的历史风貌造成破坏的。

**第三十八条** 违反本条例规定，在革命遗址的保护范围内，有下列行为之一，造成损坏尚不严重的，由县级人民政府文物主管部门或者公安机关给予警告，可以并处五十元以上二百元以下的罚款：

（一）刻划、涂污、损坏革命遗址的；

（二）刻划、涂污、损毁或者擅自移动、拆除革命遗址保护标志的；

（三）损坏革命遗址保护设施的；

（四）毁林开荒、开挖沟渠、采石、取土的。

**第三十九条** 违反本条例规定，在革命遗址保护范围或者建设控制地带内，建设污染革命遗址及其环境的设施的，由生态环境主管部门依照有关法律、法规的规定给予处罚。

违反本条例规定，在革命遗址保护范围或者建设控制地带内，存放易燃、易爆、易腐蚀等危及革命遗址安全的物品的，由公安机关依照有关法律、法规的规定给予处罚。

## 第六章　附　则

**第四十条**　本条例自 2019 年 6 月 1 日起施行。

# 附　录

## 附录一　中华人民共和国文物保护法

（1982 年 11 月 19 日第五届全国人民代表大会常务委员会第二十五次会议通过　根据 1991 年 6 月 29 日第七届全国人民代表大会常务委员会第二十次会议《关于修改〈中华人民共和国文物保护法〉第三十条、第三十一条的决定》第一次修正　2002 年 10 月 28 日第九届全国人民代表大会常务委员会第三十次会议修订　根据 2007 年 12 月 29 日第十届全国人民代表大会常务委员会第三十一次会议《关于修改〈中华人民共和国文物保护法〉的决定》第二次修正　根据 2013 年 6 月 29 日第十二届全国人民代表大会常务委员会第三次会议《关于修改〈中华人民共和国文物保护法〉等十二部法律的决定》第三次修正　根据 2015 年 4 月 24 日第十二届全国人民代表大会常务委员会第十四次会议《关于修改〈中华人民共和国文物保护法〉的决定》第四次修正　根据 2017 年 11 月 4 日第十二届全国人民代表大会常务委员会第三十次会议《关于修改〈中华人民共和国会计法〉等十一部法律的决定》第五次修正）

# 目　录

## 第一章　总　则

**第一条**　为了加强对文物的保护，继承中华民族优秀的历史文化遗产，促进科学研究工作，进行爱国主义和革命传统教育，建设社会主义精神文明和物质文明，根据宪法，制定本法。

**第二条**　在中华人民共和国境内，下列文物受国家保护：

（一）具有历史、艺术、科学价值的古文化遗址、古墓葬、古建筑、石窟寺和石刻、壁画；

（二）与重大历史事件、革命运动或者著名人物有关的以及具有重要纪念意义、教育意义或者史料价值的近代现代重要史迹、实物、代表性建筑；

（三）历史上各时代珍贵的艺术品、工艺美术品；

（四）历史上各时代重要的文献资料以及具有历史、艺术、科学价值的手稿和图书资料等；

（五）反映历史上各时代、各民族社会制度、社会生产、社会生活的代表性实物。

文物认定的标准和办法由国务院文物行政部门制定，并报国务院批准。

具有科学价值的古脊椎动物化石和古人类化石同文物一样受国家保护。

第三条　古文化遗址、古墓葬、古建筑、石窟寺、石刻、壁画、近代现代重要史迹和代表性建筑等不可移动文物，根据它们的历史、艺术、科学价值，可以分别确定为全国重点文物保护单位，省级文物保护单位，市、县级文物保护单位。

历史上各时代重要实物、艺术品、文献、手稿、图书资料、代表性实物等可移动文物，分为珍贵文物和一般文物；珍贵文物分为一级文物、二级文物、三级文物。

第四条　文物工作贯彻保护为主、抢救第一、合理利用、加强管理的方针。

第五条　中华人民共和国境内地下、内水和领海中遗存的一切文物，属于国家所有。

古文化遗址、古墓葬、石窟寺属于国家所有。国家指定保护的纪念建筑物、古建筑、石刻、壁画、近代现代代表性建筑等不可移动文物，除国家另有规定的以外，属于国家所有。

国有不可移动文物的所有权不因其所依附的土地所有权或者使用权的改变而改变。

下列可移动文物，属于国家所有：

（一）中国境内出土的文物，国家另有规定的除外；

（二）国有文物收藏单位以及其他国家机关、部队和国有企业、事业组织等收藏、保管的文物；

（三）国家征集、购买的文物；

（四）公民、法人和其他组织捐赠给国家的文物；

（五）法律规定属于国家所有的其他文物。

属于国家所有的可移动文物的所有权不因其保管、收藏单位的终止或者变更而改变。

国有文物所有权受法律保护，不容侵犯。

**第六条** 属于集体所有和私人所有的纪念建筑物、古建筑和祖传文物以及依法取得的其他文物，其所有权受法律保护。文物的所有者必须遵守国家有关文物保护的法律、法规的规定。

**第七条** 一切机关、组织和个人都有依法保护文物的义务。

**第八条** 国务院文物行政部门主管全国文物保护工作。

地方各级人民政府负责本行政区域内的文物保护工作。县级以上地方人民政府承担文物保护工作的部门对本行政区域内的文物保护实施监督管理。

县级以上人民政府有关行政部门在各自的职责范围内，负责有关的文物保护工作。

**第九条** 各级人民政府应当重视文物保护，正确处理经济建设、社会发展与文物保护的关系，确保文物安全。

基本建设、旅游发展必须遵守文物保护工作的方针，其活动不得对文物造成损害。

公安机关、工商行政管理部门、海关、城乡建设规划部门和其他有关国家机关，应当依法认真履行所承担的保护文物的职责，维护文物管理秩序。

**第十条** 国家发展文物保护事业。县级以上人民政府应当将文物保护事业纳入本级国民经济和社会发展规划，所需经费列入本级财政预算。

国家用于文物保护的财政拨款随着财政收入增长而增加。

国有博物馆、纪念馆、文物保护单位等的事业性收入，专门用于文物保护，任何单位或者个人不得侵占、挪用。

国家鼓励通过捐赠等方式设立文物保护社会基金，专门用于文物保护，任何单位或者个人不得侵占、挪用。

**第十一条** 文物是不可再生的文化资源。国家加强文物保护的宣传教育，增强全民文物保护的意识，鼓励文物保护的科学研究，提高文物保护的科学技术水平。

**第十二条** 有下列事迹的单位或者个人，由国家给予精神鼓励或者物质奖励：

（一）认真执行文物保护法律、法规，保护文物成绩显著的；

（二）为保护文物与违法犯罪行为作坚决斗争的；

（三）将个人收藏的重要文物捐献给国家或者为文物保护事业作出捐赠的；

（四）发现文物及时上报或者上交，使文物得到保护的；

（五）在考古发掘工作中作出重大贡献的；

（六）在文物保护科学技术方面有重要发明创造或者其他重要贡献的；

（七）在文物面临破坏危险时，抢救文物有功的；

（八）长期从事文物工作，作出显著成绩的。

## 第二章　不可移动文物

**第十三条** 国务院文物行政部门在省级、市、县级文物保护单位中，选择具有重大历史、艺术、科学价值的确定为全国重点文物保护单位，或者直接确定为全国重点文物保护单位，报国务院核定公布。

省级文物保护单位，由省、自治区、直辖市人民政府核定公布，并报国务院备案。

市级和县级文物保护单位，分别由设区的市、自治州和县级人民政府核定公布，并报省、自治区、直辖市人民政府备案。

尚未核定公布为文物保护单位的不可移动文物，由县级人民政府文物行政部门予以登记并公布。

**第十四条**　保存文物特别丰富并且具有重大历史价值或者革命纪念意义的城市，由国务院核定公布为历史文化名城。

保存文物特别丰富并且具有重大历史价值或者革命纪念意义的城镇、街道、村庄，由省、自治区、直辖市人民政府核定公布为历史文化街区、村镇，并报国务院备案。

历史文化名城和历史文化街区、村镇所在地的县级以上地方人民政府应当组织编制专门的历史文化名城和历史文化街区、村镇保护规划，并纳入城市总体规划。

历史文化名城和历史文化街区、村镇的保护办法，由国务院制定。

**第十五条**　各级文物保护单位，分别由省、自治区、直辖市人民政府和市、县级人民政府划定必要的保护范围，作出标志说明，建立记录档案，并区别情况分别设置专门机构或者专人负责管理。全国重点文物保护单位的保护范围和记录档案，由省、自治区、直辖市人民政府文物行政部门报国务院文物行政部门备案。

县级以上地方人民政府文物行政部门应当根据不同文物的保护需要，制定文物保护单位和未核定为文物保护单位的不可移动文物的具体保护措施，并公告施行。

**第十六条**　各级人民政府制定城乡建设规划，应当根据文物保护的需要，事先由城乡建设规划部门会同文物行政部门商定对本行政区域内各级文物保护单位的保护措施，并纳入规划。

**第十七条**　文物保护单位的保护范围内不得进行其他建设工程

或者爆破、钻探、挖掘等作业。但是，因特殊情况需要在文物保护单位的保护范围内进行其他建设工程或者爆破、钻探、挖掘等作业的，必须保证文物保护单位的安全，并经核定公布该文物保护单位的人民政府批准，在批准前应当征得上一级人民政府文物行政部门同意；在全国重点文物保护单位的保护范围内进行其他建设工程或者爆破、钻探、挖掘等作业的，必须经省、自治区、直辖市人民政府批准，在批准前应当征得国务院文物行政部门同意。

**第十八条** 根据保护文物的实际需要，经省、自治区、直辖市人民政府批准，可以在文物保护单位的周围划出一定的建设控制地带，并予以公布。

在文物保护单位的建设控制地带内进行建设工程，不得破坏文物保护单位的历史风貌；工程设计方案应当根据文物保护单位的级别，经相应的文物行政部门同意后，报城乡建设规划部门批准。

**第十九条** 在文物保护单位的保护范围和建设控制地带内，不得建设污染文物保护单位及其环境的设施，不得进行可能影响文物保护单位安全及其环境的活动。对已有的污染文物保护单位及其环境的设施，应当限期治理。

**第二十条** 建设工程选址，应当尽可能避开不可移动文物；因特殊情况不能避开的，对文物保护单位应当尽可能实施原址保护。

实施原址保护的，建设单位应当事先确定保护措施，根据文物保护单位的级别报相应的文物行政部门批准；未经批准的，不得开工建设。

无法实施原址保护，必须迁移异地保护或者拆除的，应当报省、自治区、直辖市人民政府批准；迁移或者拆除省级文物保护单位的，批准前须征得国务院文物行政部门同意。全国重点文物保护单位不得拆除；需要迁移的，须由省、自治区、直辖市人民政府报国务院批准。

依照前款规定拆除的国有不可移动文物中具有收藏价值的壁画、雕塑、建筑构件等，由文物行政部门指定的文物收藏单位收藏。

本条规定的原址保护、迁移、拆除所需费用，由建设单位列入建设工程预算。

第二十一条　国有不可移动文物由使用人负责修缮、保养；非国有不可移动文物由所有人负责修缮、保养。非国有不可移动文物有损毁危险，所有人不具备修缮能力的，当地人民政府应当给予帮助；所有人具备修缮能力而拒不依法履行修缮义务的，县级以上人民政府可以给予抢救修缮，所需费用由所有人负担。

对文物保护单位进行修缮，应当根据文物保护单位的级别报相应的文物行政部门批准；对未核定为文物保护单位的不可移动文物进行修缮，应当报登记的县级人民政府文物行政部门批准。

文物保护单位的修缮、迁移、重建，由取得文物保护工程资质证书的单位承担。

对不可移动文物进行修缮、保养、迁移，必须遵守不改变文物原状的原则。

第二十二条　不可移动文物已经全部毁坏的，应当实施遗址保护，不得在原址重建。但是，因特殊情况需要在原址重建的，由省、自治区、直辖市人民政府文物行政部门报省、自治区、直辖市人民政府批准；全国重点文物保护单位需要在原址重建的，由省、自治区、直辖市人民政府报国务院批准。

第二十三条　核定为文物保护单位的属于国家所有的纪念建筑物或者古建筑，除可以建立博物馆、保管所或者辟为参观游览场所外，作其他用途的，市、县级文物保护单位应当经核定公布该文物保护单位的人民政府文物行政部门征得上一级文物行政部门同意后，报核定公布该文物保护单位的人民政府批准；省级文物保护单位应当经核定公布该文物保护单位的省级人民政府的文物行政部门审核同意后，报该省级人民政府批准；全国重点文物保护单位作其他用途的，应当由省、自治区、直辖市人民政府报国务院批准。国有未核定为文物保护单位的不可移动文物作其他用途的，应当报告县级人民政府文物行政部门。

**第二十四条** 国有不可移动文物不得转让、抵押。建立博物馆、保管所或者辟为参观游览场所的国有文物保护单位，不得作为企业资产经营。

**第二十五条** 非国有不可移动文物不得转让、抵押给外国人。

非国有不可移动文物转让、抵押或者改变用途的，应当根据其级别报相应的文物行政部门备案。

**第二十六条** 使用不可移动文物，必须遵守不改变文物原状的原则，负责保护建筑物及其附属文物的安全，不得损毁、改建、添建或者拆除不可移动文物。

对危害文物保护单位安全、破坏文物保护单位历史风貌的建筑物、构筑物，当地人民政府应当及时调查处理，必要时，对该建筑物、构筑物予以拆迁。

## 第三章 考古发掘

**第二十七条** 一切考古发掘工作，必须履行报批手续；从事考古发掘的单位，应当经国务院文物行政部门批准。

地下埋藏的文物，任何单位或者个人都不得私自发掘。

**第二十八条** 从事考古发掘的单位，为了科学研究进行考古发掘，应当提出发掘计划，报国务院文物行政部门批准；对全国重点文物保护单位的考古发掘计划，应当经国务院文物行政部门审核后报国务院批准。国务院文物行政部门在批准或者审核前，应当征求社会科学研究机构及其他科研机构和有关专家的意见。

**第二十九条** 进行大型基本建设工程，建设单位应当事先报请省、自治区、直辖市人民政府文物行政部门组织从事考古发掘的单位在工程范围内有可能埋藏文物的地方进行考古调查、勘探。

考古调查、勘探中发现文物的，由省、自治区、直辖市人民政府文物行政部门根据文物保护的要求会同建设单位共同商定保护措施；遇有重要发现的，由省、自治区、直辖市人民政府文物行政部门及时报国务院文物行政部门处理。

**第三十条** 需要配合建设工程进行的考古发掘工作，应当由省、自治区、直辖市文物行政部门在勘探工作的基础上提出发掘计划，报国务院文物行政部门批准。国务院文物行政部门在批准前，应当征求社会科学研究机构及其他科研机构和有关专家的意见。

确因建设工期紧迫或者有自然破坏危险，对古文化遗址、古墓葬急需进行抢救发掘的，由省、自治区、直辖市人民政府文物行政部门组织发掘，并同时补办审批手续。

**第三十一条** 凡因进行基本建设和生产建设需要的考古调查、勘探、发掘，所需费用由建设单位列入建设工程预算。

**第三十二条** 在进行建设工程或者在农业生产中，任何单位或者个人发现文物，应当保护现场，立即报告当地文物行政部门，文物行政部门接到报告后，如无特殊情况，应当在二十四小时内赶赴现场，并在七日内提出处理意见。文物行政部门可以报请当地人民政府通知公安机关协助保护现场；发现重要文物的，应当立即上报国务院文物行政部门，国务院文物行政部门应当在接到报告后十五日内提出处理意见。

依照前款规定发现的文物属于国家所有，任何单位或者个人不得哄抢、私分、藏匿。

**第三十三条** 非经国务院文物行政部门报国务院特别许可，任何外国人或者外国团体不得在中华人民共和国境内进行考古调查、勘探、发掘。

**第三十四条** 考古调查、勘探、发掘的结果，应当报告国务院文物行政部门和省、自治区、直辖市人民政府文物行政部门。

考古发掘的文物，应当登记造册，妥善保管，按照国家有关规定移交给由省、自治区、直辖市人民政府文物行政部门或者国务院文物行政部门指定的国有博物馆、图书馆或者其他国有收藏文物的单位收藏。经省、自治区、直辖市人民政府文物行政部门批准，从事考古发掘的单位可以保留少量出土文物作为科研标本。

考古发掘的文物，任何单位或者个人不得侵占。

**第三十五条** 根据保证文物安全、进行科学研究和充分发挥文物作用的需要，省、自治区、直辖市人民政府文物行政部门经本级人民政府批准，可以调用本行政区域内的出土文物；国务院文物行政部门经国务院批准，可以调用全国的重要出土文物。

## 第四章 馆藏文物

**第三十六条** 博物馆、图书馆和其他文物收藏单位对收藏的文物，必须区分文物等级，设置藏品档案，建立严格的管理制度，并报主管的文物行政部门备案。

县级以上地方人民政府文物行政部门应当分别建立本行政区域内的馆藏文物档案；国务院文物行政部门应当建立国家一级文物藏品档案和其主管的国有文物收藏单位馆藏文物档案。

**第三十七条** 文物收藏单位可以通过下列方式取得文物：

（一）购买；

（二）接受捐赠；

（三）依法交换；

（四）法律、行政法规规定的其他方式。

国有文物收藏单位还可以通过文物行政部门指定保管或者调拨方式取得文物。

**第三十八条**　文物收藏单位应当根据馆藏文物的保护需要，按照国家有关规定建立、健全管理制度，并报主管的文物行政部门备案。未经批准，任何单位或者个人不得调取馆藏文物。

文物收藏单位的法定代表人对馆藏文物的安全负责。国有文物收藏单位的法定代表人离任时，应当按照馆藏文物档案办理馆藏文物移交手续。

**第三十九条**　国务院文物行政部门可以调拨全国的国有馆藏文物。省、自治区、直辖市人民政府文物行政部门可以调拨本行政区域内其主管的国有文物收藏单位馆藏文物；调拨国有馆藏一级文物，应当报国务院文物行政部门备案。

国有文物收藏单位可以申请调拨国有馆藏文物。

**第四十条**　文物收藏单位应当充分发挥馆藏文物的作用，通过举办展览、科学研究等活动，加强对中华民族优秀的历史文化和革命传统的宣传教育。

国有文物收藏单位之间因举办展览、科学研究等需借用馆藏文物的，应当报主管的文物行政部门备案；借用馆藏一级文物的，应当同时报国务院文物行政部门备案。

非国有文物收藏单位和其他单位举办展览需借用国有馆藏文物的，应当报主管的文物行政部门批准；借用国有馆藏一级文物，应当经国务院文物行政部门批准。

文物收藏单位之间借用文物的最长期限不得超过三年。

**第四十一条** 已经建立馆藏文物档案的国有文物收藏单位，经省、自治区、直辖市人民政府文物行政部门批准，并报国务院文物行政部门备案，其馆藏文物可以在国有文物收藏单位之间交换。

**第四十二条** 未建立馆藏文物档案的国有文物收藏单位，不得依照本法第四十条、第四十一条的规定处置其馆藏文物。

**第四十三条** 依法调拨、交换、借用国有馆藏文物，取得文物的文物收藏单位可以对提供文物的文物收藏单位给予合理补偿，具体管理办法由国务院文物行政部门制定。

国有文物收藏单位调拨、交换、出借文物所得的补偿费用，必须用于改善文物的收藏条件和收集新的文物，不得挪作他用；任何单位或者个人不得侵占。

调拨、交换、借用的文物必须严格保管，不得丢失、损毁。

**第四十四条** 禁止国有文物收藏单位将馆藏文物赠与、出租或者出售给其他单位、个人。

**第四十五条** 国有文物收藏单位不再收藏的文物的处置办法，由国务院另行制定。

**第四十六条** 修复馆藏文物，不得改变馆藏文物的原状；复制、拍摄、拓印馆藏文物，不得对馆藏文物造成损害。具体管理办法由国务院制定。

不可移动文物的单体文物的修复、复制、拍摄、拓印，适用前款规定。

**第四十七条** 博物馆、图书馆和其他收藏文物的单位应当按照国家有关规定配备防火、防盗、防自然损坏的设施，确保馆藏文物的安全。

**第四十八条** 馆藏一级文物损毁的，应当报国务院文物行政部门核查处理。其他馆藏文物损毁的，应当报省、自治区、直辖市人民政府文物行政部门核查处理；省、自治区、直辖市人民政府文物行政部门应当将核查处理结果报国务院文物行政部门备案。

馆藏文物被盗、被抢或者丢失的，文物收藏单位应当立即向公安机关报案，并同时向主管的文物行政部门报告。

**第四十九条**　文物行政部门和国有文物收藏单位的工作人员不得借用国有文物，不得非法侵占国有文物。

## 第五章　民间收藏文物

**第五十条**　文物收藏单位以外的公民、法人和其他组织可以收藏通过下列方式取得的文物：

（一）依法继承或者接受赠与；

（二）从文物商店购买；

（三）从经营文物拍卖的拍卖企业购买；

（四）公民个人合法所有的文物相互交换或者依法转让；

（五）国家规定的其他合法方式。

文物收藏单位以外的公民、法人和其他组织收藏的前款文物可以依法流通。

**第五十一条**　公民、法人和其他组织不得买卖下列文物：

（一）国有文物，但是国家允许的除外；

（二）非国有馆藏珍贵文物；

（三）国有不可移动文物中的壁画、雕塑、建筑构件等，但是依法拆除的国有不可移动文物中的壁画、雕塑、建筑构件等不属于本法第二十条第四款规定的应由文物收藏单位收藏的除外；

（四）来源不符合本法第五十条规定的文物。

**第五十二条**　国家鼓励文物收藏单位以外的公民、法人和其他组织将其收藏的文物捐赠给国有文物收藏单位或者出借给文物收藏单位展览和研究。

国有文物收藏单位应当尊重并按照捐赠人的意愿，对捐赠的文物妥善收藏、保管和展示。

国家禁止出境的文物，不得转让、出租、质押给外国人。

**第五十三条** 文物商店应当由省、自治区、直辖市人民政府文物行政部门批准设立，依法进行管理。

文物商店不得从事文物拍卖经营活动，不得设立经营文物拍卖的拍卖企业。

**第五十四条** 依法设立的拍卖企业经营文物拍卖的，应当取得省、自治区、直辖市人民政府文物行政部门颁发的文物拍卖许可证。

经营文物拍卖的拍卖企业不得从事文物购销经营活动，不得设立文物商店。

**第五十五条** 文物行政部门的工作人员不得举办或者参与举办文物商店或者经营文物拍卖的拍卖企业。

文物收藏单位不得举办或者参与举办文物商店或者经营文物拍卖的拍卖企业。

禁止设立中外合资、中外合作和外商独资的文物商店或者经营文物拍卖的拍卖企业。

除经批准的文物商店、经营文物拍卖的拍卖企业外，其他单位或者个人不得从事文物的商业经营活动。

**第五十六条** 文物商店不得销售、拍卖企业不得拍卖本法第五十一条规定的文物。

拍卖企业拍卖的文物，在拍卖前应当经省、自治区、直辖市人民政府文物行政部门审核，并报国务院文物行政部门备案。

第五十七条　省、自治区、直辖市人民政府文物行政部门应当建立文物购销、拍卖信息与信用管理系统。文物商店购买、销售文物，拍卖企业拍卖文物，应当按照国家有关规定作出记录，并于销售、拍卖文物后三十日内报省、自治区、直辖市人民政府文物行政部门备案。

拍卖文物时，委托人、买受人要求对其身份保密的，文物行政部门应当为其保密；但是，法律、行政法规另有规定的除外。

第五十八条　文物行政部门在审核拟拍卖的文物时，可以指定国有文物收藏单位优先购买其中的珍贵文物。购买价格由文物收藏单位的代表与文物的委托人协商确定。

第五十九条　银行、冶炼厂、造纸厂以及废旧物资回收单位，应当与当地文物行政部门共同负责拣选掺杂在金银器和废旧物资中的文物。拣选文物除供银行研究所必需的历史货币可以由人民银行留用外，应当移交当地文物行政部门。移交拣选文物，应当给予合理补偿。

## 第六章　文物出境进境

第六十条　国有文物、非国有文物中的珍贵文物和国家规定禁止出境的其他文物，不得出境；但是依照本法规定出境展览或者因特殊需要经国务院批准出境的除外。

第六十一条　文物出境，应当经国务院文物行政部门指定的文物进出境审核机构审核。经审核允许出境的文物，由国务院文物行政部门发给文物出境许可证，从国务院文物行政部门指定的口岸出境。

任何单位或者个人运送、邮寄、携带文物出境，应当向海关申报；海关凭文物出境许可证放行。

**第六十二条** 文物出境展览，应当报国务院文物行政部门批准；一级文物超过国务院规定数量的，应当报国务院批准。

一级文物中的孤品和易损品，禁止出境展览。

出境展览的文物出境，由文物进出境审核机构审核、登记。海关凭国务院文物行政部门或者国务院的批准文件放行。出境展览的文物复进境，由原文物进出境审核机构审核查验。

**第六十三条** 文物临时进境，应当向海关申报，并报文物进出境审核机构审核、登记。

临时进境的文物复出境，必须经原审核、登记的文物进出境审核机构审核查验；经审核查验无误的，由国务院文物行政部门发给文物出境许可证，海关凭文物出境许可证放行。

## 第七章 法律责任

**第六十四条** 违反本法规定，有下列行为之一，构成犯罪的，依法追究刑事责任：

（一）盗掘古文化遗址、古墓葬的；

（二）故意或者过失损毁国家保护的珍贵文物的；

（三）擅自将国有馆藏文物出售或者私自送给非国有单位或者个人的；

（四）将国家禁止出境的珍贵文物私自出售或者送给外国人的；

（五）以牟利为目的倒卖国家禁止经营的文物的；

（六）走私文物的；

（七）盗窃、哄抢、私分或者非法侵占国有文物的；

（八）应当追究刑事责任的其他妨害文物管理行为。

**第六十五条** 违反本法规定，造成文物灭失、损毁的，依法承担民事责任。

违反本法规定，构成违反治安管理行为的，由公安机关依法给予治安管理处罚。

违反本法规定，构成走私行为，尚不构成犯罪的，由海关依照有关法律、行政法规的规定给予处罚。

**第六十六条** 有下列行为之一，尚不构成犯罪的，由县级以上人民政府文物主管部门责令改正，造成严重后果的，处五万元以上五十万元以下的罚款；情节严重的，由原发证机关吊销资质证书：

（一）擅自在文物保护单位的保护范围内进行建设工程或者爆破、钻探、挖掘等作业的；

（二）在文物保护单位的建设控制地带内进行建设工程，其工程设计方案未经文物行政部门同意、报城乡建设规划部门批准，对文物保护单位的历史风貌造成破坏的；

（三）擅自迁移、拆除不可移动文物的；

（四）擅自修缮不可移动文物，明显改变文物原状的；

（五）擅自在原址重建已全部毁坏的不可移动文物，造成文物破坏的；

（六）施工单位未取得文物保护工程资质证书，擅自从事文物修缮、迁移、重建的。

刻划、涂污或者损坏文物尚不严重的，或者损毁依照本法第十五条第一款规定设立的文物保护单位标志的，由公安机关或者文物所在单位给予警告，可以并处罚款。

**第六十七条** 在文物保护单位的保护范围内或者建设控制地带内建设污染文物保护单位及其环境的设施的，或者对已有的污染文物保护单位及其环境的设施未在规定的期限内完成治理的，由环境保护行政部门依照有关法律、法规的规定给予处罚。

**第六十八条** 有下列行为之一的，由县级以上人民政府文物主管部门责令改正，没收违法所得，违法所得一万元以上的，并处违法所得二倍以上五倍以下的罚款；违法所得不足一万元的，并处五千元以上二万元以下的罚款：

（一）转让或者抵押国有不可移动文物，或者将国有不可移动文物作为企业资产经营的；

（二）将非国有不可移动文物转让或者抵押给外国人的；

（三）擅自改变国有文物保护单位的用途的。

**第六十九条** 历史文化名城的布局、环境、历史风貌等遭到严重破坏的，由国务院撤销其历史文化名城称号；历史文化城镇、街道、村庄的布局、环境、历史风貌等遭到严重破坏的，由省、自治区、直辖市人民政府撤销其历史文化街区、村镇称号；对负有责任的主管人员和其他直接责任人员依法给予行政处分。

**第七十条** 有下列行为之一，尚不构成犯罪的，由县级以上人民政府文物主管部门责令改正，可以并处二万元以下的罚款，有违法所得的，没收违法所得：

（一）文物收藏单位未按照国家有关规定配备防火、防盗、防自然损坏的设施的；

（二）国有文物收藏单位法定代表人离任时未按照馆藏文物档案移交馆藏文物，或者所移交的馆藏文物与馆藏文物档案不符的；

（三）将国有馆藏文物赠与、出租或者出售给其他单位、个人的；

（四）违反本法第四十条、第四十一条、第四十五条规定处置国有馆藏文物的；

（五）违反本法第四十三条规定挪用或者侵占依法调拨、交换、出借文物所得补偿费用的。

**第七十一条** 买卖国家禁止买卖的文物或者将禁止出境的文物

转让、出租、质押给外国人，尚不构成犯罪的，由县级以上人民政府文物主管部门责令改正，没收违法所得，违法经营额一万元以上的，并处违法经营额二倍以上五倍以下的罚款；违法经营额不足一万元的，并处五千元以上二万元以下的罚款。

文物商店、拍卖企业有前款规定的违法行为的，由县级以上人民政府文物主管部门没收违法所得、非法经营的文物，违法经营额五万元以上的，并处违法经营额一倍以上三倍以下的罚款；违法经营额不足五万元的，并处五千元以上五万元以下的罚款；情节严重的，由原发证机关吊销许可证书。

第七十二条　未经许可，擅自设立文物商店、经营文物拍卖的拍卖企业，或者擅自从事文物的商业经营活动，尚不构成犯罪的，由工商行政管理部门依法予以制止，没收违法所得、非法经营的文物，违法经营额五万元以上的，并处违法经营额二倍以上五倍以下的罚款；违法经营额不足五万元的，并处二万元以上十万元以下的罚款。

第七十三条　有下列情形之一的，由工商行政管理部门没收违法所得、非法经营的文物，违法经营额五万元以上的，并处违法经营额一倍以上三倍以下的罚款；违法经营额不足五万元的，并处五千元以上五万元以下的罚款；情节严重的，由原发证机关吊销许可证书：

（一）文物商店从事文物拍卖经营活动的；

（二）经营文物拍卖的拍卖企业从事文物购销经营活动的；

（三）拍卖企业拍卖的文物，未经审核的；

（四）文物收藏单位从事文物的商业经营活动的。

第七十四条　有下列行为之一，尚不构成犯罪的，由县级以上人民政府文物主管部门会同公安机关追缴文物；情节严重的，处五千元以上五万元以下的罚款：

（一）发现文物隐匿不报或者拒不上交的；

（二）未按照规定移交拣选文物的。

**第七十五条** 有下列行为之一的，由县级以上人民政府文物主管部门责令改正：

（一）改变国有未核定为文物保护单位的不可移动文物的用途，未依照本法规定报告的；

（二）转让、抵押非国有不可移动文物或者改变其用途，未依照本法规定备案的；

（三）国有不可移动文物的使用人拒不依法履行修缮义务的；

（四）考古发掘单位未经批准擅自进行考古发掘，或者不如实报告考古发掘结果的；

（五）文物收藏单位未按照国家有关规定建立馆藏文物档案、管理制度，或者未将馆藏文物档案、管理制度备案的；

（六）违反本法第三十八条规定，未经批准擅自调取馆藏文物的；

（七）馆藏文物损毁未报文物行政部门核查处理，或者馆藏文物被盗、被抢或者丢失，文物收藏单位未及时向公安机关或者文物行政部门报告的；

（八）文物商店销售文物或者拍卖企业拍卖文物，未按照国家有关规定作出记录或者未将所作记录报文物行政部门备案的。

**第七十六条** 文物行政部门、文物收藏单位、文物商店、经营文物拍卖的拍卖企业的工作人员，有下列行为之一的，依法给予行政处分，情节严重的，依法开除公职或者吊销其从业资格；构成犯罪的，依法追究刑事责任：

（一）文物行政部门的工作人员违反本法规定，滥用审批权限、不履行职责或者发现违法行为不予查处，造成严重后果的；

（二）文物行政部门和国有文物收藏单位的工作人员借用或者非法侵占国有文物的；

（三）文物行政部门的工作人员举办或者参与举办文物商店或者经营文物拍卖的拍卖企业的；

（四）因不负责任造成文物保护单位、珍贵文物损毁或者流失的；

（五）贪污、挪用文物保护经费的。

前款被开除公职或者被吊销从业资格的人员，自被开除公职或者被吊销从业资格之日起十年内不得担任文物管理人员或者从事文物经营活动。

**第七十七条**　有本法第六十六条、第六十八条、第七十条、第七十一条、第七十四条、第七十五条规定所列行为之一的，负有责任的主管人员和其他直接责任人员是国家工作人员的，依法给予行政处分。

**第七十八条**　公安机关、工商行政管理部门、海关、城乡建设规划部门和其他国家机关，违反本法规定滥用职权、玩忽职守、徇私舞弊，造成国家保护的珍贵文物损毁或者流失的，对负有责任的主管人员和其他直接责任人员依法给予行政处分；构成犯罪的，依法追究刑事责任。

**第七十九条**　人民法院、人民检察院、公安机关、海关和工商行政管理部门依法没收的文物应当登记造册，妥善保管，结案后无偿移交文物行政部门，由文物行政部门指定的国有文物收藏单位收藏。

## 第八章　附　则

**第八十条**　本法自公布之日起施行。

# 附录二　中华人民共和国文物保护法实施条例

（2003年5月18日中华人民共和国国务院令第377号公布　根据2013年12月7日《国务院关于修改部分行政法规的决定》第一次修订　根据2016年2月6日《国务院关于修改部分行政法规的决定》第二次修订　根据2017年3月1日《国务院关于修改和废止部分行政法规的决定》第三次修订　根据2017年10月7日《国务院关于修改部分行政法规的决定》第四次修订）

## 第一章　总　则

**第一条**　根据《中华人民共和国文物保护法》（以下简称文物保护法），制定本实施条例。

**第二条**　国家重点文物保护专项补助经费和地方文物保护专项经费，由县级以上人民政府文物行政主管部门、投资主管部门、财政部门按照国家有关规定共同实施管理。任何单位或者个人不得侵占、挪用。

**第三条**　国有的博物馆、纪念馆、文物保护单位等的事业性收入，应当用于下列用途：

（一）文物的保管、陈列、修复、征集；

（二）国有的博物馆、纪念馆、文物保护单位的修缮和建设；

（三）文物的安全防范；

（四）考古调查、勘探、发掘；

（五）文物保护的科学研究、宣传教育。

第四条　文物行政主管部门和教育、科技、新闻出版、广播电视行政主管部门，应当做好文物保护的宣传教育工作。

第五条　国务院文物行政主管部门和省、自治区、直辖市人民政府文物行政主管部门，应当制定文物保护的科学技术研究规划，采取有效措施，促进文物保护科技成果的推广和应用，提高文物保护的科学技术水平。

第六条　有文物保护法第十二条所列事迹之一的单位或者个人，由人民政府及其文物行政主管部门、有关部门给予精神鼓励或者物质奖励。

## 第二章　不可移动文物

第七条　历史文化名城，由国务院建设行政主管部门会同国务院文物行政主管部门报国务院核定公布。

历史文化街区、村镇，由省、自治区、直辖市人民政府城乡规划行政主管部门会同文物行政主管部门报本级人民政府核定公布。

县级以上地方人民政府组织编制的历史文化名城和历史文化街区、村镇的保护规划，应当符合文物保护的要求。

第八条　全国重点文物保护单位和省级文物保护单位自核定公布之日起１年内，由省、自治区、直辖市人民政府划定必要的保护范围，作出标志说明，建立记录档案，设置专门机构或者指定专人负责管理。

设区的市、自治州级和县级文物保护单位自核定公布之日起１年内，由核定公布该文物保护单位的人民政府划定保护范围，作出标志说明，建立记录档案，设置专门机构或者指定专人负责管理。

第九条　文物保护单位的保护范围，是指对文物保护单位本体及周围一定范围实施重点保护的区域。

文物保护单位的保护范围，应当根据文物保护单位的类别、规模、内容以及周围环境的历史和现实情况合理划定，并在文物保护单位本体之外保持一定的安全距离，确保文物保护单位的真实性和完整性。

**第十条** 文物保护单位的标志说明，应当包括文物保护单位的级别、名称、公布机关、公布日期、立标机关、立标日期等内容。民族自治地区的文物保护单位的标志说明，应当同时用规范汉字和当地通用的少数民族文字书写。

**第十一条** 文物保护单位的记录档案，应当包括文物保护单位本体记录等科学技术资料和有关文献记载、行政管理等内容。

文物保护单位的记录档案，应当充分利用文字、音像制品、图画、拓片、摹本、电子文本等形式，有效表现其所载内容。

**第十二条** 古文化遗址、古墓葬、石窟寺和属于国家所有的纪念建筑物、古建筑，被核定公布为文物保护单位的，由县级以上地方人民政府设置专门机构或者指定机构负责管理。其他文物保护单位，由县级以上地方人民政府设置专门机构或者指定机构、专人负责管理；指定专人负责管理的，可以采取聘请文物保护员的形式。

文物保护单位有使用单位的，使用单位应当设立群众性文物保护组织；没有使用单位的，文物保护单位所在地的村民委员会或者居民委员会可以设立群众性文物保护组织。文物行政主管部门应当对群众性文物保护组织的活动给予指导和支持。

负责管理文物保护单位的机构，应当建立健全规章制度，采取安全防范措施；其安全保卫人员，可以依法配备防卫器械。

**第十三条** 文物保护单位的建设控制地带，是指在文物保护单位的保护范围外，为保护文物保护单位的安全、环境、历史风貌对建设项目加以限制的区域。

文物保护单位的建设控制地带，应当根据文物保护单位的类别、规模、内容以及周围环境的历史和现实情况合理划定。

**第十四条**　全国重点文物保护单位的建设控制地带，经省、自治区、直辖市人民政府批准，由省、自治区、直辖市人民政府的文物行政主管部门会同城乡规划行政主管部门划定并公布。

省级、设区的市、自治州级和县级文物保护单位的建设控制地带，经省、自治区、直辖市人民政府批准，由核定公布该文物保护单位的人民政府的文物行政主管部门会同城乡规划行政主管部门划定并公布。

**第十五条**　承担文物保护单位的修缮、迁移、重建工程的单位，应当同时取得文物行政主管部门发给的相应等级的文物保护工程资质证书和建设行政主管部门发给的相应等级的资质证书。其中，不涉及建筑活动的文物保护单位的修缮、迁移、重建，应当由取得文物行政主管部门发给的相应等级的文物保护工程资质证书的单位承担。

**第十六条**　申领文物保护工程资质证书，应当具备下列条件：

（一）有取得文物博物专业技术职务的人员；

（二）有从事文物保护工程所需的技术设备；

（三）法律、行政法规规定的其他条件。

**第十七条**　申领文物保护工程资质证书，应当向省、自治区、直辖市人民政府文物行政主管部门或者国务院文物行政主管部门提出申请。省、自治区、直辖市人民政府文物行政主管部门或者国务院文物行政主管部门应当自收到申请之日起 30 个工作日内作出批准或者不批准的决定。决定批准的，发给相应等级的文物保护工程资质证书；决定不批准的，应当书面通知当事人并说明理由。文物保护工程资质等级的分级标准和审批办法，由国务院文物行政主管部门制定。

**第十八条** 文物行政主管部门在审批文物保护单位的修缮计划和工程设计方案前，应当征求上一级人民政府文物行政主管部门的意见。

**第十九条** 危害全国重点文物保护单位安全或者破坏其历史风貌的建筑物、构筑物，由省、自治区、直辖市人民政府负责调查处理。

危害省级、设区的市、自治州级、县级文物保护单位安全或者破坏其历史风貌的建筑物、构筑物，由核定公布该文物保护单位的人民政府负责调查处理。

危害尚未核定公布为文物保护单位的不可移动文物安全的建筑物、构筑物，由县级人民政府负责调查处理。

## 第三章 考古发掘

**第二十条** 申请从事考古发掘的单位，取得考古发掘资质证书，应当具备下列条件：

（一）有 4 名以上接受过考古专业训练且主持过考古发掘项目的人员；

（二）有取得文物博物专业技术职务的人员；

（三）有从事文物安全保卫的专业人员；

（四）有从事考古发掘所需的技术设备；

（五）有保障文物安全的设施和场所；

（六）法律、行政法规规定的其他条件。

**第二十一条** 申领考古发掘资质证书，应当向国务院文物行政主管部门提出申请。国务院文物行政主管部门应当自收到申请之日起 30 个工作日内作出批准或者不批准的决定。决定批准的，发给考古发掘资质证书；决定不批准的，应当书面通知当事人并说明理由。

**第二十二条**　考古发掘项目实行项目负责人负责制度。

**第二十三条**　配合建设工程进行的考古调查、勘探、发掘，由省、自治区、直辖市人民政府文物行政主管部门组织实施。跨省、自治区、直辖市的建设工程范围内的考古调查、勘探、发掘，由建设工程所在地的有关省、自治区、直辖市人民政府文物行政主管部门联合组织实施；其中，特别重要的建设工程范围内的考古调查、勘探、发掘，由国务院文物行政主管部门组织实施。

建设单位对配合建设工程进行的考古调查、勘探、发掘，应当予以协助，不得妨碍考古调查、勘探、发掘。

**第二十四条**　国务院文物行政主管部门应当自收到文物保护法第三十条第一款规定的发掘计划之日起 30 个工作日内作出批准或者不批准决定。决定批准的，发给批准文件；决定不批准的，应当书面通知当事人并说明理由。

文物保护法第三十条第二款规定的抢救性发掘，省、自治区、直辖市人民政府文物行政主管部门应当自开工之日起 10 个工作日内向国务院文物行政主管部门补办审批手续。

**第二十五条**　考古调查、勘探、发掘所需经费的范围和标准，按照国家有关规定执行。

**第二十六条**　从事考古发掘的单位应当在考古发掘完成之日起 30 个工作日内向省、自治区、直辖市人民政府文物行政主管部门和国务院文物行政主管部门提交结项报告，并于提交结项报告之日起 3 年内向省、自治区、直辖市人民政府文物行政主管部门和国务院文物行政主管部门提交考古发掘报告。

**第二十七条**　从事考古发掘的单位提交考古发掘报告后，经省、自治区、直辖市人民政府文物行政主管部门批准，可以保留少量出土文物作为科研标本，并应当于提交发掘报告之日起 6 个月内将其他出土文物移交给由省、自治区、直辖市人民政府文物行政主管部门指定的国有的博物馆、图书馆或者其他国有文物收藏单位收藏。

## 第四章  馆藏文物

**第二十八条**  文物收藏单位应当建立馆藏文物的接收、鉴定、登记、编目和档案制度，库房管理制度，出入库、注销和统计制度，保养、修复和复制制度。

**第二十九条**  县级人民政府文物行政主管部门应当将本行政区域内的馆藏文物档案，按照行政隶属关系报设区的市、自治州级人民政府文物行政主管部门或者省、自治区、直辖市人民政府文物行政主管部门备案；设区的市、自治州级人民政府文物行政主管部门应当将本行政区域内的馆藏文物档案，报省、自治区、直辖市人民政府文物行政主管部门备案；省、自治区、直辖市人民政府文物行政主管部门应当将本行政区域内的一级文物藏品档案，报国务院文物行政主管部门备案。

**第三十条**  文物收藏单位之间借用馆藏文物，借用人应当对借用的馆藏文物采取必要的保护措施，确保文物的安全。

借用的馆藏文物的灭失、损坏风险，除当事人另有约定外，由借用该馆藏文物的文物收藏单位承担。

**第三十一条**  国有文物收藏单位未依照文物保护法第三十六条的规定建立馆藏文物档案并将馆藏文物档案报主管的文物行政主管部门备案的，不得交换、借用馆藏文物。

**第三十二条**  修复、复制、拓印馆藏二级文物和馆藏三级文物的，应当报省、自治区、直辖市人民政府文物行政主管部门批准；修复、复制、拓印馆藏一级文物的，应当报国务院文物行政主管部门批准。

第三十三条 从事馆藏文物修复、复制、拓印的单位，应当具备下列条件：

（一）有取得中级以上文物博物专业技术职务的人员；

（二）有从事馆藏文物修复、复制、拓印所需的场所和技术设备；

（三）法律、行政法规规定的其他条件。

第三十四条 从事馆藏文物修复、复制、拓印，应当向省、自治区、直辖市人民政府文物行政主管部门提出申请。省、自治区、直辖市人民政府文物行政主管部门应当自收到申请之日起 30 个工作日内作出批准或者不批准的决定。决定批准的，发给相应等级的资质证书；决定不批准的，应当书面通知当事人并说明理由。

第三十五条 为制作出版物、音像制品等拍摄馆藏文物的，应当征得文物收藏单位同意，并签署拍摄协议，明确文物保护措施和责任。文物收藏单位应当自拍摄工作完成后 10 个工作日内，将拍摄情况向文物行政主管部门报告。

第三十六条 馆藏文物被盗、被抢或者丢失的，文物收藏单位应当立即向公安机关报案，并同时向主管的文物行政主管部门报告；主管的文物行政主管部门应当在接到文物收藏单位的报告后 24 小时内，将有关情况报告国务院文物行政主管部门。

第三十七条 国家机关和国有的企业、事业组织等收藏、保管国有文物的，应当履行下列义务：

（一）建立文物藏品档案制度，并将文物藏品档案报所在地省、自治区、直辖市人民政府文物行政主管部门备案；

（二）建立、健全文物藏品的保养、修复等管理制度，确保文物安全；

（三）文物藏品被盗、被抢或者丢失的，应当立即向公安机关报案，并同时向所在地省、自治区、直辖市人民政府文物行政主管部门报告。

## 第五章 民间收藏文物

**第三十八条** 文物收藏单位以外的公民、法人和其他组织，可以依法收藏文物，其依法收藏的文物的所有权受法律保护。

公民、法人和其他组织依法收藏文物的，可以要求文物行政主管部门对其收藏的文物提供鉴定、修复、保管等方面的咨询。

**第三十九条** 设立文物商店，应当具备下列条件：

（一）有 200 万元人民币以上的注册资本；

（二）有 5 名以上取得中级以上文物博物专业技术职务的人员；

（三）有保管文物的场所、设施和技术条件；

（四）法律、行政法规规定的其他条件。

**第四十条** 设立文物商店，应当向省、自治区、直辖市人民政府文物行政主管部门提出申请。省、自治区、直辖市人民政府文物行政主管部门应当自收到申请之日起 30 个工作日内作出批准或者不批准的决定。决定批准的，发给批准文件；决定不批准的，应当书面通知当事人并说明理由。

**第四十一条** 依法设立的拍卖企业，从事文物拍卖经营活动的，应当有 5 名以上取得高级文物博物专业技术职务的文物拍卖专业人员，并取得省、自治区、直辖市人民政府文物行政主管部门发给的文物拍卖许可证。

**第四十二条** 依法设立的拍卖企业申领文物拍卖许可证，应当向省、自治区、直辖市人民政府文物行政主管部门提出申请。省、自治区、直辖市人民政府文物行政主管部门应当自收到申请之日起30个工作日内作出批准或者不批准的决定。决定批准的，发给文物拍卖许可证；决定不批准的，应当书面通知当事人并说明理由。

**第四十三条**　文物商店购买、销售文物，经营文物拍卖的拍卖企业拍卖文物，应当记录文物的名称、图录、来源、文物的出卖人、委托人和买受人的姓名或者名称、住所、有效身份证件号码或者有效证照号码以及成交价格，并报省、自治区、直辖市人民政府文物行政主管部门备案。接受备案的文物行政主管部门应当依法为其保密，并将该记录保存75年。

文物行政主管部门应当加强对文物商店和经营文物拍卖的拍卖企业的监督检查。

## 第六章　文物出境进境

**第四十四条**　国务院文物行政主管部门指定的文物进出境审核机构，应当有5名以上取得中级以上文物博物专业技术职务的文物进出境责任鉴定人员。

**第四十五条**　运送、邮寄、携带文物出境，应当在文物出境前依法报文物进出境审核机构审核。文物进出境审核机构应当自收到申请之日起15个工作日内作出是否允许出境的决定。

文物进出境审核机构审核文物，应当有3名以上文物博物专业技术人员参加；其中，应当有2名以上文物进出境责任鉴定人员。

文物出境审核意见，由文物进出境责任鉴定员共同签署；对经审核，文物进出境责任鉴定员一致同意允许出境的文物，文物进出境审核机构方可作出允许出境的决定。

文物出境审核标准，由国务院文物行政主管部门制定。

**第四十六条** 文物进出境审核机构应当对所审核进出境文物的名称、质地、尺寸、级别，当事人的姓名或者名称、住所、有效身份证件号码或者有效证照号码，以及进出境口岸、文物去向和审核日期等内容进行登记。

**第四十七条** 经审核允许出境的文物，由国务院文物行政主管部门发给文物出境许可证，并由文物进出境审核机构标明文物出境标识。经审核允许出境的文物，应当从国务院文物行政主管部门指定的口岸出境。海关查验文物出境标识后，凭文物出境许可证放行。

经审核不允许出境的文物，由文物进出境审核机构发还当事人。

**第四十八条** 文物出境展览的承办单位，应当在举办展览前6个月向国务院文物行政主管部门提出申请。国务院文物行政主管部门应当自收到申请之日起30个工作日内作出批准或者不批准的决定。决定批准的，发给批准文件；决定不批准的，应当书面通知当事人并说明理由。

一级文物展品超过120件（套）的，或者一级文物展品超过展品总数的20%的，应当报国务院批准。

**第四十九条** 一级文物中的孤品和易损品，禁止出境展览。禁止出境展览文物的目录，由国务院文物行政主管部门定期公布。

未曾在国内正式展出的文物，不得出境展览。

**第五十条** 文物出境展览的期限不得超过1年。因特殊需要，经原审批机关批准可以延期；但是，延期最长不得超过1年。

**第五十一条** 文物出境展览期间，出现可能危及展览文物安全情形的，原审批机关可以决定中止或者撤销展览。

**第五十二条** 临时进境的文物，经海关将文物加封后，交由当事人报文物进出境审核机构审核、登记。文物进出境审核机构查验海关封志完好无损后，对每件临时进境文物标明文物临时进境标识，并登记拍照。

临时进境文物复出境时，应当由原审核、登记的文物进出境审核机构核对入境登记拍照记录，查验文物临时进境标识无误后标明文物出境标识，并由国务院文物行政主管部门发给文物出境许可证。

未履行本条第一款规定的手续临时进境的文物复出境的，依照本章关于文物出境的规定办理。

**第五十三条**　任何单位或者个人不得擅自剥除、更换、挪用或者损毁文物出境标识、文物临时进境标识。

## 第七章　法律责任

**第五十四条**　公安机关、工商行政管理、文物、海关、城乡规划、建设等有关部门及其工作人员，违反本条例规定，滥用审批权限、不履行职责或者发现违法行为不予查处的，对负有责任的主管人员和其他直接责任人员依法给予行政处分；构成犯罪的，依法追究刑事责任。

**第五十五条**　违反本条例规定，未取得相应等级的文物保护工程资质证书，擅自承担文物保护单位的修缮、迁移、重建工程的，由文物行政主管部门责令限期改正；逾期不改正，或者造成严重后果的，处 5 万元以上 50 万元以下的罚款；构成犯罪的，依法追究刑事责任。

违反本条例规定，未取得建设行政主管部门发给的相应等级的资质证书，擅自承担含有建筑活动的文物保护单位的修缮、迁移、重建工程的，由建设行政主管部门依照有关法律、行政法规的规定予以处罚。

**第五十六条** 违反本条例规定，未取得资质证书，擅自从事馆藏文物的修复、复制、拓印活动的，由文物行政主管部门责令停止违法活动；没收违法所得和从事违法活动的专用工具、设备；造成严重后果的，并处 1 万元以上 10 万元以下的罚款；构成犯罪的，依法追究刑事责任。

**第五十七条** 文物保护法第六十六条第二款规定的罚款，数额为 200 元以下。

**第五十八条** 违反本条例规定，未经批准擅自修复、复制、拓印馆藏珍贵文物的，由文物行政主管部门给予警告；造成严重后果的，处 2000 元以上 2 万元以下的罚款；对负有责任的主管人员和其他直接责任人员依法给予行政处分。

文物收藏单位违反本条例规定，未在规定期限内将文物拍摄情况向文物行政主管部门报告的，由文物行政主管部门责令限期改正；逾期不改正的，对负有责任的主管人员和其他直接责任人员依法给予行政处分。

**第五十九条** 考古发掘单位违反本条例规定，未在规定期限内提交结项报告或者考古发掘报告的，由省、自治区、直辖市人民政府文物行政主管部门或者国务院文物行政主管部门责令限期改正；逾期不改正的，对负有责任的主管人员和其他直接责任人员依法给予行政处分。

**第六十条** 考古发掘单位违反本条例规定，未在规定期限内移交文物的，由省、自治区、直辖市人民政府文物行政主管部门或者国务院文物行政主管部门责令限期改正；逾期不改正，或者造成严重后果的，对负有责任的主管人员和其他直接责任人员依法给予行政处分。

第六十一条　违反本条例规定，文物出境展览超过展览期限的，由国务院文物行政主管部门责令限期改正；对负有责任的主管人员和其他直接责任人员依法给予行政处分。

第六十二条　依照文物保护法第六十六条、第七十三条的规定，单位被处以吊销许可证行政处罚的，应当依法到工商行政管理部门办理变更登记或者注销登记；逾期未办理的，由工商行政管理部门吊销营业执照。

第六十三条　违反本条例规定，改变国有的博物馆、纪念馆、文物保护单位等的事业性收入的用途的，对负有责任的主管人员和其他直接责任人员依法给予行政处分；构成犯罪的，依法追究刑事责任。

## 第八章　附　则

第六十四条　本条例自 2003 年 7 月 1 日起施行。

# 附录三　江西省文物保护条例

（2006年9月22日江西省第十届人民代表大会常务委员会第二十三次会议通过　2011年12月1日江西省第十一届人民代表大会常务委员会第二十八次会议第一次修正　2016年4月1日江西省第十二届人民代表大会常务委员会第二十四次会议第二次修正　2018年7月27日江西省第十三届人民代表大会常务委员会第四次会议第三次修正）

## 目　录

## 第一章　总　则

**第一条**　为了加强对文物的保护，继承中华民族优秀的历史文化遗产，根据《中华人民共和国文物保护法》《中华人民共和国文物保护法实施条例》等有关法律、行政法规的规定，结合本省实际，制定本条例。

第二条　本省行政区域内文物的保护、利用和管理，适用本条例。

具有科学价值的古脊椎动物化石和古人类化石同文物一样受国家保护。

第三条　文物工作贯彻保护为主、抢救第一、合理利用、加强管理的方针。

基本建设、旅游发展和文物利用等活动必须遵守文物保护工作的方针，不得对文物造成损害。

第四条　各级人民政府负责本行政区域内的文物保护工作。

县级以上人民政府设立的文物保护管理委员会，负责协调、解决本行政区域内文物保护工作中的重大问题。

第五条　县级以上人民政府文物行政部门对本行政区域内的文物保护实施监督管理。

公安、工商行政管理、城乡建设规划、海关等相关部门在各自职责范围内，负责有关的文物保护工作。

第六条　县级以上人民政府应当将文物保护事业纳入国民经济和社会发展规划，所需经费列入本级财政预算，用于文物保护的财政拨款随着财政收入增长而增加。

县级以上人民政府应当根据文物调查、抢救、修缮、征集和安全设施建设等需要，设立专项经费。

第七条　对遗存在本行政区域内的与重大历史事件、革命运动有关的近现代重要史迹、陶瓷古窑遗址等重要文物保护单位，有关人民政府应当予以重点抢救、保护和管理。

民间收藏的近现代文物、古陶瓷、古青铜器等珍贵文物，国有文物收藏单位应当加强征集和收藏工作。

第八条　县级以上人民政府文物、教育、科技等部门以及报刊、广播、电视、网络等媒体，应当加强文物保护法律法规和优秀历史文化遗产保护的宣传教育工作，增强全社会的文物保护意识。

县级以上人民政府应当注重对文物、博物专业技术人才的培养。

**第九条** 县所有单位和个人都有依法保护文物的义务，并有权检举、控告和制止破坏文物的行为。

## 第二章 不可移动文物

**第十条** 省人民政府文物行政部门在市级、县级文物保护单位中，选择具有重要历史、艺术、科学价值的确定为省级文物保护单位，或者直接确定省级文物保护单位，报省人民政府核定公布，并报国务院备案。

市级、县级文物保护单位，分别由设区市、县级人民政府文物行政部门确定，报市级、县级人民政府核定公布，并报省人民政府备案。

尚未核定为文物保护单位的不可移动文物，由所在地县级人民政府文物行政部门登记公布，建立档案，并报省、设区市人民政府文物行政部门备案。

**第十一条** 对保存文物丰富并且具有重要历史价值或者革命纪念意义和反映民族、民俗文化及地方特色的城市、街道、村镇，由所在地县级以上人民政府提出申请，经省人民政府城乡建设规划部门会同文物行政部门组织评审后，报省人民政府核定公布为省级历史文化名城或者历史文化街区、村镇，并报国务院备案。

国家历史文化名城、村镇的申报和确定，依照国家有关规定执行。

**第十二条** 世界文化遗产和文物保护单位所在地的县级以上人

民政府应当组织编制保护规划。世界文化遗产、全国重点文物保护单位保护规划，由省人民政府公布实施；省级、市级、县级文物保护单位保护规划，分别由省、设区市、县级人民政府公布实施。

历史文化名城和历史文化街区、村镇所在地县级以上人民政府应当组织编制专门的历史文化名城和历史文化街区、村镇保护规划，并纳入城市总体规划。

第十三条　世界文化遗产、全国重点文物保护单位和省级文物保护单位由省人民政府文物行政部门组织制定具体保护措施，并公告施行。市级、县级文物保护单位和尚未核定为文物保护单位的不可移动文物，分别由设区市、县级人民政府文物行政部门组织制定具体保护措施，并公告施行。

保护措施应当符合保护规划的要求，内容包括不可移动文物的修缮保养、安全防范、合理利用和环境治理等。

第十四条　全国重点文物保护单位和省级文物保护单位，由省人民政府划定必要的保护范围，作出标志说明，建立记录档案；市级、县级文物保护单位分别由设区市、县级人民政府划定必要的保护范围，作出标志说明，建立记录档案。

全国重点文物保护单位和省级文物保护单位的建设控制地带，经省人民政府批准，由省级文物行政部门会同城乡规划行政主管部门划定并公布；市级、县级文物保护单位的建设控制地带，经省人民政府批准，由市级、县级文物行政部门会同城乡规划行政主管部门划定并公布。

第十五条　在文物保护单位的保护范围和建设控制地带内已有的非文物建筑物和构筑物，危害文物保护单位安全或者破坏文物保护单位历史风貌的，由县级以上人民政府依法调查处理，必要时，对该建筑物、构筑物依法予以拆迁。

在文物保护单位的建设控制地带内进行建设工程，不得破坏文物保护单位的历史风貌，其形式、高度、体量、色调应当与文物保护单位相协调；工程设计方案应当根据文物保护单位的级别，经相应的文物行政部门同意后，报城乡建设规划部门批准。

**第十六条**　在文物保护单位的建设控制地带内，禁止从事下列活动：

（一）建设污染文物保护单位及其环境的设施；

（二）存放易燃、易爆、易腐蚀等危及文物安全的物品；

（三）殡葬活动；

（四）其他可能影响文物保护单位安全及其环境的活动。

**第十七条**　在文物保护单位的保护范围内，除禁止从事前条所列活动外，还禁止从事下列活动：

（一）刻划、涂污、损坏文物；

（二）刻划、涂污、损毁或者擅自移动文物保护单位标志；

（三）损坏文物保护设施；

（四）毁林开荒、开挖沟渠、采石、取土；

（五）法律、法规禁止的其他活动。

**第十八条**　不可移动文物实行原址保护原则。因特殊情况无法实施原址保护的，经依法批准后，可以迁移或者拆除，所需费用由建设单位列入建设工程预算。

被批准迁移或者拆除的不可移动文物，建设单位应当事先做好测绘、摄像和文字记录等资料工作。不可移动文物迁移工程应当与异地保护工程同步进行，并且按照国务院文物行政部门的有关规定，由相应的文物行政部门组织验收。

**第十九条**　设区市、县级人民政府文物行政部门应当与不可移动文物的所有人、使用人或者管理人签订文物保护责任书，依法明确其享有的权利和承担的义务；不可移动文物的所有人、使用人或者管理人发生改变的，应当重新签订。

**第二十条**　文物保护单位被辟为参观游览场所的，其管理或者使用机构应当按照文物保护法律法规的有关规定，负责修缮、保养和安全管理，并接受文物行政部门的监督检查。

**第二十一条**　公布为文物保护单位的宗教活动场所，管理、使用该宗教活动场所的宗教组织应当按照文物保护法律法规的有关规定，负责修缮、保养和安全管理，并接受文物行政部门的监督检查。宗教组织不具备修缮能力的，当地人民政府应当给予帮助。

## 第三章　考古发掘

**第二十二条**　在本省行政区域内进行考古发掘，必须依法履行报批手续。未经依法批准，所有单位或者个人不得私自发掘地下和水下文物。

**第二十三条**　县级以上人民政府文物行政部门应当加强对本行政区域内地下和水下文物的勘查工作。

县级以上人民政府文物行政部门应当会同城乡建设规划部门，根据本地区历史发展沿革及勘查发现地下文物的情况，划定地下文物埋藏区，报本级人民政府核定并公布。

**第二十四条**　大型基本建设工程选址，应当尽可能避开地下文物埋藏区；确实无法避开的，建设单位应当事先报请省人民政府文物行政部门组织考古发掘单位在工程范围内有可能埋藏文物的地方进行考古调查、勘探。

省人民政府文物行政部门应当自收到申请之日起二十个工作日内，组织从事考古发掘的单位进行考古调查、勘探；从事考古发掘的单位应当自考古调查、勘探结束之日起十五个工作日内完成考古调查、勘探报告。

省人民政府文物行政部门应当自收到考古调查、勘探报告之日起十个工作日内，将考古调查、勘探处理意见书告知建设单位。需要考古发掘的，由省人民政府文物行政部门组织发掘。

**第二十五条** 因进行基本建设和生产建设需要的考古调查、勘探、发掘，所需经费由建设单位列入建设工程预算。

考古调查、勘探、发掘所需经费的范围和标准，按照国家有关规定执行。

**第二十六条** 在进行建设工程或者在农业生产中，所有单位或者个人发现文物，应当保护现场，并及时报告当地文物行政部门。

文物行政部门接到报告后，应当在二十四小时内赶赴现场，并在七个工作日内提出处理意见。文物行政部门可以报请当地人民政府通知公安机关协助保护现场。

**第二十七条** 考古发掘单位依法进行考古调查、勘探和发掘活动，所有单位和个人不得阻挠。在考古发掘结束前，所有单位和个人不得擅自在考古发掘区域内进行施工或者生产活动。

**第二十八条** 考古发掘的文物及其相关资料，所有单位和个人不得私自占有。未经省人民政府文物行政部门同意，发掘单位不得将考古发掘中的重要发现对外公布。

## 第四章 馆藏文物和民间收藏文物

**第二十九条** 博物馆、图书馆和其他文物收藏单位可以根据其收藏的性质和职责征集藏品。对收藏的文物，文物收藏单位应当按照国家有关规定区分等级，编制目录，设置藏品档案，并报主管的文物行政部门备案。

鼓励单位和个人将收藏的文物捐赠、转让给国有文物收藏单位或者提供给文物收藏单位展览和研究。

**第三十条** 文物收藏单位应当按照国家有关规定，在文物库房和文物陈列展览区配备防火、防盗、防自然损坏的安全设施和相应的安全保卫人员，并达到风险等级安全防护标准。公安机关应当将文物收藏单位列为治安保卫重点单位。

**第三十一条** 对不具备收藏珍贵文物条件的国有文物收藏单位收藏的珍贵文物，省人民政府文物行政部门可以指定具备条件的国有文物收藏单位代为收藏。非国有文物收藏单位不具备收藏珍贵文物条件的，可以委托具备条件的文物收藏单位代为收藏。

文物收藏单位与代为收藏单位的权利义务由双方协商确定。

**第三十二条** 文物收藏单位可以通过购买、接受捐赠、依法交换或者法律、行政法规规定的其他方式取得文物。

国有文物收藏单位还可以通过接受文物行政部门指定保管或者调拨方式取得文物。

文物收藏单位不得利用馆藏文物从事文物销售、拍卖经营活动。禁止国有文物收藏单位将馆藏文物赠与、出租或者出售给其他单位、个人。

**第三十三条** 文物行政部门和工商行政管理部门应当加强对文物商业经营活动的监督管理。

文物的购销经营活动，由依法设立的文物商店进行；文物的拍卖经营活动，由依法取得文物拍卖许可证的拍卖企业进行。其他单位和个人不得从事文物的购销、拍卖等商业经营活动。

**第三十四条** 文物商店销售的文物，在销售前应当经省人民政府文物行政部门核准同意，并加贴文物销售专用标识。

所有单位和个人不得买卖、出租、出借和以其他形式转让文物销售专用标识，不得涂改、伪造、变造文物销售专用标识。

文物拍卖企业拍卖的文物，在拍卖前应当经省人民政府文物行政部门审核，并报国务院文物行政部门备案。

**第三十五条** 文物商店、文物拍卖企业应当分别自购买或者销售文物之日、文物拍卖活动结束之日起三十个工作日内，按照《中华人民共和国文物保护法实施条例》第四十三条第一款规定的内容，将所购买或者销售、拍卖文物的记录报省人民政府文物行政部门备案。

**第三十六条** 人民法院、人民检察院、公安机关、海关和工商行政管理部门依法没收的文物应当登记造册，妥善保管，结案后三十个工作日内无偿移交文物行政部门，由文物行政部门指定的国有文物收藏单位收藏。

## 第五章 文物利用

**第三十七条** 文物利用坚持合理、适度的原则。

禁止对文物进行破坏性利用。禁止将国有不可移动文物转让、抵押。禁止将国有文物保护单位作为或者变相作为企业资产经营。

文物行政部门对文物的利用实施监督管理，并提供指导和服务。

**第三十八条** 文物收藏单位应当充分发挥馆藏文物的作用，通过举办展览、科学研究等形式，加强对优秀历史文化遗产的宣传和利用。

鼓励文物收藏单位研发相关文化产品，传播科学文化知识，开展社会教育服务活动，参与当地文化建设。

**第三十九条** 文物收藏单位应当采取多种形式，向公众陈列、展览所收藏的文物；陈列、展览中使用复制品、仿制品和辅助品的，应当予以明示。

第四十条　国有文物保护单位和文物收藏单位应当在确保文物安全的前提下，尽可能向公众开放，其事业性收入用于文物保护事业。

国有文物保护单位和文物收藏单位对未成年人实行免费参观制度，对老年人、残疾人、现役军人和学校组织的学生实行减免费制度。

对具有重要价值的国有文物保护单位实行旅游者、参观者容量控制制度。

第四十一条　修复、复制、拓印馆藏二级文物和馆藏三级文物的，应当报省人民政府文物行政部门批准；修复、复制、拓印馆藏一级文物的，应当报国务院文物行政部门批准。

省人民政府文物行政部门应当自收到申请之日起二十日内作出批准或者不予批准的决定，或者提出审核意见。

第四十二条　利用文物举办流动展览，或者利用文物保护单位举办大型活动的，举办单位应当制定文物保护预案，落实具体保护措施，并报所在地文物行政部门备案；应当取得公安、工商行政管理等相关部门批准的，举办单位应当向相关部门提出申请。

第四十三条　参观游览场所内有文物保护单位的，场所的管理或者使用机构应当从门票收入中安排一定的比例用于文物保护。

国有文物保护单位利用文物进行拍摄以及举办大型活动，其所得收入应当用于文物保护。

## 第六章　法律责任

第四十四条　文物行政部门、其他有关行政部门、国有文物保护单位管理机构、国有文物收藏单位违反本条例规定，不履行文物保护和管理职责，或者玩忽职守、滥用职权、徇私舞弊的，对负有责任的主管人员和其他直接责任人员依法给予行政处分；构成犯罪的，依法追究刑事责任。

**第四十五条** 违反本条例规定，在文物保护单位的保护范围内，有下列行为之一，造成损害尚不严重的，由公安机关或者文物所在单位给予警告，可以并处二百元以下的罚款：

（一）刻划、涂污、损坏文物的；

（二）刻划、涂污、损毁、擅自移动文物保护单位标志的；

（三）损坏文物保护设施的；

（四）毁林开荒、开挖沟渠、采石、取土的。

**第四十六条** 违反本条例规定，被批准迁移、拆除的不可移动文物，建设单位事先未进行测绘、摄像和文字记录等资料工作而迁移、拆除的，或者不可移动文物迁移工程未与异地保护工程同步进行的，由文物行政部门责令改正，并处一万元以上十万元以下的罚款。

**第四十七条** 违反本条例规定，有下列行为之一的，由文物行政部门责令改正；造成严重后果的，处一万元以上十万元以下的罚款：

（一）阻挠考古发掘单位进行考古工作的；

（二）擅自在考古发掘区域内进行施工或者生产活动的。

**第四十八条** 违反本条例规定，擅自将考古发掘中的重要发现对外公布，造成严重后果的，对负有责任的主管人员和其他直接责任人员依法给予行政处分。

**第四十九条** 违反本条例规定，有下列行为之一的，由文物行政部门责令改正；逾期不改正或者造成严重后果的，对负有责任的主管人员和其他直接责任人员依法给予行政处分：

（一）国有文物收藏单位拒不执行指定代为收藏珍贵文物的；

（二）利用文物举办流动展览，或者利用文物保护单位举办大型活动，举办单位未制定文物保护预案、未报所在地文物行政部门备案的。

**第五十条**　违反本条例规定，买卖、出租、出借和以其他形式转让文物销售专用标识，或者涂改、伪造、变造文物销售专用标识的，由文物行政部门责令改正，没收违法所得并处五千元以上五万元以下的罚款。

## 第七章　附　则

**第五十一条**　本条例自 2007 年 1 月 1 日起施行。1995 年 6 月 30 日江西省第八届人民代表大会常务委员会第十六次会议通过、1997 年 6 月 20 日江西省第八届人民代表大会常务委员会第二十八次会议修正的《江西省文物保护管理办法》同时废止。

# 附录四　革命旧址保护利用导则（2019）

## 一、总则

**第一条**　为贯彻落实《国务院关于进一步加强文物工作的指导意见》和中共中央办公厅、国务院办公厅《关于实施革命文物保护利用工程（2018—2022年）的意见》、《关于加强文物保护利用改革的若干意见》，进一步加强对革命旧址保护利用的规范和指导，依据文物保护有关法律法规和规范性文件，制定本导则。

**第二条**　本导则所称革命旧址，是指已被登记公布为不可移动文物，见证近代以来中国人民长期革命斗争、特别是中国共产党领导的新民主主义革命与社会主义革命历程，反映革命文化的遗址、遗迹和纪念设施。

革命旧址主要包括：

（一）重要机构、重要会议旧址；

（二）重要人物故居、旧居、活动地或墓地；

（三）重要事件和重大战斗遗址、遗迹；

（四）具有重要影响的烈士事迹发生地或烈士墓地；

（五）近代以来兴建的涉及旧民主主义革命、新民主主义革命和社会主义革命的纪念碑（塔、堂）等纪念建（构）筑物。

**第三条**　革命旧址保护和利用，应当遵循科学规划、分类管理、有效保护、合理利用的原则，切实维护革命旧址本体安全和特有的历史环境风貌，最大限度保持和呈现历史真实性、风貌完整性和文化延续性。

**第四条**　革命旧址保护和利用，应当坚持政府主导。地方各级人民政府要切实履行文物保护主体责任，把革命旧址保护利用工作列入重要议事日程，协调党史、宣传、民政、退役军人事务、档案、方志、自然资源、住建、国安、保密等相关部门，支持文物行政部门依法履行职责。

革命旧址集中地区，应根据自身资源特点，制定专门的革命旧址保护办法、标准规范。

**第五条**　地方各级文物行政部门应当建立革命旧址保护专家咨询制度，设立革命旧址保护专家委员会，吸纳革命史研究、文物保护、城乡规划管理、教育、文化传播等方面的专业人士参加，定期或不定期召开会议，研究讨论革命旧址保护利用中的重大问题。

**第六条**　革命旧址保护和利用，应当以全面深入的研究为基础。地方各级文物行政部门及革命旧址管理机构应当会同有关研究机构，在充分吸收党史、军史权威部门最新研究成果的基础上，加强对革命旧址核心价值的研究和宣传工作，注重传播革命文化，传承红色基因，弘扬革命精神，发挥资政育人作用。

## 二、管理

**第七条**　县级文物行政部门应当及时公布本辖区内的革命旧址名录，核定明确本体构成，制定相应的具体保护措施，并公告施行。

县级文物行政部门应当定期组织开展有针对性的专项调查和研究，按照《文物认定管理暂行办法》和《不可移动文物认定导则（试行）》的要求，将具有价值的革命历史类遗址、遗迹、纪念设施，及时报省级文物行政部门审核同意后登记公布为不可移动文物。

认定革命旧址类不可移动文物，应听取党史、宣传、民政、退役军人事务、档案、方志等相关部门意见，并应特别注意遵从以下基本原则：

（一）重要人物故居旧居、墓地：原则上只认定有重要影响的革命烈士故居及墓地和革命领袖故居、旧居及墓地，其中革命领袖旧居，只选取有代表性历史事件发生地。

（二）重要人物、机构活动地/暂驻地：原则上只认定有代表性历史事件发生地。

（三）纪念性建（构）筑物：原则上只认定修建于民主主义革命时期的纪念性建筑，以及新中国时期修建的具有特别重大意义的纪念性建筑。

（四）重要事件和重大战斗遗址、遗迹：只认定仍有实物遗存者。

见证帝国主义侵略和殖民统治、封建主义和官僚资本主义反动统治的重要史迹，可视情况一并予以认定为不可移动文物。

**第八条** 地方各级人民政府应当及时将有重要价值的革命旧址核定公布为相应级别的文物保护单位，划定必要的保护范围，作出标志说明，建立记录档案，并区别情况分别设置专门机构或者专人负责管理。

保护范围应根据革命旧址的实际保护需要科学划定，并落实到所在地国土空间规划以及相关专项规划中，予以严格保护；标志说明应规范醒目，符合《文物保护单位标志》（GB/T 22527）的有关规定，界碑界桩应齐全、完备；记录档案应科学、全面，并实行动态更新维护，全面反映革命旧址的保养维护、保护修缮、改造使用等人为干预情况；专门管理机构或专门管理人员应职责明确、及时到位。

**第九条** 革命旧址应当明确保护管理责任人，根据产权情况进行分类管理：

革命旧址产权不明，且暂无使用权人的，由县级文物行政部门指定专门机构或专人负责日常保护管理，并与其签订保护协议。

革命旧址产权属集体或个人所有的，由产权所有人负责日常保护管理，县级文物行政部门应与产权所有人签订保护协议。

革命旧址产权属国家所有的，由使用权人负责日常保护管理，制定具体的保护管理措施，并公告施行；使用权人为非文博单位的，县级文物行政部门应与使用权人签订保护协议。

革命旧址保护协议应包括双方的权利、责任和义务，明确文物日常保护管理的基本要求、使用条件与负面清单等。

非国有产权的革命旧址，价值重大而产权人又无力保护的，县级人民政府可以考虑予以征收保护。

**第十条** 革命旧址保护管理责任人应当履行下列责任：

（一）定期组织开展日常巡查，检查革命旧址文物本体的安全状况，排查安防、消防隐患；有必要的，应开展持续的技术监测；

（二）做好革命旧址文物本体的日常养护；

（三）对保护标志进行必要的维护；

（四）定期更新记录档案，实施动态管理；

（五）根据需要组织开展革命旧址文物修缮、环境整治、陈列展示等项目；

（六）对外开放的，组织做好必要的游客管理。

县级文物行政部门应联合当地党史、宣传、方志等部门，定期组织开展必要的培训、讲座等活动，帮助革命旧址保护管理责任人不断提高文物保护意识、提升文物保护能力，确保文物安全。

## 三、保护

**第十一条** 编制革命旧址文物保护单位保护规划，应注重突出革命旧址的纪念性特征，发挥教育传播功能。保护规划应符合相应的国土空间规划，并与相应的历史文化名城（镇、村）保护规划相衔接。

鼓励围绕形成规模化的展示体系，编制区域（包括以革命根据地为单元或同一主题跨地域）革命旧址保护利用规划，作为专项规划纳入当地文物事业发展规划和国民经济与社会发展规划。

**第十二条** 应最大限度地保持革命旧址在革命历史时期的本体及环境的原状。革命历史时期状态已显著改变的革命旧址，应详细鉴别论证，以确定原状应包含的全部内容。

主体不存，但基址或代表性环境尚存，且价值较高的革命旧址，应作为遗址保护，原则上不应重建。因用作纪念馆或陈列馆馆舍，需原址复原或重建革命旧址的，应依法报批。

应加强对革命旧址历史环境的研究与识别，辨明并重点保护能够反应重要历史信息、具有标识性的地形地貌、植被、水体、历史建筑、设施、街巷格局及肌理等要素，使之与旧址本体一起完整反映革命事件及历史场景。

应坚持革命旧址原址保护，重要事件和重大战斗遗址、遗迹，具有重要影响的烈士事迹发生地等，不得迁移。作为历史文化名城（镇、村）、街区和中国传统村落关键节点、地标的革命旧址，不得迁移、拆除。

**第十三条** 应根据类型和形态特点实施革命旧址分类保护：

（一）建筑及建筑群：应严格保护革命历史时期的格局、形制、外观等。除主体建筑外，还应注意保护题刻及标语、同时期的附属建筑、庭院、屋场等历史空间、各类生活设施，以及特殊历史事件造成的损伤痕迹等，以整体保护革命时期历史场景。除革命时期历史特征外，反映建筑自身时代、地域、民族特色的重要特征，如材料工艺、构造做法、装饰装修等，同样要严格保护。

（二）战役战场遗址、烈士牺牲地、重大事件发生地等革命遗址遗迹：应参照考古遗址的保护要求，科学规范地开展必要的考古勘察与发掘、研究工作，并结合考古研究、文献研究、口述史研究等对遗址的主要价值载体进行认真甄别。除保护建构筑物遗址外，也要特别注意加强环境和景观特征保护。对结构、材质等较特殊的遗址类型，应开展保护技术的专项研究。

（三）墓地、陵园及纪念性建（构）筑物：应结合研究，明确文物范围，保护原有墓碑、石雕、石刻等。对考古发掘中发现的遗骨、遗物等应进行严格的科学技术鉴定，其保护措施应有利于证据效力的持久存续。对死难者遗骨的展示方式，应符合《国际博物馆职业道德准则》等关于人类遗骸的伦理道德要求。丛葬坑遗址不得异地复原展示。严格控制墓、陵及纪念性建（构）筑物的改建、扩建，确有需要的，须严格履行报批程序。

（四）题刻及标语：应开展针对革命标语、题刻、宣传画、墨书等的专项调查工作，做好记录并留档；完善保护标识，并根据不同材料及做法开展专项保护。附着于文物古迹上的革命题刻及标语，与文物古迹一并保护展示；附着于非文物古迹上的题刻标语应尽量原址保护，特殊情况下可揭取异地集中保护展示。

（五）特殊类型：对具有文化线路、工业遗产、文化景观等属性的革命旧址组群，应综合运用相关的保护理念及方法确定保护要点，强化和凸显相关属性。

**第十四条**　开展革命旧址环境整治，应以保护文物安全、保持历史景观、突出文化价值、保障合理利用为出发点，重点清理引起污染、震动等外力因素和影响历史环境风貌的各种杂物以及影响历史氛围的不相容业态。

旧址的整体环境应突出庄严肃穆的氛围，在旧址景观环境内不允许另建新的主题景观；必要的绿化项目应有助于再现历史景观或烘托环境氛围，注重与原生环境的有机联系，避免生硬嫁接。

革命旧址配套设施应把握适度原则，以公众服务及安全保障为目的，以满足最基本功能需求为宜，以现有设施改造为首选，严格控制建筑规模、体量和高度，尽量远离文物本体，并淡化建筑形象设计，以简洁、大方、朴素为主调。

**第十五条** 应根据实际需要科学布设革命旧址消防、安防、防雷安全措施，避免过度防护。相关措施应注意符合国家相关法律法规和技术规范的规定，设施安装使用不得对旧址本体及历史信息造成损害，外观色彩应与革命旧址及周边环境相协调。村落、街区中的革命旧址消防设施建设宜与社区消防整体设计相统筹，做到合理布防、突出重点、简便实用。

## 四、展示

**第十六条** 革命旧址修缮后，具备条件的应开展专门的展示利用，不具备开放条件的应合理安排其他使用功能，不得长期闲置。

革命旧址的展示利用，应以保证文物安全为前提，注重对革命旧址原有历史信息的延续和革命文化的传承，与革命历史氛围和场所精神相适应，杜绝庸俗化和娱乐化倾向。应坚持以社会主义核心价值观为引领，落实意识形态工作责任制，始终把社会效益放在首位，实现社会效益和经济效益相统一。

依托革命旧址新建改扩建纪念设施的，须按照有关规定严格履行审批程序。

**第十七条** 应根据价值、特征、保存状况、环境条件、权属现状和现实需求等因素，对革命旧址进行分类合理利用。

鼓励将革命旧址辟为革命文化专题博物馆、纪念馆或遗址公园等文化教育活动场所，向公众开放。国有革命旧址中的全国重点文物保护单位和省级文物保护单位应尽可能向公众开放；确已作他用的，应开辟专门的区域进行必要的陈列展示并向公众开放，或规定明确的公众开放日。其他国有革命旧址，应积极创造条件尽快实现对外开放，暂不能对外开放的，应在悬挂保护标志的同时设立方便公众辨识的说明牌。享受政府资助保护的非国有革命旧址应在尊重所有权人意愿的基础上，适度向公众开放。

鼓励建筑类革命旧址在符合保护要求的前提下进一步发挥综合服务功能。属于居住建筑的，鼓励延续原有使用功能，并在修缮保护中充分考虑生活便利性，可适当添设现代生活设施，改善居住条件；属于公共建筑的，在尊重传统功能的基础上，可用于村（居）委会、村史馆、图书馆、卫生所、老人活动中心、非遗展示中心等社区公共服务设施。无论发挥何种功能，都应同时以合适的方式呈现革命旧址作为革命事件发生地的完整信息。

鼓励利用革命旧址开展红色文化创意、红色旅游和地方文化研究，或者以其他形式进行合理利用。鼓励革命旧址产权人等相关权利人通过合资、合作、认护、委托管理等方式引入其他力量，共同做好革命旧址的管理、使用工作。

**第十八条**　革命旧址的陈列展览应坚持"旧址就是最重要的文物展品和展示空间"的理念，注重突出历史感、现场感，充分依托旧址及其环境空间举办原状陈列和辅助陈列，开展教育活动，做到有址可寻、有物可看、有史可讲、有事可说。

为完善陈列展览体系确需毗邻革命旧址新建改扩建纪念设施（纪念馆或陈列馆）的，须按照有关规定严格履行审批程序，并应在符合文物保护单位相关保护规定基础上，严格控制建筑规模、体量和高度，尊重革命旧址原有景观和氛围，明确纪念馆（陈列馆）

是对革命旧址的延伸解读，充分体现革命旧址与纪念馆（陈列馆）相互补充、相互印证的关系。切忌新建馆舍喧宾夺主，更忌以保护为名，搞大拆大建。

在与革命旧址相关联的景观环境内，通过绿化、铺装、景观小品等意向性的景观设计对相关历史进行辅助阐释，应充分论证其必要性。对于原物已损毁，但位置仍较明确的遗址，可借助此类方式做示意性的标示及展示，辅助观众理解。景观设计应注意纪念性、叙事性与艺术性的良好结合，并严格控制体量，与环境相协调。大型广场、大型雕塑的修建应特别慎重。

**第十九条** 原状陈列是革命旧址展示利用的主要方式。原状陈列要尽量实现旧址本体、内部陈设和周围复原环境的紧密结合，再现历史原貌，使人们感受完整的特定事件或人物活动历史场景和浓郁的历史气氛。要遵循"呈现原状、真实可信"的原则，不可以情感代替历史真实。内部陈设不可虚构，但可剪裁；应尽可能多地使用原物，原有物品已损毁散失的，可使用复制品、仿制品和代用品，并加以注明。宜优先选择与所属历史主题关系紧密、真实性好、历史细节丰富的旧址遗存进行原状陈列。

辅助陈列是原状陈列的补充。以历史事件为内容的辅助陈列，应围绕所纪念的事件划定时间上下限，避免任意扩大内容，贪大求全，并注意正确处理好全国与地方的关系。以历史人物为内容的辅助陈列，应以所纪念人物的生平为表现内容，注意突出重点，切忌平铺直叙，面面俱到，尤要注意表现人物的风采、情操与个性。纪念同一事件或同一人物的革命旧址，应以事件或人物在当地的革命活动及影响为主要表现内容。

陈列展览使用场景复原，应有确凿历史依据，杜绝臆造；应注意复原设施的品质，避免粗制滥造、千篇一律；复原物应与历史原物进行区别，避免造成历史信息的混淆。使用多媒体手段的，应符合展示主题和氛围的实际需求，以"适度、有效"为目标，不得为了吸引眼球、烘托场面滥用声光电。

第二十条　革命旧址的陈列展览应基于对革命旧址内涵价值的深入研究，准确定位并精心提炼陈列主题，要符合所涉及纪念对象的历史地位、人物特性，以小见大，突出个性，避免同质化。应小题精做，聚焦旧址所处历史时空中的革命人物、活动、事件，加强最新学术研究成果转化，运用时代语言解读革命历史、阐发革命精神的时代价值，以丰富的内容和丰满的细节增强陈列展览的说服力、感染力。必须遵循历史唯物主义的原则，坚持正确导向，对重大历史事件、历史人物的评价，应严格遵照中央有关规定和精神来把握，突出正能量，反对历史虚无主义。

见证帝国主义侵略和殖民统治、封建主义和官僚资本主义反动统治等史迹的陈列展览，应突出强调警示纪念意义，准确定性和定位，深刻揭示罪行，突出时代特征和民族记忆。抗战史迹的解读还应兼顾反法西斯、倡导人道主义、呼吁世界和平的国际视角。

要坚持以物证史，充分重视革命旧址相关可移动文物、资料的征集保护，以及对相关事件亲历者、幸存者、见证者的采访和口述资料的保存，并不断充实到陈列中。

要建立陈列展览内容和解说词研究审查制度，切实把好政治关、史实关，增强展陈说明和讲解的准确性、完整性和权威性。涉及全国爱国主义教育示范基地的改陈布展大纲和版式稿，须按有关规定履行审定程序。

## 五、教育

第二十一条　革命旧址管理机构要制定和实施革命旧址及革命文化主题宣传教育计划，广泛、深入、持久的向人民群众，特别是向青少年进行中国近现代史和爱国主义、革命传统教育，并形成长效机制。

加强革命旧址管理机构与周边机关、企事业单位、社会组织、驻地部队的共建共育，有计划地组织公众特别是青少年到革命旧址参观学习，大力开展革命文化体验旅游、研学旅行。支持各级各类教育机构将红色文化纳入日常教学活动，利用革命旧址开展爱国主义教育和社会实践活动。鼓励革命旧址管理机构采用"流动博物馆"等方式，"出门办展览"，进一步融入社会。

**第二十二条** 应特别注重革命旧址的现场参观体验，科学设计革命旧址参观访问路线、教育项目，合理确定固定时间内的访客数量，并通过设置参与性装置、增加体验环节、表演活动等多样化的互动体验形式辅助相关历史展示传播，加深观众对相关历史的理解。

革命旧址参观导引讲解，既要注意内容的科学性、完整性，又要力求活泼生动。特别要注意结合革命旧址的价值阐释，重点讲解革命旧址所蕴含的现实意义和时代价值。应严格坚持革命题材的严肃性，严禁无历史依据的"戏说"，杜绝解说内容的低俗化、过分娱乐化。

鼓励借鉴分众传播理念，针对不同年龄段、教育和职业背景的社会群体，制定有针对性的参观与教育体验方案。特别要结合当代青少年对革命历史感知少、理性认识有限的状况，着重从国家记忆、民族精神、人生信念、道德情操等文化视角加强革命历史文化内涵解读，帮助青少年树立正确的历史观、价值观、人生观。

**第二十三条** 应积极拓展革命旧址的教育传播方式。既要通过编辑出版说明书、文物图片、资料汇编和通俗宣传材料，举办革命故事会、报告会、座谈会等传统方式系统介绍革命文物故事，也要充分利用移动客户端导览、二维码、红色资源 APP、网上纪念馆等现代传播形式,增强革命历史文化传播的互动性和体验性,还要善于依托革命文物和展览研发形式多样、特色鲜明、物美价廉的纪念品,让观众将革命历史文化带回家。

鼓励在建立革命旧址资源目录和专题数据库的基础上,绘制革命旧址资源地图,并结合革命旧址所在地辖区路标指引、公众服务平台开发、公共交通站台建设、市政设施设计等,彰显革命旧址及革命历史相关内容,方便公众教育使用。

**第二十四条** 规范革命旧址开放服务管理,引导公众文明参观,保持纪念地的庄严肃穆氛围,杜绝亵渎革命先烈、破坏展示氛围的不良行为。

**第二十五条** 以全国重点文物保护单位为龙头,省级文物保护单位为骨干,加强革命旧址研究展示教育资源整合,构建传播网络,形成联动、规模效应。相关全国重点文物保护单位作为专题反映重大革命历史活动的现场,应着力建设成地方及全国专题革命史研究和教育传播中心。

有条件的革命旧址管理机构,还应开展国际交流合作,与国外有关民族独立、人民解放及反法西斯史的纪念地(馆)建立联系,开展互展、联展、学术交流等活动。